Étranger À Moi-Même

Étranger À Moi-Même

Note de l'éditeur

ÉTRANGER À MOI-MÊME

La dépersonnalisation: l'épidémie cachée

Par Jeffrey Abugel

Johns Road Publishing,
Williamsburg, Virginia

Traduction par Antoine Chabalier

Couverture par Steven Doss

À Beverly et Red le chat

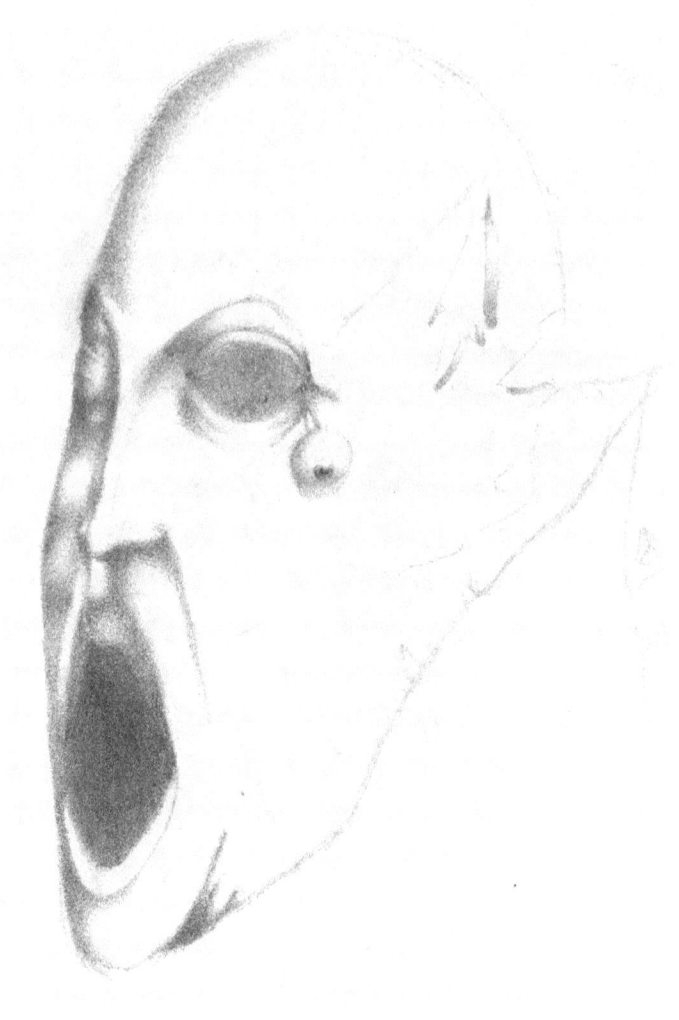

Illustration : Maor Brok

Contenu

Avant-propos:

Par l'étranger à l'intérieur

Vous ne me connaissez pas. Mais les chances sont bonnes que nous nous soyons rencontrés avant, bien que seulement brièvement. J'étais l'accompagnateur silencieux de votre accident de voiture, de la mort soudaine tragique d'un être aimé, ou de l'abus verbal incessant de ceux qui supposément vous aimez. Vous ne me connaissiez pas, mais j'étais là pour vous aider, pour vous distancez de cette chose qui était à ce moment-là trop insoutenable pour être expérimenté comme une partie de votre vie réelle.

Si vous êtres chanceux, je vous ai épargné certaines souffrances. Je vous ai emmené à un endroit sans temps, sans mémoires, sans égo, seulement brièvement, et vous ai permis de guérir. Alors, lorsque mon travail fut fini, je suis parti.

Je ne suis pas toujours si bienveillant. Je peux m'égarer, oublier mon but, rester trop longtemps. Lorsque cela arrive, Que Dieu vous aide. Car vous devenez à moi et vous n'êtes plus jamais le même.

Je suis aussi vieux que la conscience elle-même, et je suis apparu sous de nombreux noms, de nombreux déguisements. Les gens me prirent une fois pour de la folie, ou une possession démoniaque. Aujourd'hui ils m'appellent dépression, anxiété, trouble bipolaire, même schizophrénie, et ils ont tort. Je suis plus grand que n'importe qui d'entre eux. Et pourtant, des médecins avisés, des psychologues, des prêtres et des shamans refusent de me voir pour ce que je suis. Ce sont eux qui même dénient complètement mon existence, ce qui ne fait qu'alimenter mon pouvoir.

Ma puissance est née d'une des seules choses uniques à chaque être humain – le moi individuel. J'exploite sa solitude et perce sa stabilité avec impunité. Je diffuse la membrane fragile qui sépare les rêves de la réalité jusqu'à ce que vous ne soyez plus sûre de qui est qui.

A moment donné, vous pouvez apprendre à vivre avec moi. Comme si vous deveniez aveugle, ou soyez immobilisé de la tête au pied, vous pouvez vous adapter à une vie qui est résolument différente. Vous pouvez même penser que vous êtes illuminé, que vous êtes tombé sur une grande vérité. Peu importe comment vous interpréter mon pouvoir sur vous, du moment que je vous fais souffrir. Je suis l'étranger à l'intérieur de vous. Mais je vais vous faire sentir comme un étranger à vous-même.

Finalement, ne me cherchez pas au paradis, ou dans le vide que je vous ai révélé. Vous y allez seul. Car j'appartiens aux vivants, à la pensée. Je vis dans l'esprit seulement, comme je le fait dans le vôtre.

Laissez-moi vous dire ceci. Je n'ai pas à ruiner votre vie. Vous me laissez le faire. Aurais-je été la pneumonie, le cancer, la dépression, l'hydropisie, ou n'importe quels des milliers d'autres affections de l'esprit et du corps, vous auriez appris tout ce que vous pouviez dans vos efforts pour me combattre, ou pour m'accueillir. Mais ma nature trompeuse, mon maquillage contradictoire vous tienne à distance. Nourri par l'ignorance, entretenu par le déni, je suis resté avec vous jusqu'à vos vieux jours. Mais le pouvoir de m'expulser ou de m'accepter a été toujours dans vos mains. Vous êtes humain, avec toutes les forces et failles inhérentes à votre espèce. Moi ? Je ne suis ni le diable, ni un saint, ni une illusion. J'existe à travers vous, pour vous servir, vous changer, vous dynamiser, ou vous ruiner. A la fin, le choix est votre.

Mais en premier lieu, vous avez à me connaitre. C'est mon histoire, mon cadeau. Ma récompense pour votre longue recherche de moi, et pour votre moi.

Introduction :

L'enfer payé d'avance

Une fois il y a longtemps, lorsque j'étais jeune et sur le point d'être adulte, mon esprit me quitta.

Cela me frappa soudainement, avec force, crachant comme du pue d'une plaie acre. Ou, peut-être, c'était plus comme une implosion qui tuait seulement à l'intérieur, « me » forçant encore plus vers l'intérieur jusqu'à ce que, comme un trou noir, sa densité destructrice annihila son captif. Que quelque chose m'attaquât de nulle part, ou de l'intérieur, n'est pas important. Il eut seulement besoin de quelques moments pour me prendre tout de moi, tout à l'intérieur de moi.

A moment donné, quelques fragments éclatés de « moi » revinrent, comme des copeaux de métal sont poussés vers un aimant. Je réalisais que je n'étais pas mort. Je respirais encore. Mais je ne penserais plus jamais pareil ou ne ressentirais plus jamais les choses que les êtres humains sont supposés penser ou ressentir, simplement par sa nature d'être humain.

Le temps passa, et je voyais mes actions, ma vie intérieure et extérieure, comme si je m'observais de la tombe. J'étais visible, mais pas présent. Et je ne pouvais trouver personne, aucun autre être humain qui ressentait comme moi.

J'ai découvert un réconfort en écrivant, dans la littérature et les arts, qui révèlent le travail intérieur caché de l'esprit. Je lisais des voix et voyais des images qui occasionnellement reflétaient mon monde intérieur, mais jamais complètement.

Je n'étais ni déprimé, ni anxieux, ni joyeux, ni malheureux. Je n'étais pas fou car je savais que quelque chose n'allait pas depuis le moment même où cela ne devint *pas normal*.

Des choses arrivent aux gens, résonnais-je. D'habitude cela arrive à quelqu'un d'autre. Mais cette fois cela arriva à moi, bien trop tôt dans la vie. Et c'était quelque chose que personne ne comprenait. J'aurais opté pour le cancer, ou des blessures de guerre, ou la polio si on m'avait donné le choix.

A la place, cette chose avait pris mon esprit mais il m'avait laissé trop inactif ici parmi les vivants, un robot vide avec la tâche de vivre encore une longue et interminable vie devant moi. Je ne voulais rien de plus qu'être vieux, un homme âgé, avec ma vie derrière moi.

Pendant onze ans, un état mental étrange et terrifiant occupa mon être, et je ne pouvais pas trouver une information qui décrivait ma condition ou quelque chose s'en rapprochant. Convaincu que j'étais devenu fou, j'appris finalement que je ne l'étais point. Mais je souffris d'une manière que, même maintenant, il est presque impossible à décrire. Parfois cette condition s'atténuait assez pour que je tente de continuer ma vie, comme si j'étais juste comme n'importe qui d'autre. A d'autres moments cela devenait pire, et j'allais voir médecins après médecins cherchant des réponses.

J'ai visité plus d'une douzaine de médecins, plusieurs psychiatres. Chacun me prescrivit un médicament qui m'assommait pour quelques jours, et alors, après des semaines, me retapait au niveau fonctionnel. Un niveau qui me permettait d'être un étudiant, ou de prendre un travail avec une souffrance limitée. La joie, le bien être, un ego fonctionnel n'étaient même plus des considérations secondaires. Maintenir la façade qui convainquait les autres que j'étais normal, même intelligent ou marrant, était tout ce qui importait.

Quelquefois, mon humanité revenait grâce à la boisson. La visualisation qui était toujours présente de ma propre vie devint un film noir, une vidéo en noir et blanc avec des dénouements dramatiques, des pleurs et une charge émotionnelle, avant que le marteau de la gueule de bois ne frappe et ne tue le projectionniste.

Des décennies de vie passèrent. Et après des années à voyager à travers le pays, allant de boulot en boulot, de relation en relation, d'appartement en appartement, grâce à une rencontre remarquable avec un être remarquablement humain et un spécialiste de l'humain, j'appris que ce dont quoi je souffrais avait un nom.

J'appris que la condition n'était pas rare, au contraire – c'était le troisième symptôme psychiatrique le plus commun, après la dépression et l'anxiété. J'appris que cet étrange état d'esprit impénétrable avait été étudié en Europe et aux états unis depuis plus de 100 ans, et qu'il y avait des douzaines d'études cliniques qui avaient très clairement décrit chacun de mes symptômes. Les gens ont souffert de cela en silence par peur d'être pris pour un fou. Quelquefois, ils considéraient leur propre vie comme une preuve ultime de démonstration de contrôle.

J'ai été volé de plus d'une décennie de ma vie, errant comme un homme aveugle seulement pour découvrir que mes yeux fonctionnaient encore. Ils étaient principalement couverts par un bandeau créé par la complaisance des médecins qui refusèrent d'admettre une maladie en dehors de leurs habitudes typiques de diagnostic et de traitement. Cette chose, cette « saleté » qui m'a aveuglé est appelée Trouble de la Dépersonnalisation. Le nom même décrivait ce que j'avais cherché pendant tout ce temps – mon moi, mon identité, qui ont été quelque part désactivés.

C'est l'histoire d'une condition endurée par des millions de personnes à travers le monde, la plupart desquelles n'ayant aucune idée que cela a un nom. Ce livre est, à un certain degré, autobiographique. Mais qui je suis, d'où je viens, le chemin spécifique de ma vie ne compte guère excepté pour sa ressemblance avec les vies de tant d'autres personnes. A quel point cette saleté détermina le cours de ma vie sera toujours une source de questionnement pour moi. Grâce à des médicaments traditionnels et une « capacité d'introspection » intacte je fus capable de vivre ma propre vie, alors que d'autres rencontraient la dépersonnalisation pour la première fois.

****

Lorsque de l'information sur la dépersonnalisation comme symptôme et comme trouble chronique commença à apparaître sur Internet dans les années 1990 je fus intrigué. Est-ce que les histoires personnelles que les gens postaient reflétaient ma propre expérience ? Qui étaient-ils ? Qui les avait diagnostiqués ? Qu'est qu'ils avaient appris et avaient-ils trouvé un traitement ?

En 2000, avec un partenaire volontaire qui avait aussi souffert de DPD, j'ai créé le site web *depersonalization.com* (qui plus tard deviendra *depersonalization.info*). Inspiré par Oscar Janiger, le brillant psychiatre qui m'avait finalement donné un diagnostic presque deux décennies plus tôt, je commençais à explorer la dépersonnalisation sérieusement.

A cette période, des cliniques ont été fondées à New York et Londres dans le but d'étudier la condition. La clinique anglaise était en fait en train de regrouper du matériel sur internet, une des premières utilisations d'Internet comme outil pour la recherche clinique. Et pourtant, alors que l'intérêt pour la condition commençait à monter, j'appris que la littérature existante qui de manière avisée faisait le profil de la condition dans des termes médicaux, psychologiques et même philosophiques, datait de presque un centenaire. Des recherches plus récentes ont montré que la condition était plus prévalente que la schizophrénie et le trouble bipolaire combinés. Alors pourquoi la condition était-elle si obscure et autant sans importance pour les médecins, les psychiatres et les thérapeutes ? Pourquoi le terme n'était-il pas un nom commun ?

Pendant dix ans j'ai cherché des réponses à ces questions et en même temps explorais aussi la philosophie, la littérature et la spiritualité. J'ai exploité simplement mon site web et lu des centaines d'histoires personnelles avec des descriptions remarquablement similaires de l'expérience. J'ai suivi les nouvelles recherches en cours qui ont apporté des pièces à un puzzle qui a encore à être résolu. J'ai parlé avec de nombreux chercheurs, experts et médecins. Enfin le Dr. Janiger et moi-même avons commencé à rassembler du matériel pour un livre sur le sujet. A ce jour, il n'y en avait pas. Une des personnes que nous avons approchées pour des contributions au livre fut Daphne Simeon, MD, premier investigateur au Programme de Recherche sur la Dissociation et la Dépersonnalisation du Centre Médical du Mount Sinai. Cela s'avéra providentiel, parce quand le Dr. Janiger mourut en 2001 à l'âge de 83 ans, le Dr. Simeon fut d'accord pour m'aider à écrire le premier livre spécifiquement focalisé sur le trouble de la dépersonnalisation. Nos efforts résultèrent dans la publication de Feeling *Unreal, Depersonalization Disorder and the Loss of the Self*, publié en 2006 par Oxford University Press (livre de poche en 2008).

Depuis ce moment, les sites web dédiés à la dépersonnalisation ont continué de proliférer et des articles sur le Trouble de la Dépersonnalisation ont été publié dans des revues majeures (des pubs de type Pop-up sont apparues également, malheureusement).

De plus, deux films autobiographiques indépendants ont fait leur début : *Tarnation*, acclamé par la critique, par Jonathan Caouette, et *Numb*, un récit autobiographique touchant et pourtant humoristique par l'écrivain et directeur Harris Gioldberg, connu précédemment pour des comédies comme *Deuce Bigelow* et *Without a Paddle*. De nouveaux livres médicaux sur le Trouble de la Dépersonnalisation sont aussi apparus dans les médias.

Pourtant, en dépit de toutes ces références culturelles et scientifiques, les personnes souffrant de dépersonnalisation font face souvent à leurs plus grands obstacles à l'endroit même où ils cherchent de l'aide – les bureaux des médecins, psychiatres et psychologues. Ils rencontrent encore des regards incrédules de leurs amies et leurs familles et une ignorance presque universelle de la condition même pour laquelle ils cherchent de la compréhension.

Un objectif de ce livre est d'aider à changer cela une fois pour toute.

Étranger à moi-même distille tout ce qui est connu jusqu'à maintenant sur la dépersonnalisation comme symptôme et comme trouble. J'ai sollicité l'assistance de certains des principaux experts dans le domaine pour assurer que les informations psychiatriques, psychologiques et cliniques sont à jour et précises.

En même temps, *Stranger Étranger à moi-mêmes* 'amener un élément humain à l'expérience du trouble, à travers des narratifs qui vont au-delà des histoires de cas typiques trouvées dans les articles médicaux publiés. Le Trouble de la Dépersonnalisation comporte beaucoup de sous-entendues, beaucoup de nuances. Alors que quelque fois cela reflète des comorbidités avec d'autres troubles, ils présentent également une image claire de sa complexité et sa variabilité comme syndrome à part entière, indépendant de tout autres.

Des portions de ce livre retracent un chemin personnel de découvertes qui a duré plus de trois décennies. C'est, en partie, l'histoire d'une recherche de vérité sur la nature du moi individuel, et de comment ces vérités peuvent être influencées par la chimie du cerveau, les croyances spirituelles et la culture. *Étranger à moi-même* est, dans un sens, raconté par un reporter embarqué. Libéré des attaches et affiliations qui peuvent sans doute inhiber les professionnels médicaux, il tente d'explorer tous les aspects de l'expérience de dépersonnalisation de l'intérieur, à travers les yeux de ceux qui le vivent. En conséquence, des opinions subjectives basées sur l'expérience de vie et l'observation émergeront inévitablement, mais ils seront dument notés comme tel.

Les histoires racontées ici ne sont ni des profils de patients ni des " composites "cliniques pris hors de contexte. Ce sont des vrais récits venant de personnes représentant des étapes différentes de la vie, aussi bien que des expériences de dépersonnalisation variées. Certains d'entre nous ont parcourus des routes de découvertes parallèles.

Le Chapitre Un de ce livre est une version améliorée d'un article présentant une large vue d'ensemble qui a servi d'introduction au sujet à *depersonalization.info* pendant presque une décennie. Au fil des ans j'ai été rendu humble par les expressions de gratitude de nombreuses personnes qui déambulèrent à travers le site web en essayant de déterminer la source de leur misère. Sur la base des commentaires qu'il a reçu à travers les années, *Étranger à moi-même* commence avec cette large vue d'ensemble, avec des développements considérables de chaque sujet présentés dans les chapitres suivants.

1 - A travers le miroir

Je me demande si j'ai été changé durant la nuit ? Laissez-moi réfléchir. Etais-je le même lorsque je me suis réveillé ce matin ? J'ai l'impression de pouvoir me souvenir être un peu différent. Mais si je ne suis pas le même, la prochaine question est : « Qui suis-je dans ce monde ? » Ah, c'est la grande question !

—Alice aux pays des Merveilles

Cela peut arriver lorsque vous vous réveillez, lorsque vous êtes dans un avion ou en train de conduire votre voiture. Vous pouvez lier cette expérience à des années de stress, de niveaux modérés mais constants, ou à rien de précis. Quelque fois cela arrive après avoir fumé un joint ou avoir pris de l'Ecstasy. Soudainement, inexplicablement, quelque chose change. Les objets et situations familières semblent étranges, comme si vous veniez juste d'arriver sur une planète sans savoir d'où vous veniez. Cela peut passer rapidement ou perdurer. Vous fermez les yeux et vous vous tournez vers votre monde intérieur, mais même les pensées surgissant de votre tête vous semblent différentes. L'acte de pensée lui-même, le flot de mots invisibles traversant la chambre vide de votre esprit, semble étrange et irréel. C'est comme si vous n'aviez plus d'identité, plus d'égo, aucun reste de cette force interne qui, tranquillement et automatiquement, vous permettez de gérer le monde autour de vous, et le monde à l'intérieur de vous. Ce sentiment remet en cause le simple sentiment d'exister, sentiment que vous teniez pour acquis. Ce sentiment peut survenir après une intense attaque de panique, mais il peut aussi lui-même engendrer une série d'attaque de panique. Petit à petit, ce sentiment s'ancrera dans un sentiment de « néant », comme si vous étiez sans émotions. Lorsque cela vous frappe pour la première fois, vous êtes convaincu que vous devenez fou, et attendez fébrilement de voir quand et si vous allez franchir les limites de la démence.

Ce que vous ne savez pas à ce moment-là c'est que cette expérience troublante est humaine, expérimentée brièvement à un moment donné ou à un autre par environ 70 % des étudiants universitaires et par un nombre indéterminé de personnes de tout âge.0F[1] Dans sa forme chronique, la culture populaire n'offrait auparavant pas d'autres explications que celui d'être un symptôme d'une dépression nerveuse. Certains l'ont appelé « la maladie d'Alice au pays des merveilles ». Le philosophe Jean-Paul Sartres l'appelait « la nausée », le psychologiste William James « l'esprit malade ». Cette expérience a été lié philosophiquement à l'existentialisme, et le Bouddhisme Vedanta. Pourtant pour celui qui l'expérimente pour la première fois, c'est tout sauf un état qui vous éclaire. C'est le monde du Trouble de la Dépersonnalisation.

Le terme « dépersonnalisation » est utilisé depuis longtemps dans ce contexte. En 1898, un psychologiste nommé Ludovic Dugas le défini en tant que condition médicale spécifique, empruntant le terme à Frédéric Amiel, un diariste Suisse qui décrivait ses propres sentiments d'irréalité et de détachement en les résumant ainsi : « Je suis dépersonnalisé ». Alors que le mot « dépersonnalisation » est souvent lié à des situations déshumanisantes, comme la vie en prison ou des tortures du type « lavage de cerveau », la dépersonnalisation chronique est une condition mentale insidieuse qui débute souvent d'elle-même, surgissant apparemment de nulle part. La perception que l'individu a de lui-même et de sa place dans le monde se modifie et se transforme en une façon de penser différente de la norme. Le monde devient infernal, quelque fois insupportable.

La dépersonnalisation en tant que symptôme peut apparaître dans le cadre d'un grand nombre de conditions, incluant la dépression, l'anxiété, le désordre panique et même la schizophrénie. Une dépersonnalisation flottante peut être expérimentée par une majorité d'entre nous à certain moment de notre vie – après un grave accident de voiture ou lors de la mort d'un être aimé par exemple. Les psychiatres considèrent cela comme une manière pour l'esprit de se distancier lui-même d'une réalité insupportable. Il apparait alors brièvement et ne produit pas de séquelle. Le Trouble de la Dépersonnalisation, cependant, est une condition psychiatrique chronique qui peut suivre une évolution terrifiante et durable. Le mécanisme de défense de l'esprit contre les traumas se dérègle et devient fou, produisant une multitude de symptômes qui font tout sauf protéger l'esprit humain.

Malgré son apparente obscurité, le Trouble de la Dépersonnalisation a été clairement défini depuis des années (bien que caché quelque part sous l'en-tête des désordres dissociatifs) dans le « Manuel diagnostique et statistique des troubles mentaux » (DSM-IV), la bible du diagnostic psychiatrique. (Depuis cette impression, le DSM-5 a été publié.) Selon le DSM-IV, le désordre de dépersonnalisions est défini en partie comme suit :

... un sentiment d'étrangeté vis-à-vis de sa propre identité. L'individu peut se sentir comme un automate ou comme s'il vivait dans un rêve ou un film. Il peut avoir la sensation d'être un observateur extérieur de ses propres process mentaux, de son propre corps ou de parties de celui-ci ».

« ... des types variés d'anesthésies sensorielles, un manque de réponse affective et une sensation de perte de contrôle sur ses actions, y compris la parole, sont souvent présents. L'individu présentant le Trouble de la Dépersonnalisation maintien intact le test de réalité (c'est-à-dire la conscience que ce qu'il ressent est seulement un sentiment et qu'il ou elle n'est pas réellement une machine). La dépersonnalisation est une expérience commune, et le

diagnostic ne doit être fait que si les symptômes sont suffisamment sévères pour engendrer une détresse ou des perturbations significatives dans le fonctionnement. »

La dépersonnalisation est également clairement définie dans le manuel utilisé en dehors des Etats-Unis, « La classification internationale des maladies de l'organisation mondiale de la santé » (CIM). De manière intéressante, le CIM place le désordre dans la catégorie « Autres désordres névrotiques » et le défini comme suit :

« Un trouble rare dans lequel le patient se plaint spontanément que son activité mentale, son corps et son entourage ont changé qualitativement jusqu'à devenir irréels, lointains ou automatisés. Parmi les phénomènes variés du trouble, les patients se plaignent le plus fréquemment d'une perte d'émotions et d'un sentiment d'étrangeté par rapport à leur pensée, leur corps et le monde réel. En dépit de la nature spectaculaire de l'expérience, le patient est conscient de l'irréalité des changements. Ses sens sont normaux et la capacité d'expression émotionnelle intacte. Les symptômes de dépersonnalisation – déréalisation peuvent se développer comme faisant partie d'autres troubles diagnosticables comme la schizophrénie, la dépression, la phobie ou les troubles obsessionnels compulsifs. Dans ces cas, le diagnostic doit être celui de ce désordre principal. »

Ces manuels de diagnostique sont régulièrement revus, et de nouvelles recherches alimentent le débat sur la catégorie qui est la mieux adaptée pour inclure quelque chose de si unique et déroutant que le Trouble de la Dépersonnalisation. Le trouble est clairement dissociatif dans le fait qu'il se manifeste via une perception séparée de l'esprit et du corps, et d'un sentiment de changement d'identité et/ou de personnalité entre un avant et un après le déclenchement du trouble. Mais il a très peu en commun avec les autres troubles dissociatifs comme les expériences de sorties du corps, la fugue dissociative ou le trouble dissociatif de l'identité.

Finalement, la catégorie dans laquelle est placée la dépersonnalisation n'apporte pas grand-chose d'autres à ceux qui en souffrent qu'une certaine aide aux docteurs et psychologues cherchant des voies vers un meilleur traitement. Dans les chapitres suivants nous explorons les observations et les découvertes qui menèrent aux définitions cliniques actuelles.

La dépersonnalisation, comme symptôme ou trouble à part entière, n'a rien de nouveau. Pourtant étrangement, en plus d'un large spectre de symptômes communs, les personnes souffrants de dépersonnalisation partagent une autre expérience – le fait d'aller d'un docteur à un autre avec peu ou aucun soulagement autre que les traitements standards pour la dépression ou l'anxiété. Encore plus surprenant est le fait que trouver un professionnel de santé familier avec la dépersonnalisation peut être très difficile et démoralisant.

Alors que la dépersonnalisation peut apparaître dans le contexte d'autres maladies comme la schizophrénie, ce n'est pas une condition psychotique. L'individu sait que quelque chose au mieux, ne va pas, et, au pire, est horriblement insupportable, et se bat pour essayer de définir exactement le problème.

Le docteur Oscar Janiger, le célèbre psychiatre de Los Angeles connu pour ses recherches fondamentales sur le LSD et la créativité, considère souvent la dépersonnalisation comme *l'inverse* de la folie.

« C'est presque comme être trop sain », déclara-t-il une fois. « Vous devez extrêmement vigilant à l'existence et aux choses autour de vous ». Au travers de tout cela, le contact avec la réalité reste intact – vous savez que quelque chose ne va pas et vous passez des heures innombrables à essayer de comprendre. Personnes ne comprend ce que vous essayez d'expliquer, à l'exception peut-être de ceux qui ressentent la même chose.

La rumination excessive est souvent un symptôme de la dépersonnalisation. Cela peut aussi inclure cette sensation troublante de trop plein de conscience évoquée plus haut, dans laquelle chaque pensée semble trop apparente, ou trop fortes comme si le volume d'une radio était soudainement tourné à son maximum. Même lorsque la rumination, cette pensée sans fin tournée vers elle-même, n'est pas prédominante, une sensation de brouillard mental peut émerger, comme l'effet d'une radio coincée entre deux stations. Tout est brouillé ou quelque part inaccessible, l'esprit est comme détaché du corps qui le contenait autrefois si confortablement et naturellement.

Les signes de dépersonnalisation peuvent survenir avec beaucoup d'autres maladie. Cependant, il n'est pas évident de savoir pourquoi la condition persiste pendant des années, et même des décennies, pour certaines personnes et pas pour d'autres. Une prédisposition génétique au trouble fait sûrement la différence. Celui-ci est finalement déclenché par des traumatismes de bas niveaux ou des substances spécifiques comme la marijuana ou l'ecstasy.

Les personnes chroniquement dépersonnalisés (que nous appellerons DP) ont traditionnellement été vues comme hautement intelligentes et sujettes à des ruminations intellectuelles, bien qu'il n'existe pas de recherches cliniques pour supporter ce point de vue largement partagé. Le début du trouble survient souvent jeune, de la puberté jusqu'à l'âge de 30 ans. Il existe des preuves dans quelques cas de liens directs avec des mauvais traitements subis pendant l'enfance, comme des abus verbaux, ainsi qu'avec des épilepsies du lobe temporal et des migraines. Mais c'est l'utilisation répandue de la marijuana, de l'Ecstasy, du LSD et à un degré moindre de la kétamine (spécial K) qui a surtout attirée l'attention sur ce trouble, dans des proportions quasiment épidémiques.

Au fil du temps, certaines personnes parviennent à s'accommoder de la condition, en particulier si elles trouvent un moyen de repenser leur philosophie générale de la vie et leurs préconceptions sur l'existence, ou si les expériences de détachement émotionnel prédominent vis-à-vis de l'anxiété ou des ruminations intellectuelles sans fin. La plupart des personnes réalisent alors que la dépersonnalisation ne les tuera pas, ni les rendra fous, et qu'elle ne s'aggravera pas. S'ajuster à une dépersonnalisation chronique est un peu comme s'ajuster à une paire de lunette qui fait apparaître tout sans dessus dessous. Une personne peut alors trouver un moyen de s'adapter ou de gérer les différents aspects du Trouble qui peuvent apparaître au cours du temps. Cependant, il est difficile, sinon impossible, de trouver quelqu'un qui ne voudrait pas revenir en arrière vers ce qu'il était avant que celui-ci ne commence.

En comparaison de leur monde interne altéré, les personnes victimes du Trouble de la Dépersonnalisation (TdD) deviennent expertes pour maintenir une façade, apparaissant globalement normal à leurs amis, familles ou avec les gens avec qui ils travaillent. Le sentiment d'être une machine, tel que décrit dans le DSM-IV, est compatible avec le fait de pouvoir suivre une routine familière.

« Vous faites ce qu'on attend de vous, et dites ce que les autres attendent de vous, tout en ayant l'impression d'agir par habitude » dit John, un technicien informaticien de 32 ans qui a connu le syndrome pendant 6 ans. « Votre esprit est toujours à un million de kilomètre. Vous n'avez plus aucune spontanéité naturelle ni de joie de vivre. Vous savez que quelque chose ne va pas, et vous vous demandez constamment ce que cela peut être en essayant d'évaluer comment vous êtes ».

De manière intéressante, les manifestations de la dépersonnalisation sont conformes à sa définition clinique quel que soit le déclencheur. Les preuves suggèrent fortement que la condition est la même que ce soit un traumatisme, une expérience de vie ou une drogue qui la déclenche. La prédisposition sous-jacente envers la dépersonnalisation est liée au cœur du trouble. Nous examinerons ces déclencheurs plus précisément dans les chapitres suivants.

La dépersonnalisation est souvent liée à la panique ou l'anxiété. Le flux de conscience est typiquement décrit par une succession de sentiments d'irréalité entrecoupés de panique intermittente dans laquelle se débattent souvent les souffrants dans les premiers temps du Trouble, que celui-ci soit ou non déclenché par la drogue :

« J'ai expérimenté de la dépersonnalisation trois fois après avoir fumer un joint. A chaque fois c'est la même insensibilisation et le même sentiment de ne pas être en mesure de contrôler mon corps. Le temps passe comme à travers des flashs, comme dans certaines scènes de film. Je ne peux pas dire ce qui arrive, même lorsque je pense. Les sons sont lointains. Je ne peux pas parler. C'est aussi proche de la mort que possible. La terreur peut être inexprimable. Entre les attaques j'expérimente des sentiments d'irréalité, quelque fois pendant des jours. Je dois faire face à de l'agoraphobie et des attaques de panique. De la peur de mourir. Quelques fois j'ai l'impression qu'il est difficile de seulement se déplacer. Comme si j'allais devenir désorienté et allais tomber (ce qui est réellement arrivé durant certaines attaques sérieuses). J'évite les gens, qui me font sentir étrange, en particulier s'ils sont proches. Être dans un magasin avec des lumières fluorescentes empire tout ».

Une tendance Google ?

La dépersonnalisation a reçu beaucoup d'attention lors de la dernière décennie. Pourquoi s'y attarder encore alors que le syndrome a été clairement défini dans la littérature, en tant que ramification d'autres maladies ? Il y a plusieurs raisons à cela. Premièrement, il existe des indices considérables qui tendent à prouver que de plus en plus de personnes expérimentent la dépersonnalisation et le Trouble de la Dépersonnalisation, et le font savoir. Les études menées dans le cadre de l'unité de recherche du centre médical du Mount Sinai de New York ont conclu à des pourcentages de DP situés entre 1.6 et 2.4 % de la population pour les Etats-Unis. Cela veut dire que plusieurs millions de personnes dans le pays expérimentent le trouble, surpassant en nombre les personnes atteintes de schizophrénie et désordres bipolaire combinées, sans prendre en compte les milliers d'autres qui sont mal diagnostiqués. Alors que des mots comme neurotransmetteur, attaques de panique et troubles obsessionnels compulsifs ont fait leurs chemins dans le lexique populaire, les recherches sur la dépersonnalisation, qui se sont étalées sur plusieurs décennies, apparaissent comme une voie relativement peu suivie dans laquelle les chercheurs et psychiatriques peuvent laisser une trace. Internet a fait beaucoup pour ouvrir des voies de communications pour des personnes souffrants en silence de cette condition mystérieuse. Cette tendance a été assez importante pour produire des sites et blogs variés sur la dépersonnalisation comme *depersonalization.info, DPselfhelp.com, dreamchild.net, derperzonalisation-home.com.* Depuis la fin des années 1990, des milliers de personnes présentant des expériences, des histoires personnelles, des symptômes et des déclencheurs étonnamment similaires, ont convergées régulièrement sur ces sites, montrant un désir important d'information.

Ce nouvel intérêt a contribué à la mise en place de deux cliniques médicales dévolues spécifiquement à l'étude de la dépersonnalisation : la clinique du Mont Sinai, déjà évoquée plus haut, et l'unité de recherche sur la dépersonnalisation de l'institut londonien de psychiatrie. Ces cliniques ont étudié la dépersonnalisation en profondeur et ont expérimenté des nouvelles formes de traitements pour offrir un soulagement à ceux qui souffrent de cette condition insupportable.

La dernière décennie a aussi été marqué pour les premiers livres concernant le Trouble de la Dépersonnalisation :

Feeling Unreal : Dépersonnalisation Disorder and the Loss of the Self, par le professeur Daphné Siméon et moi-même (Oxford University Press, 2006) ainsi que *Dépersonnalisation A New Look at A Neglected Syndrome* par Mauricio Sierra (Cambridge University Press, 2009).

Pendant plus d'une décennie, Daphne Simeon a été première investigatrice à l'unité de recherche du Mount Sinai et supervisa l'évolution de patients volontaires évalués via des questionnaires et des interviews pour déterminer s'ils correspondaient bien au diagnostic du Trouble de la Dépersonnalisation. Mais, selon Simeon, faire reconnaître la dépersonnalisation comme maladie unique et séparée au sein de la communauté médicale n'a pas été facile.

« Pendant longtemps, la dépersonnalisation a été mise avec un groupe d'autres désordres dissociatifs, comme les expériences de sorties du corps et les fugues dissociatives, mais j'ai toujours été convaincu qu'elle constituait une entité spécifique » déclare Simeon. Même maintenant, la communauté médicale n'est pas toujours en phase avec ce point de vue. Les articles écrits spécifiquement sur la dépersonnalisation sont souvent rejetés par les journaux médicaux. La condition est souvent liée aux états dépressifs et anxieux bien qu'il existe de nombreuses personnes qui se sentent dépersonnalisées mais ni dépressives ni anxieuses, en dehors des sentiments provoqués par la dépersonnalisation elle-même.

« Je ne me suis jamais considéré comme cliniquement déprimé » déclare Ron, qui a une trentaine d'années et souffre de dépersonnalisation depuis 15 ans. « L'anxiété n'est jamais spontanée pour moi. Elle est toujours le résultat de mes pensées en boucle sur des sujets comme la vie, la mort, l'infini et ce qui ne va pas chez moi ». Comme reporté par beaucoup via les sites interactifs sur le sujet, Ron trace l'origine de sa dépersonnalisation à une simple cigarette de marijuana. Son flux de conscience est souvent marqué par des interrogations sur des choses qui sont familières pour les autres, ou sur la nature de l'existence elle-même.

« C'est comme si je plongeais profondément à l'intérieur de moi-même. Je regarde mon esprit de l'intérieur et me sens enfermé et perplexe face à l'étrangeté de mon existence. Mes pensées tournent en boucle constamment, essayant de comprendre l'étrangeté de l'existence – pourquoi est-ce que j'existe ? Pourquoi suis-je moi et non quelqu'un d'autres ? Lors de ces moments des sentiments de panique se développent, comme si j'avais une phobie de mes propres pensées. D'autres fois, je ne me sens pas « ancré ». Je regarde mon corps et ne peux pas comprendre pourquoi je suis dedans. Je m'entends avoir des conversations et me demande d'où vient la voix. Je m'imagine moi-même regardant la vie comme si elle était jouée, comme un film dans un cinéma. Mais dans ce cas, qui suis-je ? Qui regarde le film ? Quel est le cinéma ? La pire chose est que cela semble être vrai, et que les périodes de ma vie au cours desquelles je ne me sens pas comme ça sont des illusions ».

Il y a aussi des cas où la dépersonnalisation surgit sans raisons particulières, comme pour Karen, une jeune anglaise d'une vingtaine d'année.

« Je viens d'une famille normale et n'ai jamais été abusée. J'ai juste toujours été ainsi. Cela n'a jamais été un choix pour moi. Je n'ai jamais été officiellement diagnostiquée comme ayant le Trouble de la Dépersonnalisation. Mais tout concorde. Je n'ai jamais vraiment su qui j'étais. J'aurai voulu savoir. J'envie les autres dans leur identité sécurisante. Les choses qui sont censées être familières semblent bizarres et incompréhensibles. Il y a un énorme trou dans ma compréhension des relations humaines et de la communication. Rien ne fait globalement sens. Souvent, lorsque quelqu'un m'appelle, je ne me sens pas identifiée. Rien ne semble réel ».

Une génération perdue

Comme la plupart des personnes souffrant de dépersonnalisation, Ron et Karen ont été involontairement pris dans une authentique angoisse existentielle, un terme qui malheureusement semble aujourd'hui plus proche d'un film de Woody Allen que d'un individu en crise. Leurs poignantes observations vont plus loin que simplement penser en cercles à propos de la nature de l'existence. Ils ressentent le vide sombre de l'existence que les philosophes d'après-guerre s'efforçaient de décrire. C'est ce que les français ont appelé le « Coup du vide ».

« La dépersonnalisation est un sentiment très déplaisant, bien qu'il se présente souvent comme un manque apparent de sentiment » énonce la psychologue constructiviste allemande Ursula Oberst. « Il y a une véritable atmosphère d'existentialisme dans les histoires de personnes dépersonnalisées. Les philosophes ont écrit à propos de cela et l'ont théorisé. Mais les DP le *ressentent*, et le sentiment peut être trop lourd à porter ».

Un philosophe qui a écrit sur cela et qui l'a vraisemblablement ressenti est Jean-Paul Sartre. Alors qu'il forgea le terme d'existentialisme, son premier romain La Nausée, publié en 1938, fait le portrait, avec une précision troublante, du Trouble de la Dépersonnalisation. Existentialiste ou non, Sartre connaissait soit la dépersonnalisation personnellement ou, sous couvert d'existentialisme, la décrivait avec une curieuse coïncidence littéraire :

« J'achète un journal en chemin. Une nouvelle sensationnelle. On a retrouvé le corps de la petite Lucienne. Odeur d'encre, le papier se froisse entre mes doigts. Le criminel a pris la fuite. L'enfant a été violée. On a retrouvé son corps, les doigts griffant la boue. Je roule le papier en boule, mes doigts s'agrippant au papier ; odeur d'encre ; mon Dieu, comme les

choses existent aujourd'hui. La petite Lucienne a été violée. Étranglée. Son corps existe encore, sa chair saigne. ELLE n'existe plus. ses mains. Elle n'existe plus. Les maisons. Je marche entre les maisons, je suis entre les maisons, sur le trottoir ; le trottoir sous mes pieds existe, les maisons se referment sur moi, comme l'eau se referme sur moi, sur le papier la forme d'un cygne. Je suis. Je suis,. J'existe, je pense, donc je suis ; je suis parce que je pense, pourquoi je pense. Je ne veux plus penser, je suis parce que je pense que je ne veux pas être, je pense que je... parce que... beurk ! Je fuis ».[2]

Des descriptions littéraires de dépersonnalisation, panique, dépression, phobie et d'autres états mentaux sont apparues à travers l'histoire de la plupart des cultures. Le *Cœur révélateur* de Poe, *L'étranger* de Camus, *L'Aleph* de Borges et d'autres me viennent en mémoire. Nous explorerons certaines des littératures décrivant la dépersonnalisation dans le chapitre 11.

Le mot « panique » vient d'anciennes traditions, qui attribuaient une modification terrifiante de conscience, ou panique, à quiconque était confronté au dieu Grec de la forêt Pan. A travers l'antiquité, une multitude de dieu ont tenté les humains en leur donnant des aperçus d'univers cachés, ou en leur dévoilant des savoirs auxquels leurs cerveaux n'étaient pas préparés, ce qui les plongeaient dans la folie. La conscience de l'univers, et l'incapacité du cerveau à la saisir, apparaît de manière récurrente dans la culture populaire, des histoires de science-fiction des années 1950 remplies de machines dotées d'esprits de plus en plus perfectionnés aux *Portes de la perception* d'Aldous Huxley, qui suggérait que la mescaline pouvait ouvrir le cerveau aux profondes connaissance promises par des machines de science-fiction.

Une exploration sur tout ce que la dépersonnalisation implique vous mènera vers de nombreuses voies. Suivre la voie de l'auto-exploration, ou l'exploration du manque d'identité, amènera finalement la personne vers les anciens enseignements du Bouddhisme ou d'autres philosophies orientales, ou la littérature mystique occidentale et les écrivains chrétiens contemporains connus comme sous le nom de contemplatifs. La dépersonnalisation est souvent comparée aux états psychologiques trouvés dans la Méditation Transcendantale, spécifiquement celle enseignée par le renommé yogi Maharishi Mahesh. Plusieurs citations du livre de 1967 *Maharishi Mahesh Yogi on the Bhavagad-Gita : A New Translation and Commentary* établissent directement des parallèles avec les descriptions de la dépersonnalisation du DSM-IV. Une affirmation du livre peut tomber directement sous la sous-catégorie du détachement du DSM-IV. « Dans Nitya-Samadhi, ou la conscience cosmique, un homme réalise que son Moi est différent de l'esprit qui est engagé dans les pensées et les désirs. Il expérimente les désirs de l'esprit alors qu'il réside en dehors de lui-même. »

La plupart des psychiatres et des patients sont convaincus que le Trouble de la Dépersonnalisation et Samadhi, ou le bonheur, ne sont pas la même chose. « De nombreuses personnes apprécient les états engendrés par le TM. Mais la dépersonnalisation est une maladie, venue directement de l'enfer » avait dit une fois Oz Janiger. « C'est un problème psycho-physiologique qui implique l'intégrité de l'égo et l'image du corps. Qu'ils traitent la DP, ou juste des phobies sociales, les psychologues passent souvent des années à essayer de constituer un égo chez le patient avec peu de résultats. Il n'y a beaucoup de personne qui réussissent dans leur carrière et qui ont reçu plein de lauriers, récompenses, et de la nourriture pour l'égo. Mais cela ne change rien pour atténuer la douleur d'avoir perdu son identité à cause de cette condition étrange et inouïe. »

Pourtant, les parallèles valent le coup d'être explorés, comme nous le faisons au chapitre 11.

La recherche de cures à des maladies plus urgentes, comme l'alcoolisme, a privé la recherche sur la dépersonnalisation de fond (ironiquement, beaucoup de DP estime que l'alcool est la seule chose qui apporte un soulagement temporaire aux symptômes). Les cliniques étaient un début et beaucoup a été appris. Mais l'étude du Trouble de la Dépersonnalisation, comparée à d'autres troubles, en est à son enfance.

Au fur et à mesure que de plus en plus de personnes souffrant de cette condition convergeront vers Internet, de plus en plus de symptômes communs émergeront. Par exemple, la lumière phosphorescente semble accentuer la dépersonnalisation. Ou, pour la plupart des personnes, la dépersonnalisation semble être plus forte dans la matinée et semble s'améliorer quelque peu à mesure que le jour passe. Après une sieste, le trouble peut réémergé, comme s'il se vengeait.

Cela nous dit quelque chose sur sa relation avec le sommeil. Janiger me faisait remarquer une fois : « Il est étrange de voir comment tant de personnes se réfèrent à lui comme étant dans un rêve ou un état similaire au rêve, mais que personne ne semble avoir regardé à sa relation avec le sommeil paradoxal. Si vous visualisez les deux types distincts de conscience du cerveau, le sommeil paradoxal et l'éveil, comme étant dans leur propres compartiments étanches et séparés, la dépersonnalisation peut représenter une sorte d'intrusion de l'un dans l'autre. » Les compartiments respectifs peuvent ne pas être aussi confinés que ce qu'ils devraient être.

Qu'il soit lié au cycle sommeil / éveil, à une partie naturelle de la condition humaine, ou qu'il soit une partie d'un réveil vers une plus haute conscience, le Trouble de la Dépersonnalisation ne s'en va pas. Et le besoin pour plus de recherche est pressant.

Bien que le DSM soit régulièrement révisé, j'ai toujours trouvé que la description concise et classique de J.C. Nemiah était spécialement pertinente, et pour l'objectif de ce livre un excellent point de départ :

La caractéristique centrale de la dépersonnalisation est la sensation d'irréalité et d'étrangeté vis-à-vis des expériences conscientes. Les process mentaux intérieurs et les évènements extérieurs se déroulent apparemment comme avant, pourtant tout semble différent et ne semble plus avoir aucunes relations ou significations personnelles pour la personne qui est conscient d'eux. Le sentiment d'irréalité affecte la perception qu'a la personne de son identité physique et psychologique ainsi que du monde autour de lui. Des parties du corps ou son entier être physique peuvent lui sembler étranges. Toutes les opérations mentales et comportementales peuvent lui sembler étrangères.

Une manifestation dérangeante, commune et spécifique au trouble, est la perte de capacité de ressentir des émotions, même si le patient peut sembler les exprimer. L'anxiété est souvent présente en parallèle du trouble et de nombreux patients se plaignent de distorsions dans leur perception du temps et de l'espace. Particulièrement commune est l'expérience d'un changement dans la perception du corps, le patient peut avoir l'impression que ses extrémités sont plus grosses ou plus petites que d'habitude. Un phénomène particulier et occasionnel est celui du dédoublement. Le patient sent que son point de conscience, à partir duquel il s'observe comme s'il était une autre personne, est en dehors du corps, quelques centimètres au-dessus de la tête.

L'expérience de dépersonnalisation est souvent accompagnée par des anxiétés secondaires considérables, et le patient a peur fréquemment de devenir fou. C'est un paradoxe curieux que même si le patient se plaint d'être mort émotionnellement et étranger, il soit capable d'être émotionnellement perturbé par cette perte même. En effet toutes les manifestations de dépersonnalisation sont très déplaisantes et ne motivent pas seulement le patient à chercher une aide médicale mais aussi l'incite à pratiquer des activités vigoureuses, ou de se provoquer des sensations internes afin de briser les murs de la prison que constitue son sentiment d'irréalité.

La conscience forte et infaillible qu'a le patient des perturbations de son sens de la réalité est considérée comme une caractéristique clef du syndrome. Il y a dans la dépersonnalisation une augmentation de l'énergie psychique investie dans l'auto-observation, la fonction mentale dans laquelle la capacité d'introspection trouve refuge.[3.]

Références

1. Elliot, G.C., Rosenberg, M., Wagner, M., (1984). Transient depersonalization in youth. *Social Psychology Quarterly*, **47**, p 115-129.
2. Sartre, J.P., *Nausea*. New York: New Directions Publishing Corp. p 100.
3. Nemiah, J.C., (1984) Dissociative disorders (hysterical neurosis, dissociative type). In *Comprehensive Textbook of Psychiatry*, ed 4, Kaplan, H.,I., Sadock, B., J., editors, Williams & Wilkins, Baltimore. p 942.

2 - Le voyage sans retour

J'envoie mon esprit à travers l'invisible
Quelques lettres de cet au-delà à épeler ;
Et tantôt mon âme retourna vers moi,
Et répondit, « Je suis moi-même un Paradis et un Enfer »
—Omar Khayyâm

La dépersonnalisation attaque la seule chose que vous portez avec vous, partout, chaque jour – votre « Moi ». Il englouti la chose qui fait de vous une personne, tout en aspirant votre capacité à rendre les choses personnelles. Il se nourrit de votre individualité comme un cancer. Essayez de le faire disparaitre et vous vous faites disparaître également. Il semble que cela soit exactement ce qui se passe.

Il y a de nombreuses années, j'étais assis dans mon lit chez moi, une place familière ou j'ai vécu des années au sein de ma famille bien aimée. Je tremblais d'une peur pure, le mélange d'anxiété et de désespoir qui vous submerge lorsque vous faites face à une vérité trop horrible à saisir. Le type de peur que vous pourriez ressentir si, en voiture, vous heurtiez accidentellement un enfant sur une bicyclette, ou que vous tuiez votre mère avec ce que vous pensiez être un jouet d'enfant. Quelque chose d'horrible est arrivée. Vous êtes responsable, et ce qui a été fait ne peut pas être réparé.

L'anxiété continua des semaines mais elle s'intensifia cette nuit car j'essayais d'identifier ce que je ressentais. Les mots d'une ancienne encyclopédie me sautaient à la figure. Des termes qui se corrélaient, en apparence au moins, avec ce que je vivais depuis des mois : psychose, schizophrénie, maladie mentale. J'avais endommagé mon cerveau, irrémédiablement, et mes pauvres parents à l'étages n'en savaient rien.

Des chosent arrivent aux gens. D'habitude ils arrivent aux autres, surtout quand vous êtres jeunes. Depuis votre tour d'observation, votre maison, votre chambre, vous voyez la vie des autres se dérouler. Protégé par une vie en sécurité, prédictible, entouré par vos parents, amis et dirigé par un ensemble de règles, il est normal de se sentir prêt à faire votre trace dans le monde. Des échecs relativement mineurs, comme des examens ratés, des ennemies non prévus, et même une rupture avec un amour de jeunesse vous donne un doux aperçu des épreuves de la vie.

Alors quelque chose de majeur survient. La mort imprévue d'un parent, un accident de voiture dramatique, une maladie ou bien la mort d'un animal de compagnie adoré. Tout cela change votre vie. Mais des mécanismes d'adaptation et d'évolution bien conçus vous permettent de rebondir. Les gens sont conçus pour supporter et s'adapter et dans la plupart des cas le font.

Mais quelque fois les changements de vie n'arrivent pas de l'extérieur. Quelques fois ils viennent de l'intérieur. L'hérédité, les traumas ou des pertes sévères peuvent déclencher des maladies mentales imprévues.

Aujourd'hui, un tampon de légitimité a été mis sur de nombreuses maladies mentales, permettant l'empathie ou la compassion. La dépression, le désordre bipolaire et même la schizophrénie font parties de la culture populaire. En parallèle, l'industrie pharmaceutique alimente la folie des nouveaux acronymes de maladie. Les amis et la famille ne considèrent plus la personne « folle ». Ils peuvent certes être rejetés, mais avec la compréhension due à une maladie engendrée par un déséquilibre chimique. « Ils sont OK tant qu'ils prennent leur médicament » est devenu le leitmotiv concernant le comportement des malades mentaux. Assis sur mon lit, à la maison, après avoir quitté mes études avant la fin du semestre tel un enfant prodige malade et de nouveau dépendant de ses parents, je commençais à me voir moi-même comme un élément de statistique, comme une de ces victimes de bad trip que plus personnes ne reverra. La vie en institution mentale, peut-être même la camisole de force, m'attendait inévitablement, avec la circonstance aggravante qui suit.

Pour gagner de la sympathie, du support, une catastrophe doit être de manière acceptable considérée comme une catastrophe. Être retourné du Viet Nam dans un cercueil aurait été source d'un certain honneur dans les yeux des autres, quel que soit ce qu'ils puissent penser de la guerre elle-même. Mais finir handicaper, alité et terrifié après avoir fumer de la marijuana exige un niveau de connaissance et de compréhension non encore atteint par des parents conservateurs ou des amis libéraux.

« Tu as eu ce que tu mérites pour avoir pris des drogues » jugeraient les uns. « Tu ne peux pas supporter un petit joint parce que tu es faible psychiquement » estimeraient les autres. La vérité, révélée aux parents, amis ou ennemis, ne mènerait qu'à une situation perdante et à des discussions sans buts ni fins.

Un mois plus tôt je profitais de l'université et de la liberté de créer ma propre personnalité, être comme je me percevais malgré les illusions de la jeunesse, la naïveté d'un jeune adulte, les bas-fonds de jeunes artistes sans référence. J'étais à 500 milles de la maison, plutôt populaire avec mes longs cheveux et engagé romantiquement avec, certainement, la plus belle fille du campus.

Aucun de nous ne prenait la vie sérieusement. Beaucoup d'entre nous étaient entrés à l'université pour éviter le Viet Nam. Mais la guerre s'affaiblissait, les turbulentes années 1960 étaient passées, et l'environnement doux et ouvert favorisait une vie pleine de nouvelles amitiés, marquée par les enceintes musicales massives Harman Kardan, et célébrée par le partage de narguilés ou des joints fait avec du papier Bugler.

Alors que la neige tombait tranquillement une nuit de février, je disais au revoir à ma petite amie qui voulait se reposer. Dans mon dortoir, j'allais à la chambre d'un ami ou un groupe d'ami avait fini de fumer du haschich dans un bol. Je pris ce qu'il restait et tirait fort dessus, sans raison particulière autre que d'impressionner mes amis via ce geste de bravade. Je quittais la chambre et descendis à l'espace commun pour voir la télévision commune et grignoter un grand paquet de chips.

Vingt minutes après avoir fumer, le monde changea pour toujours. Je sentis soudainement une tension anormale dans mes testicules, jusqu'à mon dos et ma tête, accompagnée d'un sentiment incroyable de peur. Alors, comme une claque dans la tête avec une planche, je ressentis un pur et total sentiment de panique comme je n'en avais jamais ressenti ou que je ne sentirai jamais. Les mots « dommages aux cerveaux » me vinrent alors que mon paquet chuta sur le sol et les chips s'étalèrent. Je courus furieusement vers la chambre de mes amis pour voir ce qu'ils avaient mis dans le hash. Mon ami Earl, un étudiant noir dégingandé, vint vers mois pour voir ce qui n'allait pas.

Mes autres amis étaient encore réunis dans la chambre ou j'avais fumé. Lorsqu'ils ouvrèrent la porte, à travers le brouillard de mon esprit je vis la large fenêtre de la pièce et immédiatement voulus sauter. La terreur absolue et l'urgence de voler me fit voir, de manière incroyablement claire, comment et pourquoi des gens pouvaient sauter inexplicablement d'une fenêtre. Je ne serai jamais capable d'expliquer complètement cette terreur pure et saisissante.

« Le hash, qu'y avait-il dedans ? », dis-je terrifié d'une manière qu'aucun d'eux n'avaient jamais vu.

« Mais rien, rien » répondirent-ils. « C'est le même shit que nous fumons toujours ».

Je posais encore la question, plus fort, et ils me donnèrent la même réponse. Leur réassurance ne fit rien pour me calmer. La terreur était réelle, et physiologique. Aucunes discussions ou gestes de réconfort n'y changeraient rien.

La prochaine chose dont je me souvienne est d'être couché dans le noir de ma chambre. L'anxiété intense qui suivie la panique commença à diminuer en quelques heures. Je m'endormais finalement au milieu de bruits surréalistes d'une dispute violente entre deux personnes dans la pièce d'à côté.

Lorsque je me réveillais, le soleil brillait à travers la fenêtre dépolie. Je réalisais que j'étais toujours vivant, j'étais réveillé, et je me sentais parfaitement normal. Je ne pouvais pas le croire, en pensant aux dommages que j'avais clairement infligés à mon cerveau la nuit dernière. Je remerciais Dieu intensément pour m'avoir épargné un bad-trip permanent et pour m'avoir donné une leçon si appréciable. On m'avait donné une deuxième chance. Je passais la journée excitée en racontant mon histoire jusqu'à ce que mes amis me dirent de me taire ou ils auraient tous des ennuis.

Au fur et à mesure de la journée, l'exubérance d'avoir été sauvé, d'avoir vu la lumière, d'être résolu de ne plus fumer des joints diminua légèrement et je commençais à me fatiguer. Le soir, j'étais seul dans le studio travaillant à un exercice lorsque, de nulle part, je ressentis un calme intérieur, une intemporalité silencieuse et le sentiment, l'espace d'un court instant, que quelque chose de terrible allait arriver. La panique horrible de la nuit dernière, la sensation venant de l'aine, jusqu'à la colonne vertébrale et ma tête revint avec la même férocité que la nuit précédente.

Je me calmais assez pour retourner au dortoir. Mais l'attaque continua, se répétant inlassablement après quelques minutes. Je vins vers la salle de bain commune et pris une douche chaude. Je pris de l'aspirine. Je me regardai dans le miroir, tira mes cheveux et me demanda si j'allais crier ou frapper ma tête contre le mur alors que l'air frais rentrait via une fenêtre partiellement ouverte.

Seule la peur d'être considérée comme fou, ou dépendant des drogues, ou qu'un mot puisse d'une manière ou d'une autre atteindre mes parents m'empêchèrent de demander à quelqu'un de m'amener aux urgences.

J'allais au lit et endurais ces poussées de terreurs qui venaient par vagues, environ toutes les 15 minutes. Je tirais la couverture au-dessus de ma tête, tremblant couché dans mon lit. A moment donné, mon compagnon de chambre vint, soul et shooté comme chaque soir.

« J'ai eu un problème », annonçais-je calmement, pas tant comme un effort de communication ou pour chercher des conseils mais plutôt pour me prouver à moi-même que je pouvais encore communiquer. Je pensais assez clairement pour faire une phrase. Je pouvais parler. Je pouvais faire des remarques raisonnables. Je n'étais donc pas fou.

Il marmonna des mots qui restèrent dans ma mémoire pendant toutes ces années : « Hey, à moins que quelqu'un te pourchasse avec un couteau dans la rue, il n'y a pas de soucis à se faire. »

La panique pure est aussi incompréhensible à la plupart des gens qu'elle a été à mon compagnon de chambre. Nous réservons la panique aux situations les plus sérieuses où il faut soit fuir soit combattre et nous admirons ceux qui, avec la tête froide, sont capable de sortir de situations apparemment ingérables. Mais la panique, comme le monde « normal » la voit, est très différente de ce que j'ai enduré la nuit. La panique que j'ai connu venait d'une source inconnue à l'intérieur – un endroit complètement étranger aux notions de volonté, de résolution et de ce que nous appelons courage. Le courage, ais-je appris, n'est pas la capacité à subir des situations qui pourraient provoquer de la panique aux faibles. Le courage est la capacité de supporter une panique entièrement non provoquée, quelque chose qui n'attaque pas de nulle part, mais de l'intérieur (nous examinerons la vraie nature de la panique en chapitre 8).

Ces assaillant non désirés continuèrent à me tourmenter durant plusieurs nuits alors que durant le jour, un état d'esprit complètement différent émergea. Je n'avais pas de sentiments, ni aucun sentiment de l'identité qui m'avait définie pendant ma vie entière. Tout ce qui existait à l'intérieur de moi était un brouillard mental migraineux dépourvu d'égo, vide d'intérêts ou d'émotions. Je pouvais toujours penser, mais je ne pouvais plus ressentir. Je connaissais mes amis, mais ne ressentais plus le besoin ou le désir de montrer la personnalité pleine d'esprit avec laquelle je les avais souvent divertis. J'aimais ma petite amie, mais j'avais conscience que quelque chose de radical avait lieu, et je l'aimais différemment, si cela pouvait être toujours appelé amour tout court.

Je décidai que j'étais malade. Trop malade pour continuer le semestre, trop malade pour être celui que j'avais été pour tout mon entourage. Après un mois environ j'étais de retour à la maison chez mes parents. Ma petite amie pleura lorsque je partis, et pleura au téléphone lorsque je l'appelais de la maison. Elle aimait quelqu'un qui n'avait plus rien à voir avec la personne que j'étais devenu. Tout ce que j'avais pensé ou exprimé, tout ce que j'avais apprécié, rêvé ou fantasmé ne semblaient plus exister que comme des illusions sans signification. Tout semblait comme des mensonges et pourtant aucune révélation sur la véritable vérité ne pris la place de ces mensonges, seulement le vide et la déchirante anxiété sur la véritable source de ce qui me perturbait.

Je fus convaincu que le joint, ou son concentré actif le hash, ne pouvait pas provoquer cela. Je me rappelais qu'il n'y avait clairement pas de dommages au cerveau car j'étais parfaitement bien le jour d'après mon horrible attaque de terreur. La panique s'était atténuée, mais elle avait apparemment aspiré mon esprit et endommagé horriblement le confortable flot de conscience qui ne donne habituellement jamais de raisons de douter de sa santé mentale ou même de l'acte de penser en lui-même.

Mon esprit n'était simplement pas normal. J'étais complètement conscient de chaque pensé dans ma tête, et passa le jour entier à analyser comment je ressentais mes pensées et ce qu'il y avait de problématique en elle. Je blâmais pour ces sensations la mononucléose, le diabète, tout ce qu'il était possible à l'exception de la drogue. Parce que si c'était réellement le haschich, alors je m'étais fait à moi-même d'irréparables dommages à mon cerveau et ruiné ma vie. C'était quelque chose auquel je refusais de faire face.

Un jour je fus seul à la maison. Je pris le téléphone et appela une hotline anti-suicide. J'expliquais que je n'étais pas suicidaire. Je voulais seulement que quelqu'un écoute ce qui m'étais arrivé et me dise s'il avait déjà entendu quelque chose comme cela. Est-ce que j'étais la seule personne sur terre à réagir ainsi aux joints ? Est-ce que ces joints contenaient quelque chose qui n'avait pas, pour une raison ou une autre, atteint les autres qui avaient fumé dans le même bol ?

Le jeune homme au bout du fil était particulièrement astucieux et sympathique. Il fut plus pertinent que tout ceux avec qui je parlerais pendant les années qui suivirent.

Il expliqua que le THC (tétrahydrocannabinol) dans le haschich s'était infiltré à travers les défenses que je m'étais construite durant ma jeunesse. Les barrières, les murs de raisons que j'avais érigés avait été percées, me rendant vulnérable et plein de peur. Tout ce qui avait servi pour mener ma vie, les choses autour de moi, et les choses en moi, avaient été balayées, me laissant comme un bébé dans les bois sans rien pour me protéger.

Il me souhaita bonne chance et espéra que, petit à petit, ces « défenses » se reconstruiraient. Les explications simplistes de ce jeune homme m'ont marqué à vie car elles étaient essentiellement vraies.

La terminologie est toujours en jeu lorsqu'il s'agit de parler de dépersonnalisation ou de toutes autres maladies mentales. Le mot « défense » apparait souvent en psychologie. La dépersonnalisation elle-même est considérée comme un mécanisme de défense normal face à des circonstances écrasantes. La dépersonnalisation est souvent définie comme un mécanisme de défense qui s'est déréglé. Mais ce à quoi cette jeune personne faisait allusion peut être vu comme ma « construction » personnelle – la chose à laquelle mon esprit faisait référence pour donner du sens depuis ma plus tendre enfance. Le temps et la familiarité rendaient le monde interne et externe normal pour moi. La drogue a supprimé ce sentiment de familiarité, engendrant de la peur, et aux pires moments de la panique.

Comment un mécanisme de défense déréglé peut-il causer une misère pareille ? Qu'est-ce qui fait qu'il se brise ? Comment peut-il être réparé ?

Lorsque la dissociation, destinée à distancer d'un trauma, est en décalage elle devient quelque chose de complètement différent qu'un mécanisme de défense. Je pense à elle comme un magnifique papillon qui, pour une raison ou pour une autre, renverse son cycle de vie pour devenir la plus hideuse des chenilles. La dépersonnalisation prend alors une vie indépendante développant une multitude de symptômes, certains d'entre eux semblant ne pas avoir grand-chose à voir avec la dissociation ou le fait de l'éloigner l'esprit de quelque chose, à part de lui-même. Ce qui était censé protéger l'esprit maintenant fait tout ce qu'il peut pour le détruire.

Mes symptômes étaient terrifiants, et m'amenèrent à penser que j'avais détruit mon cerveau pour toujours, en fumant un joint. Je n'avais jamais entendu quelqu'un expérimenter quelque chose ressemblant à ce que j'avais, autre que les histoires d'horreur des personnes n'étant jamais revenu de bad trip avec du LSD. Je n'avais aucune idée de ce que le futur pouvait réserver, dans le cas où il y aurait même un futur.

Echec de communication

Il n'y a aucun langage à travers lequel la dépersonnalisation peut être communiquée. Le fait que nous pensons en mots est un des multiples aspects de la conscience qui peut sembler étranger à quelqu'un de dépersonnalisé.

Dans des tentatives d'expliquer leurs sensations, les personnes utilisent des métaphores et des comparaisons. Et, de manière intéressante, les personnes dépersonnalisés sont d'une manière ou d'une autre capable de communiquer entre eux assez clairement, comme s'ils avaient développé un nouveau langage spécifique.

Essayer d'expliquer cela à quelqu'un qui ne l'a jamais expérimenté est comme essayer de décrire le gout des pêches à quelqu'un qui n'en a jamais mangé. Des phrases comme « Je me sens irréel » ou « tout me semble étrange » prêtent à des interprétations qui peuvent avoir très peu ou rien à voir avec la dépersonnalisation chronique.

Lorsque je parle à un médecin, la nature humaine rentre en jeu également. Lorsque nous énumérons nos symptômes un à un, aussi clairement qu'humainement possible, nous le faisons souvent avec précaution, comme des nageurs testant l'eau avec son orteil avant de plonger. Jusqu'où dois-je révéler ce que j'ai avant que le médecin dise ou pense que je suis schizophrène ? Comment est-ce que je prouve que je ne suis pas fou lorsque mes symptômes semblent si fous, même à moi-même. Peut-être faut-il que je renonce à essayer de les expliquer et que je retourne à la maison.

En parallèle avec le regain d'intérêt pour la dépersonnalisation, certains cliniciens ont fait des efforts dans les années récentes pour clarifier et comprendre le langage de la dépersonnalisation, notablement, Filip et Susanna Radovic, écrivant dans la publication de l'université John Hopkins « Philosophie, Psychiatrie et psychologie ».[1]

Les auteurs font noter que, en considérant la vaste utilisation du mot « irréel » dans notre culture, les gens peuvent souvent exprimer que les choses semblent irréelles sans référer à une expérience de dépersonnalisation. Plutôt, ils parlent de quelque chose sortant de l'ordinaire. La vie semble irréelle à quelqu'un qui est dépersonnalisé, pourtant elle peut aussi sembler irréelle à quelqu'un qui a touché le jackpot à Las Vegas. La seconde personne peut avoir une expérience intellectuelle d'irréalité, comme dans « cela ne peut pas m'arriver » parce que « c'est trop bon pour moi ». De manière moins probable, il peut expérimenter réellement un épisode de vraie dépersonnalisation, essentiellement pour la même raison, déclenché par la nature extraordinaire de l'évènement.

Un lexique plus fourni du vaste terrain de la dépersonnalisation serait profitable pour aider à trouver les mots pour l'inexprimable. Mais, jusqu'à maintenant, les personnes dépersonnalisées doivent s'appuyer sur des nuances subtiles de simples mots ou phrases utilisées comme des métaphores pour saisir l'expérience par le langage. Le mot « irréel » est le mot clef pour les personnes dépersonnalisées. Pour décrire l'irréalité ils doivent souvent utiliser des métaphores pour le comparer avec d'autres sensations qui peuvent être ou ne pas être plus compréhensibles pour les autres.

L'aspect « comme si » de la dépersonnalisation est aussi souvent présent. Des mots comme « mécanique », « mort » et « sans vie » rentrent dans les descriptions, comme dans des métaphores tel que « Je me sens comme un robot ». Le préfixe « comme si », comme le notent les Radovics, se réfère à l'incertitude sur l'adéquation à la description proposée – c'est simplement la meilleure verbalisation qu'un patient peut faire.

Il y a aussi un deuxième aspect important à l'expression « comme si » qui montre que le patient n'est pas délirant – qu'il ou elle a un contact avec la réalité intact, comme requis par le diagnostic de dépersonnalisation. Le patient ne croit pas qu'il soit un robot mais a l'impression qu'il fonctionne comme un robot.

Le mot « ressenti » a également ses propres mystères. Une personne peut souffrir immensément de ne pas avoir de sentiment, et pourtant la souffrance elle-même est un sentiment – un sentiment négatif. D'autres personnes reportent de ne rien ressentir du tout.

Le langage du DSM-IV lui-même peut être sujet à interprétation malgré le soin mis dans le bon choix des mots. Une partie de la description de la dépersonnalisation mentionne « une sensation de manquer de contrôle sur ses actions ». Est-ce que cela veut dire que cette personne craint qu'elle puisse agir sur une impulsion et blesser quelqu'un ou bien lui-même, comme une personne avec un désordre obsessionnel compulsif ? Est-ce que cela veut dire que les bras ou les jambes d'une personne bougent involontairement, comme une personne présentant des tics ou des contractions musculaires ? Ou est-ce que cela veut dire qu'elles font les choses robotiquement sans conscience claire de leurs actions ? Même des personnes « normales « peuvent ressentir un manque de contrôle de temps en temps, sous l'influence d'émotions intenses ou des circonstances nouvelles et imprédictibles.

L'exploration dans le langage de la dépersonnalisation a au moins donner à réfléchir aux médecins concernant les messages que les personnes dépersonnalisées tentent de donner. Des décennies plus tôt, cependant, il était clair qu'aucuns médecins ne vous auraient compris, ni ne vous auraient diagnostiqué autres choses qu'au mieux une névrose, au pire une psychose.

Étranger à moi-même

Les neufs cercles

Durant mes premières années de dépersonnalisation, je me suis battu pour expliquer mes sentiments à travers des métaphores du type « comme si ». Et puis j'ai stoppé. Personne ne comprenait ou ne comprendrai. Deux années supplémentaires passèrent, et le focus obsessionnel sur mes process mentaux commencèrent à révéler un peu de leurs natures. Il semblait que le chemin pris par mes expériences mentales semblait circulaire. Avec mon intelligence intacte, il me sembla que différents états d'esprit se répétaient au cours du temps. Comme un étudiant en médecine apprenant à disséquer un corps, je déconstruisis ce qui m'arrivait et créa ma propre théorie de la conscience.

C'était comme si mon esprit m'amenait à travers neuf cercles concentriques, toujours en descendant, pour aller vers le centre du dernier, plus profond cercle, où la folie m'attendait. Lorsque j'atteignais le septième ou huitième cercle, je retournais toujours au premier, et la descente recommençait. Alors que je revenais lentement à une vie planifiée et linéaire, à travers des auto-observassions incessantes, je fus capable de déterminer lesquels des cercles étaient les plus proches du centre. Et, comme certaines phases réapparaissaient, je fus capable de prédire avec une certaine exactitude ce que je pouvais attendre traverser.

Je ne savais pas que les choses qui me perturbaient, cette « nausée », avait en fait un nom. Je ne savais rien en psychiatrie, ou en biologie, ou en mysticisme. Je créais donc un désordre imaginaire et un diagnostic imaginaire consistant en des cercles dans des cercles dans ma tête. Je n'échappais à un cercle que pour tomber dans un plus petit cercle à l'intérieur de celui-ci. Mon interprétation était, peut-être ma réponse à Dante. Son Enfer devient ma métaphore.

Le premier Cercle fut le cercle de la Panique. C'est comme cela que ça a débuté, comme cela que je suis rentré dans le monde étrange duquel je ne retournerais jamais avec la même identité. Alors que ce Cercle donne l'impression d'être proche de la folie, c'est, en fait, seulement la porte d'entrée. Si le mot « Abandonnez tout espoir » devait être posté, ce serait sur la porte de ce cercle extérieur.

Le second Cercle fut le cercle de l'absence d'humeur. La mort émotionnelle, la perte de l'esprit, l'ambition, l'égo ou la personnalité, tout cela caractérisait le Cercle de l'Absence d'Humeur.

L'humeur est quelque chose de merveilleux. Imaginez penser sans toutes vos émotions. Vous devenez une chose qui voit le monde se dérouler à travers votre tête, moment après moment, comme des sous-titres dans un film. L'humeur change cela. Elle vous donne le luxe de vivre votre vie, faire des choses que vous ressentez vouloir faire, goutant pleinement des pensées attachées avec des sensations de joie, nostalgie, bien-être et même colère, sur une longue période de notre ressource la plus précieuse – le temps. Même une mauvaise humeur quelque part prouve que vous êtes vivant. Une bonne humeur vous donne des raisons d'essayer de l'étendre. L'humeur vous fait sentir humain, et une partie de la vie.

La dépersonnalisation est la vie sans humeur. Vous existez, comme un rocher existe, comme un grain de sable existe, à moins que vous ne commenciez à ruminer dessus et questionner l'existence. Vous devenez extrêmement conscient des pensées car l'absence d'émotions leur donne une vie en dehors de vous. Penser même devient étrange, et ne pas connaître d'où ces choses appelés « pensées » viennent, vous commencez à avoir peur des pensées qui vont surgir, maintenant ou dans les prochains mois et années. Lorsque vous ne contrôlez plus vos pensées, et que votre esprit ne peut ni rassembler ni se cramponner à vos souvenirs avec émotions, tout ce qui reste est la peur.

Le troisième Cercle fut le cercle du détachement, ce qui renforce le concept actuel que la dépersonnalisation est dissociative. Le temps passé dans ce Cercle place votre esprit dans un endroit qui n'a plus rien à voir avec votre corps. Vous avez l'impression que votre pensée est quelque part en arrière et sur la gauche, au-dessus de la tête, ou généralement quelque part ailleurs qu'à l'intérieur du corps que vous être censé habiter. Ce n'est pas une expérience de « sortie du corps ». Vous ne vous voyez pas en train de faire une sieste. Mais votre esprit paraît être une identité détachée, quelque part autour de votre corps, mais non fusionné avec votre corps.

Le Cercle du Détachement est marqué par l'étrangeté. Avec l'esprit et le corps qui ne sont plus correctement alignés, les choses en dehors de votre enfer personnel peuvent sembler aussi étrange. Je me rappelle une boite de flocon d'avoine dans la cuisine de ma mère. Intellectuellement, je savais ce que c'était, mais il m'apparaissait comme si je ne l'avais jamais vu. J'observais le personnage sur la boite comme s'il était vivant, et allé me faire un clin d'œil. La cuisine devient momentanément une nouvelle planète avec des couleurs et objets que je n'avais jamais vus auparavant. Ayant l'impression que j'allais finir par devenir fou, je lavais ma figure à l'eau froide et allais dehors regarder le soleil. Pendant une longue période, les choses familières autour de moi ne me provoquaient plus aucun attachement. Les émotions qui auraient dues normalement être évoquées par ma voiture, les fleurs du jardin, les livres, images ou la musique, ne me venaient plus.

Est-ce qu'il n'y avait plus d'attachement émotionnel parce que les choses semblaient étranges, ou est-ce que les choses soudainement semblaient étranges parce qu'elles ne possédaient plus de charges émotionnelles ? Le résultat final était le même, quel que soit la cause ou l'effet.

Parce que les manifestations de la dépersonnalisation sont hautement variables, et parce que des aspects différents apparaissent à des moments différents, la capacité à faire confiance à son esprit, son identité, est sévèrement compromise.

Alors que l'étrangeté de penser en mots était pour moi une constante, un niveau grandissant de méfiance grandit dans ma conscience également. Cette méfiance n'était pas dirigée vers les gens mais plutôt mon propre esprit. Je questionnais la capacité que j'avais de simplement être capable de contrôler mes actions physiques et mes paroles. Comment et pourquoi je faisais cela, me demandais-je ? Ne ressentant aucune « personne » être en contrôle de mes actions, qui était en charge, qu'est ce qui était en charge ? Qu'est-ce qui m'empêcher de commettre un certain nombre d'actes insensés ?

Je me rappelle assister une fois à une classe ennuyeuse assis à côté d'une fenêtre au sixième étage. Je n'entendais que très peu ce que le professeur disait, car pendant ce temps je ne pouvais pas m'empêchais de me demander ce qui me retenait de me jeter par la fenêtre. Mon esprit se focaliser sur le fait que personne ne savait ce que je pensais, que personne ne connaîtrait jamais ce que n'importe qui d'autres ne pensait. Alors que le sentiment d'isolation et de prise au piège deviendraient plus tard un Cercle en lui-même, en ce jour ma focalisation était de savoir si oui ou non je pourrais finalement me contrôler et ne pas faire quelque chose de bizarre et d'inexplicable. J'imaginais le prochain journal « Daily news » avec une histoire sur un étudiant sautant inexplicablement d'une fenêtre : « il ne me donnait pas l'impression d'être mal » disait un témoin. « Il n'était pas dépressif ». Cela fut mon entrée dans le quatrième cercle, le Cercle de la peur de perdre le contrôle.

Cette peur d'être incapable de contrôler ses actions est un thème commun dans la dépersonnalisation et dans mon cas, le côté obsessif du désordre se manifesta à travers l'incapacité de me débarrasser rapidement des pensées absurdes et déraisonnables comme font la plupart des gens. Ce côté obsessif contient clairement un élément de compulsion et le besoin de tester sa santé mentale, comme lorsque vous utilisez votre langue pour ressentir une dent douloureuse. Faire cela amplifie la douleur, mais vous ne pouvez pas vous empêcher de le faire.

Le Cercle de l'Obsession a été le plus problématique, je pense, car il s'avère souvent occuper le même espace que les autres cercles, comme une ombre ou un fantôme. L'obsession interagi avec l'anxiété, aussi bien qu'avec le sentiment de perte de contrôle, d'étrangeté et des tendances compulsives. Une fois enfermé dans ces autres Cercles, il devient facile de faire une obsession sur ceux-ci, et en conséquence le Cercle de l'Obsession peut apparaître en même temps que virtuellement n'importe quel autres Cercles.

Lorsque je n'étais pas focalisé sur ce qu'il y avait de bizarres en moi, certains aspects de la vie me devenaient bizarres et étrangers. Habituellement, une seule fixation faisait surface à la fois. Une fois résolue, il pouvait avoir une période de paix relative jusqu'à ce qu'une nouvelle obsession apparaisse.

Par exemple, je passais des semaines dans les étranges eaux du Cercle du Détachement, perplexe face au concept du vent, et de l'invisibilité de l'air. Je passais ma main plusieurs fois devant mon visage chaque jour pour sentir que quelque chose la toucher. Qu'est-ce que c'était ? Comme quelque chose d'invisible pouvait flotter devant mon visage, déranger mes cheveux, pencher les arbres et agiter les feuilles ? Est-ce que j'étais le seul à penser qu'il y avait quelque chose de bizarre ? Nous avons tendance à ne pas croire dans les choses que nous ne pouvons voir. Mais …

Qui a vu le vent ?
Ni moi ni vous
Mais lorsque les arbres baissent leurs têtes
C'est que le vent passe à travers.

Ces banales lignes usées que j'ai apprise de ma grand-mère devinrent le mantra de mon existence lorsque l'invisible vent devint mon « obsession du moment ».

Par essence, n'importe quels sujets auquel personnes ne pensent pouvait devenir le centre de mon attention et de mon analyse simplement parce que, soudainement et inexplicablement, ils devenaient si intolérablement étranges. C'était comme si je venais d'une autre planète où tout était pareil excepté le seul aspect de la réalité que mon esprit ne pouvait soudainement plus comprendre. Cela pouvait être le vent un jour, l'anatomie humaine un autre jour, ou plus régulièrement, le simple acte de penser – ces mots invisibles venant en apparence de nulle part et traversant la tête d'un être humain à la vitesse de la lumière tout le long de la journée. Est-ce que cela n'est pas étrange ? Si non, pourquoi cela me semble-t-il étrange à moi ? Clairement, je me dirigeais vers le cœur d'une sorte de folie.

Cependant, j'ai toujours su que quelque chose n'allait pas. Ce « test de la réalité » m'assurait que je n'étais pas fou, seulement intensément neurotique, fragile au-delà de toutes définitions de l'insécurité.

Ces épisodes continuèrent pendant plusieurs années, changeant toujours de directions et de sujets. Je sais maintenant que ce sont des manifestations de deux aspects spécifiques de la dépersonnalisation chez certaines personnes – déréalisation, l'étrangeté du monde extérieur, et l'obsession. Différents aspects de la vie, des choses « normales » auxquelles on ne prête rarement attention, me semblèrent particulièrement étrange et j'en faisais une obsession.

Pendant une période de plusieurs semaines je fus intensément intrigué, et ensuite terrifié à l'idée de n'être pas capable de saisir le concept d'infinité, dans le temps et dans l'espace. Cela marqua l'entrée dans le Cercle de la Conscience.

Peut-être que le texte de Joyce sur des choses similaires dans « A Portrait of the Artist as a Young Man » déclencha mon propre questionnement et inquiétude dans une manière que je n'aurais jamais connue si je n'avais pas été coincé dans les Cercles :

Eternité ! Oh, terrifiant mot extrême. Eternité ! Quel esprit peut le comprendre ? ... Vous avez souvent vu le sable sur la plage. Combien ses petits grains sont fins ! Et combien faut-il de ces petits et minuscules grains pour faire une petite poignée qu'un enfant saisi dans ses jeux. Maintenant imagine une montagne de ce sable, un millions de kilomètre de hauteur, atteignant de la terre le paradis le plus lointain, et large d'un million de kilomètres... imagine que cette montage s'élève de nouveau après s'être envolé, qu'un un oiseau vienne encore et encore la transporte loin grain par grains ; imagine qu'elle s'élève et s'écroule autant de fois qu'il y a d'étoiles dans le ciel, d'atomes dans les airs, de gouttes d'eau dans les océans, de feuilles sur les arbres, de plumes sur les oiseaux, d'écailles sur les poissons, de cheveux sur les animaux. A la fin de tous ces innombrables élévations et écroulement de cet incommensurable et vaste montagne, aucun des instants composant l'éternité ne sera écoulés.[2]

Toutes les activités humaines, me semblait-il, étaient principalement une distraction, quelque chose pour nous empêcher de regarder en face les noirs mystères nous entourant. La plupart des gens mettent une barrière sur les espaces infinis, ou perçoivent l'espace et le temps comme un cercle, toujours retournant où il commence. Mais qu'est-ce qu'il y a en dehors du cercle, me demandais-je ? Ce n'était pas une nouvelle curiosité astronomique, cependant, mais une vraie peur de l'infinité, une peur du Vide, une crise existentielle.

« Si quelqu'un se mettait à réfléchir vraiment à ce genre de choses je paris que cette personne deviendra folle », me rappelais-je dire ma mère une fois. Je me retrouvais moi-même à ressasser sur l'infinité avec un sens angoissant et malsain de stupeur. Ces questions, que nous connaissons tous mais sur lesquels nous nous attardons que rarement, demandaient des réponses. Quelque part, nous acceptons tous l'existence de l'inconnu comme une partie de la vie. Mais un œil changé regarde les mystères de la vie comme s'il s'y confrontais pour la première fois, le besoin de les résoudre devient plus pressant.

A force, les ruminations sans fins se résolvaient d'elles même. Les anciennes défenses qui m'empêchaient de même y penser revenaient graduellement comme si mon esprit était juste trop fatigué de questionner ce qui ne peut pas être connu.

Les obsessions, non maîtrisées, mènent au Cercle de l'anxiété. Et l'anxiété mène usuellement à quelque chose d'autres. Il prend souvent une forme anticipatrice comme pour la peur qu'une attaque de panique ne me frappe à nouveau au moment où je m'y attends le moins. Il surgissait dans les manières classiques connues partout par les gens. J'étais effrayé à l'idée de voler car une attaque de panique me frappa dans un avion. J'étais effrayé d'être en dehors du pays ou dans une zone reculée où on ne pouvait accéder à aucun hôpital et traitements médicaux. A un moment donné, je fus effrayé de quitter ma maison ou mon appartement car c'étaient les seuls endroits où je pouvais me distraire pendant des heures en regardant des rediffusions télévisuelles inoffensives et anodines.

Etrangement, l'anxiété me quittait souvent complètement lorsque j'entrais dans un autre Cercle, mais la vie passée dans le Cercle de l'Anxiété ne valait pas la peine d'être vécue.

L'anxiété est quelque part compréhensible. C'était quelque chose auquel beaucoup d'autres personnes pouvaient se rattacher, et quelque chose qui peut être atténué avec des médicaments, des boissons ou, simplement, ne rien faire du tout. Le huitième Cercle était différent, et peut-être le plus terrifiant de tous. Heureusement, le temps que j'ai passé dans le huitième Cercle, le Cercle logé le plus profondément à l'intérieur de son esprit et le plus proche de la folie, dura seulement 2 ans. Celui-là, je l'ai appelé le Cercle de l'Autre.

Je ne peux pas me rappeler où et comment il commença. Mais à travers mon flux de pensée, venant de nulle part, une voix distincte et séparée émergea de ma tête. Il me sembla alors qu'une petite tête de démon, une petite entité malsaine regardait tout ce que je faisais et faisait des commentaires méprisants. C'est comme s'il y avait deux voix pour indiquer la conscience, une qui était la mienne et une autre qui existait seulement dans le but de contredire tout ce que je pensais ou disais, à moi-même ou aux autres.

Le test de réalité restait intact. Je savais bien qu'il n'y avait pas d'autres entités indépendantes. Je savais que c'était « moi » qui avais d'une manière ou d'une autre créer cette voix, cet autre observateur et cependant j'étais impuissant à la faire partir.

Cette entité était de manière étonnante similaire au « Horla », la présence diabolique décrite dans l'histoire du même nom par Guy de Maupassant. L'histoire est considérée comme autobiographique, et bien que je n'aie jamais cru qu'il y avait un réel démon dans ma tête, j'étais inquiet à l'idée que cette autre conscience puisse à moment donné devenir la personnalité dominante et en conséquence puisse commettre un meurtre ou un quelque chose d'effroyable. De Maupassant souffrait de syphilis. Est-ce que cela pouvait être pire que ce que j'endurais ? Le temps passa et j'attendais de voir où cette voix alternative dans ma tête allait m'amener. Je ne devins pas fou, même si quelques fois je pleurais de la frustration de ne pas être capable de renvoyer cette voix moqueuse de là où elle venait. Je pouvais l'entendre rire dans ma tête même en ces moments-là, comme si elle était en train de gagner la bataille pour prendre le contrôle de mon corps. Je me demandais si quelque part cette « Autre » deviendrait moi, et que toute trace de qui j'étais auparavant serait oubliée et effacé irrémédiablement. Est-ce que c'est comme cela que la folie commence ?

Etrangement, les années de tourments solitaires passées dans le Cercle de l'Autre s'avérèrent les plus productives académiquement. Ma vie avança simplement parce qu'aucun autre symptôme d'apparu pendant ce temps passé avec cette Voix. Ce fut comme si la large variété de possibles symptômes s'était d'elle-même fondue dans cette méthode unique de torture. La maladie investie toute son énergie destructrice en une seule arme – la Voix interne et moqueuse. Au fil du temps, le rire incessant, les dérisions particulièrement intimes, le ton perçant de la Voix devinrent intolérable.

Chaque matin lorsque je me réveillais, la voix était absente. Alors, un court moment après mon réveil je m'en rappelais, et encore une fois le tourment recommençait. Clairement, raisonnais-je, si la présence de la Voix devait être rappelée, reconnue avant qu'elle n'apparaisse, alors c'est que j'étais assurément la personne qui la faisait surgir. Elle n'avait pas d'existence indépendante – c'était seulement moi. Mais pourquoi étais-je incapable de la faire partir ?

La boisson était le seul moyen pour apaiser la voix, la rendre plus faible, moins déterminée à moquer chacune de mes pensées et actions. Des sévères gueules de bois l'affaiblissaient également, comme si la chose devenait malade, déprimée et proche de mourir comme l'était ma conscience normale et monotone. Ecrire, fus-je surpris de constater, la faisait taire également, comme si elle dormait pendant le temps où je me plongeais intensément dans la création de poésies, de fictions ou dans les articles de magasine. Et donc, ainsi que mes professeurs m'encourageaient, je commençai à écrire sérieusement, puis fanatiquement, l'acte semblant émané d'une part du cerveau qui était libre de la Voix qui me tourmentait.

Petit à petit, à travers l'expérimentation de certaines pilules, spécifiquement d'énormes doses de niacinamide, à travers l'écriture, ou peut-être une certaine cure psychosomatique, la Voix, l'Autre se réduisit dans un coin, puis disparut. Le répit fut momentané, cependant, parce que dans son sillage j'étais amené à connaître l'opposé de la présence de cette Voix dans la tête – une inexplicable conscience d'isolation, de solitude.

J'avais atteint le Cercle le plus profond, le Cercle de la « Réalisation ». Qu'est-ce qui était « réalisé » ? Le fait que mon esprit était seul, mais avec une intensité et une clarté que les êtres humains ne sont pas censés connaître. Je n'étais certes pas seul dans mon trouble, mais éternellement seul dans l'univers. Depuis le jour où j'étais né, jusqu'au jour où j'allais mourir, et probablement après, personne, aucune chose, aucune entité, aucun dieu, rien sur la terre ni dans le cosmos ne partageraient mes pensées comme je les pensais. Personne ne connaîtrait jamais mes sentiments, ou la nature de l'existence. Et bien quoi, quelqu'un pourrait me demander ? Tout le monde sait ça. C'est vrai. Mais qui le ressent avec une telle clarté et une telle vérité solitaire que cela devient impossible à supporter ? C'est réellement le Cercle dans lequel le monde s'écroule. Le Cercle de la Réalisation est marqué par un sentiment de solitude que les êtres humains normaux ne sont tout simplement pas conçu pour expérimenter. Il n'y a rien qui puisse y être comparé. Il n'y a pas de « As If ». Vous êtes simplement, existant dans le moment. SEUL. Et si vous passez trop de temps dans le neuvième cercle, la folie et le suicide vous guettent surement. La réalisation que vous existez seulement dans le moment devient bientôt la connaissance que vous n'existez plus.

L'esprit doit agir rapidement dans le neuvième Cercle. Un choix doit être fait. La Solitude peut vous amener ailleurs si vous la laissez. Certain appelle cet endroit le Nirvana. Incapable de le trouver, invariablement je refaisais surface jusqu'au premier Cercle de Panique, seulement pour répéter le cycle encore et encore.

Les gens normaux, la personne qui fait les hots dogs, les courtiers, les enseignants, femmes au foyer, les docteurs, les conducteurs de taxi, tout le monde vit en dehors des neufs cercles, raisonnais-je. Cela, je l'ai appelé le Cercle de l'illusion. Protéger par la sécurité de cet « enveloppe », les gens grandissent, vont à l'école, sécurise leur travail, se marient, ont des histoires avec leur secrétaire et tapent dans une petite balle blanche tous les week-ends. Les gens vivent dans une progression linéaire vers l'avant, généralement comme si la mort, comme si l'infini n'existait pas. Et lorsqu'ils reconnaissent ces vérités, lorsqu'ils assistent à des funérailles, font leurs deuils ou regardent les étoiles et prient, ils le font avec assez de compartimentation pour que la vérité soit gardée à distance. J'ai appris à travers les années à agir comment ils faisaient. Dans la vie d'entreprise, une personnalité émergea souvent, libérée des mœurs et de la correction de mes pairs, à leur grand amusement. Mais souvent, cette façade se fissurait, et je regarder les choses que j'avais faite avec curiosité ou remord. Alors je me retrouvais encore une fois à l'intérieur des neufs cercles.

Bien des années plus tard, j'appris que d'autres personnes, des gens brillants, avaient identifié et défini cette chose qui me tourmentait, en termes scientifiques et psychologiques. Tout au long de ce temps, j'ai du passé devant des centaines de vendeurs de hots dog en me disant que j'aurais donné n'importe quoi pour être l'un deux, et pas moi. Après onze ans, je pu mettre mes hypothèses de jeunesse, mon désordre imaginaire et mes explications analytiques à la poubelle pour toujours.

La psychiatrie avait un nom pour mes neufs cercles. Ils étaient simplement appelés *symptômes*.

Références

1.   Radovic, F., & Radovic, S. (2002). Feelings of unreality; a conceptual and phenomenological analysis of the language of depersonalization. Philosophy, Psychiatry, and Psychology, **9**, 271-279.

2. Joyce, James (1916, 1963). A Portrait of the Artist as a Young
3. Man. New York : The Viking Press, p. 131.

3 - Démêler l'énigme

Nous ne voyons pas les choses telles qu'elles sont, nous les voyons comme nous sommes

—Anais Nin

La citation de Nin ci-dessus vient du Talmud Hébreu, écrit il y a quelques 1500 ans. Nous sommes différents, par la nature de la dépersonnalisation, et la plupart d'entre nous avons choisi de considérer cet état d'esprit comme un désordre en raison de la souffrance et de la confusion que cet état implique. Les choses autour de nous et en nous semblent avoir changées, et pourtant nous savons qu'elles n'ont pas changé. Nous avons changé. En dépit de sa supposé obscurité, les sentiments de dépersonnalisation ont été explorés et documentés dans la littérature médicale depuis presque 200 ans. Chaque compte rendu écrit apporta du matériel à d'autres afin de consolider ou débattre, et petit à petit, un consensus d'idée a permis de formuler un profil précis de ce que les individus dépersonnalisés devaient affronter. Aujourd'hui une liste spécifique de critères et une définition claire des symptômes existent pour guider les médecins et les patients vers un diagnostic. Malheureusement, la plupart de ces recherches et spéculations n'ont rarement atteint le niveau auquel les médecins de famille auraient pu les utiliser. Le temps pris pour recevoir un diagnostic correct de dépersonnalisation est d'environ 12 ans[i] (11 ans dans mon cas). Mais sur un plan personnel, il a été gratifiant que ma documentation des neufs cercles recoupait les symptômes décris par le monde médical.

Depuis bien trop longtemps, des gens comme moi-même, essayant d'identifier leur sentiment par eux même, n'avaient aucunes idées de ce qu'ils recherchaient. Les moteurs de recherche sur Internet sont devenus les premiers moyens pour rechercher une sensation comme « se sentir irréel » et enfin trouver de la documentation sur la dépersonnalisation, quelque chose que même les index des librairies étaient incapables de faire. Pourtant, les résumés disponibles sur Internet manquent invariablement de la profondeur et de la subtilité du désordre lui-même. Pour cette raison, ce chapitre va présenter certaines des recherches fondamentales qui ont, au cours du temps, menées à la connaissance contemporaine de la dépersonnalisation. La terminologie et les interprétations des docteurs des 19ème et 20ème siècle ont changées. Mais ce que leurs patients décrivaient est remarquablement identique à ceux que les patients actuels expriment.

Dans les deux dernières décennies, des noms enfouis dans l'obscurité des librairies médicales durant la majeure partie du 20ème siècle sont remontés à la surface en parallèle du renouveau d'intérêt sur la dépersonnalisation. Des psychiatres iconiques comme Dugas, Mayer-Gross et Sir Martin Ross ont été rejoint par des nouveaux chercheurs comme Sierra et Berrios, Daphne Simeon, et d'autres pour devenir des noms familiers dans l'univers en expansion de la dépersonnalisation.

Comprendre la dépersonnalisation complètement s'est avéré comme un travail acharné qui bénéficie maintenant des nouvelles technologies appliquées à tous les aspects du cerveau.

Depuis le début du 19ème siècle, l'Europe, et particulièrement la France et l'Allemagne, regroupe l'intérêt le plus fort pour les problèmes psychologiques. Les pionniers médicaux observant la schizophrénie et la dépression (ainsi que les multiples maladies pouvant vous faire atterrir dans un asile) prirent note des premières descriptions spécifiques de ce que nous appelons maintenant dépersonnalisation.

Dans les années 1840, Wilhem Griesinger, un neurologiste allemand avança avec succès le concept que les maladies mentales pouvaient être traitées et certaines pouvaient être guéries. En un temps ou la réforme des asiles étaient déjà en cours, cette conception aboutit à une séparation entre incurables et curables au lieu de ceux qui avaient été auparavant simplement des entrepôts humains. Il observa avec pertinence les complaintes émises par les « fous » et remarqua quelque chose en dehors de la norme :

« *Nous entendons quelquefois les malades, en particulier les mélancoliques, se plaindre d'anesthésies quelque peu différentes. Je vois, j'entends, je ressens disent-ils mais les objets ne m'atteignent pas. Je ne peux pas recevoir les sensations. Il me semble qu'il y a un mur entre moi et le monde extérieur[2]* ».

En dépit de la large variété de symptômes exhibés par toutes les maladies mentales imaginables rassemblées, Griesinger a été assez astucieux pour noter que cette impression de détachement et d'irréalité persistait chez certains patients bien après que les signes de troubles comorbides avaient disparus. D'autres sur le continent, comme Etienne Esquirol, écrivirent sur la lypémanie ou l'extrême tristesse, et observèrent des lypémaniaques qui avaient l'impression de vivre dans « un rêve continue ». Cela, pensa-t-il, était un des multiples symptômes exhibés par les personnes souffrant de ce qui serait à la fin connue comme une dépression clinique – un mauvais diagnostic qui est fait trop souvent maintenant.

La phrénologie, l'étude de la personnalité à partir de la forme du crâne, devient énormément populaire au début du 19ème siècle. Même si elle est une source d'amusement de nos jours, la phrénologie considérait le cerveau comme l'organe de l'esprit, possédant différentes parties, ou modules, réalisant différentes fonctions. Le problème avec la phrénologie venait de la notion fausse que le crâne reflétait la taille et la forme de ces modules.

Pourtant, l'idée de régions complexes du cerveau classifiées suivant leurs fonctions constitua une avancé par rapport à l'idée Gréco romaine des 4 humeurs.

Les concepts sur les modules venant de la phrénologie amenèrent Esquirol et d'autres à penser que des désordres spécifiques pouvaient être attribués à des problèmes dans des modules spécifiques ou des « facultés » mentales du cerveau.

Au milieu du 19ème siècle, le carnage engendré par la guerre de Sécession américaine apporta son lot de troubles mentaux. Les expériences dissociatives révélèrent sans doute leurs réelles utilités sur les champs de bataille où les dommages physiques sur les soldats étaient inimaginables en raison de la brutalité sans discrimination des shrapnels et des plombs. Les jambes et bras amputés, infestés de mouches, empilés à côté de tous les hôpitaux de campagne firent certainement une impression durable sur les esprits. La fréquence des expériences de dissociation ou de dépersonnalisation n'est cependant pas connue. Ce qui est sûr en revanche c'est que les vétérans de la guerre de Sécession qui étaient très jeunes alors ou qui avaient été exposés à la mort de leurs camarades, souffrirent d'un taux élevé de maladies cardiaques, gastrointestinales, nerveuses durant le reste de leurs vie comparé à la population générale selon les archives médicales de ces vétérans.[3]

Il sembla cependant que le degré de tolérance de la société pour les traumatismes déclina avec la paix. Alors que la guerre de Sécession laissa de profondes cicatrices, de nombreux civils commencèrent à développer leurs propres névroses. Le terme neurasthénie apparu pour décrire une condition présentant de la fatigue, de l'anxiété, des maux de tête, de la névralgie ou de la dépression attribuable à la « civilisation ». Gorges M. Beard, le neurologiste qui inventa le terme en 1869, pensait que ces symptômes émergeaient comme résultat d'un épuisement des réserves d'énergies du système nerveux central, épuisé par le stress de l'urbanisation et de l'environnement marchand de plus en plus compétitif. Le psychologue William James, le frère de fameux auteur Henry James, pensait que les américains étaient particulièrement touchés par la neurasthénie, ce qui amena à créer le terme « Américanistis » (curieusement, la neurasthénie est toujours listée comme diagnostic dans l'ICM mais pas dans le DSM américain).

Alors que les Américains pansaient les cicatrices de leur guerre civile et allaient de l'avant via l'expansion à l'ouest, les européens n'avaient comme perspective d'exploration qu'eux même. Avec sa riche tradition de philosophie et de littérature comme point de départ, des méthodes d'évaluations nouvelles et plus sophistiquées des diverses anomalies qui touchaient l'esprit des individus commencèrent à émerger sur le continent.

Plusieurs européens, comme Emil Krapelin, qui est considéré comme le père de la psychobiologie, firent de sérieuses contributions qui influencent encore la pensée psychiatrique d'aujourd'hui. Kraepelin croyait que toutes les maladies mentales étaient basées sur de la biochimie interne et que chaque maladie pouvait être définie, isolée et suivie via une évolution prédictible, en se basant sur les observations des mêmes maladies chez d'autres patients.

Alors que ses conclusions sur la dépression étaient, avec le recul, une combinaison de vérité et de quelques hypothèses erronées, Kraepelin décrivit aussi spécifiquement la dépersonnalisation dans ce qui semble être un compte rendu de sa propre expérience :

« *Les impressions du monde environnant ne comportent pas les images familières de la réalité de tous les jours, elles deviennent à la place comme dans un rêve ou obscurcies comme à travers une voile. Pendant l'épisode, il peut y avoir un « sentiment complet de vide de la pensée[4] »*.

Des rapports sur des expériences persistantes « d'irréalité » continuèrent à s'accumuler petit à petit jusqu'aux années 1870 lorsque Maurice Krishaber, un ORL hongrois, reporta formellement 38 patients montrant un mélange d'anxiété, de fatigue et de dépression. Plus d'un tier de ses patients se plaignaient d'expériences mentales déplaisantes et déconcertantes consistant à une perte de la sensation de la réalité.[5] Krishaber théorisa que ces sentiments étaient le résultat de changements pathologiques dans l'appareil sensoriel. Des multiples distorsions sensorielles produiraient en conséquence des sensations « d'auto-étrangeté ».

« Un patient nous dit qu'il ne se sentait plus lui-même, un autre qu'il avait perdu la conscience de lui-même » nota Krishaber. Bien que le terme « dépersonnalisation » ne fût pas utilisé avant 26 ans par Dugas, les cas historiques de 1873 présentés par Krishaber marquèrent la première vraie étude scientifique de l'expérience de dépersonnalisation.

Les conclusions de Krishaber sur les symptômes comportaient un problème cependant. Elles étaient basées sur une interprétation littérale des plaintes des patients, et il était après tout un spécialiste ORL. En conséquence il jugea que ces sentiments d'irréalité venaient de problèmes des organes sensoriels. D'autres possédant plus d'expertise dans les troubles mentaux, comme Ludovic Dugas et Pierre Janet, une figure majeure de la psychologie du 19ème siècle, soulignèrent que beaucoup de patients présentant des problèmes sensoriels évidents, comme des doubles visions (diplopie) ou la perte de capteurs sensoriels causés par la neurosyphilis, ne se plaignaient d'aucune sensation d'irréalité.[6] Beaucoup de patients souffrant de dépersonnalisation étaient en fait complètement normal vis-à-vis de leur 5 sens. Cela mis fin à la théorie sensorielle sur l'origine de la dépersonnalisation.

La présentation de comment le terme « dépersonnalisation » apparut est de rigueur dans beaucoup d'articles traitant du trouble de la dépersonnalisation. Les noms de Ludovic Dugas et Frédéric Amiel sont essentiels à l'histoire de la recherche sur le trouble et ces deux gagneront considérablement en notoriété après leur mort.

Amiel était un professeur suisse dont le journal quotidien possédant en tout 17 000 entrées écrit entre 1848 et 1881, reflète une vie d'errance philosophique, de pensées sans action et finalement un sentiment de détachement et de « dépersonnalisation » de ce qu'il pensait être la véritable vie qui dura tout son existence. Dugas, un psychologue, remarqua le terme et commença à l'utiliser en 1898 pour décrire un type de patients sans diagnostic spécifique qui avaient été quelquefois observés.

Dugas était particulièrement intéressé par les troubles de la mémoire, spécifiquement dans les « faux souvenirs », un des sujets en vue alors. Il est quelquefois crédité de la première utilisation psychologique du terme *déjà vu* dans un sens clinique. Ce fut pendant son exploration des faux souvenirs qu'il rencontra pour la première fois la dépersonnalisation.

« Ne réalisant pas sa nouveauté, je manquais le phénomène la première fois que je le rencontrais » se souvenait-il. Dugas écrivit à propos d'un patient dont la propre voix semblait étrangère :

« Bien qu'il sût que c'était sa propre voix, elle ne lui donnait pas l'impression d'être à lui … des actes autres que la parole sont aussi impliqués…. Chaque fois que le patient bouge il ne peut pas croire qu'il le fait lui-même…. L'état dans lequel la personne a l'impression que ses gestes sont étranges et en dehors de son contrôle sera appelé *aliénation de la personnalité ou dépersonnalisation*[7] ».

Dans le classique *un cas de Dépersonnalisation*, Dugas se réfère à une citation venant d'un cas étudié par ses contemporains :
« J'existe, mais en dehors de la vrai vie … mon individualité a complètement disparu ; la manière dont je vois les choses me rendent incapable de les réaliser, ou de ressentir qu'ils existent.

Même lorsque je peux le voir ou le toucher, le monde m'apparait comme un fantôme, une gigantesque hallucination … je suis parfaitement conscient de l'absurdité de ces idées mais ne peux pas m'empêcher de les penser. »

Dugas remarqua que ce commentaire faisait parfaitement sens pour un de ces patients, mais serait « probablement incompréhensible pour ceux qui n'avaient pas eu l'expérience … »

« … Le sujet se sent lui-même comme un étranger parmi les choses, ou dit autrement, les choses lui semblent étranges. Ce n'est pas que les objets ont visuellement changé ou apparaissent différents. C'est le sujet lui-même qui a changé sa relation avec le dit-objet… ».

Dugas voyait la dépersonnalisation comme une forme d'apathie, un terme du 19ème siècle qui avait été auparavant associé au stoïcisme, suggérant une sorte d'indifférence vis-à-vis des tentations passagères terrestres. Au cours du temps, la psychologie déforma le sens initial du mot pour désigner une perte de vitalité et de « vie ».

« Parce que le moi est la partie de la personne qui vibre et ressent, et non pas simplement celui qui réfléchit et agit, l'apathie peut réellement être considérée comme la perte de la personne », nota Dugas.

Beaucoup de ceux qui expérimentèrent ou effectuèrent des recherches sur la dépersonnalisation au cours du 19ème siècle, parmi lesquels Kraepelin, Dugas et Janet, ne pouvaient pas s'empêcher de considérer que c'était en quelque sorte une variation du *déjà-vu*.

Mais plus tard, J. C. Nemiah, un des plus notables psychiatres du 20ème siècle, fit une distinction claire entre les deux phénomènes. Dans le phénomène du *déjà vu*, ce qui est en réalité nouveau, étranger et non expérimenté antérieurement est ressenti comme familier et comme ayant été perçu auparavant. Par contraste dans la dépersonnalisation ce qui est familier est ressenti comme étrange, nouveau et irréel. Pour le dire autrement, l'un est l'inverse de l'autre, et les deux phénomènes doivent donc être considérés comme des entités distinctes.[8]

Pierre Janet, bien connu pour avoir introduit les mots « dissociation » et « subconscient » dans la terminologie psychologique, considéra la dépersonnalisation comme une manifestation de « psychasthénie », un terme daté pour des conditions non spécifiques présentant des phobies, obsessions, compulsions et des anxiétés excessives.[9]

Certainement, les phobies, les obsessions et une anxiété excessive accompagnent souvent la dépersonnalisation ou marquent son début. Janet fit remarquer également la présence d'un sentiment d'incomplétude, une expérience que beaucoup d'observateurs estimaient souvent présente dans la source que pris Dugas pour le terme de « dépersonnalisation », le journal de Frédéric Amiel, *The journal intime*.

« Ce qui caractérise le sentiment de dépersonnalisation … est que le patient se perçoit lui-même comme une personne incomplète, inachevée » écrit Janet. Les personnes présentant le Trouble de la Dépersonnalisation sur une longue durée reportent quelque fois ce sentiment. Leur anormalité se présente sous la forme de quelque chose de manquant, comme leur esprit, ou leur personnalité. Leur vie globale passée dans le no mans land de la dépersonnalisation semble gâchée, sans utilité et manquant des types de gratifications que d'autres considèrent comme allant de soi.

Les théories de Janet apportèrent un changement dans la pensée prédominante sur la dépersonnalisation. Il pensait que toutes les activités psychiques étaient soit primaires soit secondaires. Les activités psychiques primaires contiennent tout ce qui est provoqué par les stimuli extérieurs, des coups aux genoux aux souvenirs. Les activités psychiques secondaires sont un écho engendré par les représentations des actes primaires. En conférent une impression de vie aux expériences primaires, cet écho secondaire crée l'illusion d'un flot continue d'activité psychique : « des milliers de résonnances, constituées par l'activité secondaire, remplissent l'esprit dans l'intervalle entre les stimuli externes et donnent l'impression qu'il n'est jamais vide ». La déconnexion entre ces process primaires et secondaires peut engendrer des symptômes de type dépersonnalisation. Le langage de Janet était différent mais ses théories restent étonnamment précises et contemporaines.[10] Des déconnexions dans le processus de l'information entrante jouent un rôle dans les plus récentes théories sur la dépersonnalisation.

La référence de Janet sur l'illusion d'un flot continue d'activités psychiques semble avoir des ressemblances avec l'illusion de soi, ou skandas, que nous examinerons plus tard lors des discussions sur le bouddhisme.

Recherches ultérieures

A l'orée du 20ème siècle, la dépersonnalisation commença à être vue comme une perte de mécanisme spécifique dans le cerveau qui créé le sentiment que « mes expériences sont bien les miennes ».

Dans les années 1930, Le psychiatre Wilhem Mayer-Gross à Heidelberg quitta l'Allemagne lorsque les nazis arrivèrent au pouvoir et commença ses recherches au Bethlem Royal Hospital de Londres. Son maintenant fameux article « sur la dépersonnalisation » revisitait des cas historiques, des théories et les spécifications sous-jacentes dans une tentative de clarifier la vraie nature du trouble.

En explorant la littérature antérieure, Mayer-Gross nota que les symptômes des patients avaient deux faces, comprenant des changements en eux mais aussi des changements dans l'environnement autour d'eux. Notant les deux aspects du trouble, il nomma cette dernière sensation déréalisation, un terme qui est utilisé de nos jours.

Mayer-Gross pensait que la dépersonnalisation était l'expression d'une « réponse fonctionnelle préformée » du cerveau, analogue à la catatonie ou aux convulsions. Il se démarquait des théoristes qui se focalisaient sur des symptômes isolés du trouble, comme l'augmentation de l'auto-observation, la perte de réponse émotionnelle ou les problèmes de mémoires :

« C'est une forme caractéristique de réaction de l'organe central, qui peut être déclenchée par différentes causes … la difficulté de le décrire via le discours habituel, la difficulté de faire des comparaisons, la persistance du syndrome malgré la conscience de sa nature paradoxale - tout cela évoque plus que seulement des connections psychiques.[11] »

Mayer-Gross nota une autre observation importante qui se révèle particulièrement vrai pour des personnes comme moi-même et bien d'autres dont les histoires sont évoquées dans ce livre : « La dépersonnalisation et la déréalisation apparaissent souvent soudainement, sans aucune alerte. Un patient lisant tranquillement, assis au coin du feu, est soudain frappé par un choc assorti d'une attaque d'anxiété aigue. Dans certain cas cela disparaît pour une courte période seulement pour réapparaître et finalement persister. »

Convaincu que la dépersonnalisation était déclenchée par certaines dysfonctions cérébrales, Mayer-Gross ne voit pas beaucoup d'intérêt dans les tentatives psychanalytiques pour traiter le problème : « Les écrivains font une abondante utilisation d'hypothèses sur le narcissisme, la catharsis libidinale … » écrit-il. « J'ai du mal à trouver une idée utile parmi les suggestions des écrivains psychanalytiques sur la dépersonnalisation. Les désaccords entre eux sont plutôt décourageant ».

Théories psychologiques

Malgré le sentiment de Mayer-Gross qu'il n'y avait pas grand-chose à garder dans les théorisations psychologiques sur la dépersonnalisation, beaucoup a été pensé sur la psychologie de la condition au cours du 20ème siècle, particulièrement concernant l'idée que la dépersonnalisation constitue un « mécanisme de défense ».

La dépersonnalisation a été liée à un ego, ou sens de soi, faiblement intégré, avec la présence et l'activation de parties conflictuelles ou mal intégrées de l'ego (identifications ou autoreprésentations partielles). Cela explique probablement la plus grande fréquence d'expériences dissociatives chez les adolescents, par exemple, ou les activités développementales de formation de l'identité n'ont pas été complètement terminées. En effet, le début de la dépersonnalisation survient souvent dans l'adolescence.

Quelque fois, les observations des psychologues, des psychiatres ou des neurologues apportent des spéculations particulières venant enrichir les discussions autour de la dépersonnalisation. Le célèbre neurologiste Autrichien Paul Schilder, directeur de la clinique psychiatrique à l'hôpital Bellevue de New York dans les années 1930, était particulièrement intéressé par la conscience chez les enfants. Cette connaissance des jeunes gens peut bien avoir fournie les bases de ses observations dans l'article bien connue, « *le traitement de la dépersonnalisation* », écrit en 1939 :

« Je suis incliné à souligner le fait que les patients dépersonnalisés ont été très admirés par leurs parents pour leurs qualités intellectuelles et physiques. Une grande quantité d'admiration et d'intérêt érotique a été investi dans l'enfant. Il s'attend à ce que cet intérêt érotique soit continu. La conséquence finale d'une telle attitude des parents ne serait pas différente des conséquences d'une attitude de négligence. » [12]

Schilder continu en expliquant que l'attitude parentale considérant l'enfant comme une « œuvre d'art » plutôt qu'un être humain complet engendre finalement une profonde déception. Une auto adulation initiale, issue d'une identification avec l'attitude parentale, sera au final suivie d'un vide émotionnel même si l'intellect reste intact et que la personne puisse apparaître plutôt normale et même en réussite pour les autres.

Les observations de Schilder me reviennent à l'esprit lorsque je me rappelle plusieurs jeunes personnes avec qui j'ai correspondu pendant quelques temps sur le site *depersonnalization.info*. Ils ont été les exceptions, mais cela vaut le coup de les mentionner. Ces individus venaient de familles de classes moyennes supérieures dans lesquelles ils étaient le seul enfant. Elles étaient habituellement des jeunes femmes attractives qui avaient régulièrement beaucoup investi dans leur apparence, même si leurs parents avaient beaucoup investi dans leur bien-être tout au long de leur vie. Elles partagent toutes une histoire de maîtresse de maison. Elles apparaissent, en toute honnêteté, assez capricieuses. Ce qu'elles tentent de décrire comme dépersonnalisation était invariablement vague, et plus une gêne, un ennuie dans le cours de leur vie plutôt qu'un trouble qu'elles puissent clairement décrire. Leurs frustrations dégénèrent en des comportements colériques et elles veulent être guéries immédiatement, certaines d'avoir investi assez de leur précieux temps à réfléchir sur leurs inexplicables manques d'intérêt dans autres choses que leur propre malheur. Je donnais la référence de psychiatres en lesquels j'avais confiance à plusieurs de ces personnes mais sans résultat. Elles étaient, au final, convaincues que ni les professionnels ni moi mêmes n'avaient la moindre idée de ce qu'elles traversaient. Peut-être était-ce vrai. Et peut-être ne souffraient-elles pas du tout de dépersonnalisation. Elles semblaient avoir beaucoup trop d'égo qui demandait désespérément à être protégé. Ou peut-être étaient-elles bloquées dans une période d'auto-examen qui se manifestait extérieurement d'une manière hostile. Elles avaient un très long historique de réflexions sur elles-mêmes. Maintenant elles réfléchissaient impatiemment et sans interruption sur leur identité changée. Comme Schilder le note : « tous les patients dépersonnalisés s'observent continuellement avec un grand zèle. Ils comparent leurs sensations présentes de séparation avec eux même de leurs précédentes sensations d'unité avec eux même. La tendance à l'auto-observation remplace continuellement la tendance à vivre. »

Schilder fait aussi certaines observations astucieuses sur l'aspect « automatique » de la dépersonnalisation, qu'il appelle « négation de l'expérience ». Il commentait : « dans des cas typiques, les patients se plaignent de ne plus avoir d'ego, mais d'être des mécanismes, des automatismes, des marionnettes – ce qu'ils font ne semble pas être par eux, mais survenir automatiquement... Les matériaux bruts de leur expérience somatique sont inchangés ... Leur manque d'images venant de leur mémoire n'est pas une perte de mémoire, mais plutôt une *inhibition* de la mémoire existante. De tels patients se battent, se défendent de leur perception : ils nient intérieurement leur entière expérience, et s'empêchent d'expérimenter quoi que ce soit pleinement. »

Néanmoins, de nombreux patients restent capable de réussite complexe, qui, cependant, sont expérimentées comme fausses et sans significations profondes – une partie du faux et fictif Moi.

D'autres psychologues ont théorisé aussi sur le Moi fracturé. Jacob Arlow, un des meilleurs théoristes psychologiques sur l'ego, s'accorde avec d'autres contemporains qui estiment que la dépersonnalisation est la conséquence de conflits internes, « dans lesquels l'ego utilise, avec plus ou moins de succès, des défenses variées contre l'anxiété. La scission de l'ego qui engendre la dissociation entre le soi « participant » et le soi « observateur s'inscrit dans ces processus de défense ». La dépersonnalisation, pense-t-il, se réduit à une réaction spécifique de l'ego face au danger. Ces réactions consistent à une scission entre un Moi participant et un Moi observateur – Le danger est jugé pertinent par le Moi participant et doit dont être mis à distance du Moi observateur.[13]

Arlow fut parmi les rares psychologues qui mirent en avant les similitudes entre le rêve et la dépersonnalisation. En effet, se sentir comme dans un rêve est une des plaintes les plus communes émises par les patients dépersonnalisés. Deux caractéristiques de la dépersonnalisation, le sentiment d'irréalité et la scission dans le sentiment de soi entre un Moi observateur et un Moi participant, sont caractéristiques du rêve.

Perception altérée du temps

La distorsion de la perception du temps est une plainte fréquente des individus dépersonnalisés. Elle est souvent mentionnée de nos jours sur les sites dédiés à la dépersonnalisation et dans les histoires personnelles. Dans un article de 1946 « Le syndrome de dépersonnalisation », H. J. Shorvon étudiait certains aspects de son étude sur 66 patients. Un tier de ceux-ci se plaignaient de changement dans la perception du temps. Shorvon citait une déclaration de Aubrey Lewis selon laquelle la conscience du temps « est un aspect de toute activité consciente. C'est essentiel à toutes activités. Dans le phénomène de déjà vu il y a une brève incapacité à actualiser le présent, qui est en conséquence projeté dans le passé [14] ». A propos des distorsions du temps dans la dépersonnalisation, Shorvon cite encore Lewis, qui dit :

« Ils [les distorsions du temps] illustrent beaucoup des caractéristiques remarquables du trouble ; l'incapacité à évoquer le passé clairement ou facilement, de distinguer le présent du passé ou du futur ; il y a paradoxalement la vitesse augmentée à laquelle le temps passe même s'il semble se traîner, l'apparent éloignement du passé récent, le sentiment non confirmé de l'incapacité à juger la longueur du temps. »

Paul Schilder ajoute que « le présent est un concept qui a seulement une signification pour les êtres vivants. Les inanimés n'ont pas de passé, de présent ou de futur. Les cas de dépersonnalisation, dont toute l'expérience est scindée, ont tous des perceptions altérées du temps. Dans les cas extrêmes, le temps semble être à l'arrêt, ou le présent ressemble au passé distant. [15]»

Le syndrome de dépersonnalisation phobique anxieuse

Hormis le travail précurseur de Mayer-Gross, l'article de Martin Roth sur le syndrome de dépersonnalisation phobique anxieuse est particulièrement pertinent pour les nombreuses personnes prises dans un cycle de dépersonnalisation, panique et anxiété. La relation entre la panique et la dépersonnalisation est souvent citée et nous l'explorerons plus précisément dans des prochains chapitres. Assurément, la panique et l'anxiété jouent un rôle majeur dans l'expérience globale de nombreuses personnes dépersonnalisés, bien que chez d'autres ils ne rentrent à peine ou jamais dans le tableau clinique.

Beaucoup de personnes dont j'ai comparé les histoires ont vécu des périodes d'anxiété aigue, des attaques de paniques et, finalement le complet brouillard mental d'une pure dépersonnalisation. Au cours du temps, certaines personnes notent qu'un cycle se créé. Une série d'attaques de panique, ou d'anxiété flottante, est déclenchée par des périodes de stress excessif, ou même une implication extrême dans un projet qui n'est pas du tout négatif. L'anxiété finie par rester et se transforme en rumination excessive sur l'apparent désespoir de la condition en général, ou de la perte complète de sentiment.

La panique et la dépersonnalisation sont dument notées dans les plus récentes recherches de l'institut psychiatrique de Londres. « La dépersonnalisation et la panique peuvent être placées, suivant les cas, le long d'un spectre continu. D'un côté, nous trouvons des patients qui expérimentent des dépersonnalisations transitoires seulement durant les attaques de panique. Chez certains patients, cependant, la dépersonnalisation domine la panique et est présente entre les attaques. De l'autre côté du spectre, les patients expérimentent une dépersonnalisation continue même après une complète rémission des attaques de paniques récurrentes. [16]»

Il semble que dans le dernier cas, la série d'attaques de panique devient le trauma qui déclenche alors la dépersonnalisation. Ensuite, la fatigue générée par la dépersonnalisation elle-même peut déclencher de l'anxiété et ensuite de la panique, ce qui alimente le cycle encore et encore. C'est le cycle dans lequel j'ai vécu de nombreuses années, et les nombreuses histoires soumises sur le site depersonnalization.info m'ont assuré que je n'avais pas été le seul piégé dans ce tapis roulant particulier. Un autre fait important : Oz Janiger, le docteur qui le premier reconnut et traita ma dépersonnalisation, a vécu la même chose des décennies plus tôt. Martin Roth lui-même l'a traité, pas longtemps après avoir publié ses théories sur le Syndrome de dépersonnalisation phobique anxieuse.

Obsessions

Les aspects obsessionnels de la dépersonnalisation n'ont pas été ignorés dans les différentes études à travers les âges, bien que Sir Marin Roth soulignât la différence majeure entre les états obsessionnels, comme les modernes troubles obsessionnels compulsifs (TOC), et le type d'obsessions présent dans la dépersonnalisation. Roth identifia un sous-groupe particulier parmi les individus dépersonnalisés, incluant les patients pris dans une anxiété flottante et une rumination excessive. La dépersonnalisation, dans aucun contexte, n'inclue les rituels obsessionnels classiques comme le lavage de main ou les comportements compulsifs excentriques. Roth nota : « Les caractéristiques obsessionnelles communément présentes, bien que rarement en premier ligne du tableau clinique, sont une auto-observation compulsive et des préoccupations sur la maladie, la folie ou la perte de contrôle de soi-même[17] ».

Roth souligna également la distinction entre la dépersonnalisation et les états phobiques classiques impliquant des peurs d'actes spécifiques comme voler, ou des objets, des créatures comme des serpents ou des araignées. « L'anxiété flottante qui est soi-disant caractéristique de l'anxiété de névrose, est très commune dans l'état de dépersonnalisation phobique anxieuse. » Mais ces patients sont incapables de supprimer complètement leur anxiété en évitant les objets ou situations redoutées de la manière dont une personne phobique peut le faire. Si le centre de la peur est l'identité, ou l'existence elle-même, l'évitement ou la fuite n'est pas possible.

Evan Torch, qui observa qu'il y avait un type particulier de patients dont l'obsession est de s'observer soi-même ou « ses fonctions végétatives », explora plus profondément la composante obsessionnelle de la dépersonnalisation. Torch écrit que « Même dans un cas typique d'hypocondrie, de névrose de conversion ou de dépression dans l'arrière-plan d'une personnalité obsessionnelle, il n'est pas difficile de voir comment des préoccupations répétitives, continuelles sur soi peuvent mener à un sentiment d'irréalité, basé sur le fait que même pour un philosophe … la simple question de savoir localiser où se trouve le centre de sa personne ou de son être est inconfortable. [18] »

« Les personnes réellement dépersonnalisées sont souvent très compétitives et quelques parts chargées d'anxiété » dit Torch. « Elles ne se battent pas seulement avec la dépersonnalisation mais souvent avec le monde entier, et la dépersonnalisation émerge comme si le cerveau créé un mur pour eux. Il y a sûrement quelques gains secondaires à cela – le cerveau a maintenant cela sur lequel se focaliser, plutôt que d'autres choses. Mais le cerveau ne semble pas réaliser que c'est plus pénible que le problème. »

« Le déclencheur initial n'est pas très important » ajoute Torch ». « Tout ce qui importe est que la dépersonnalisation garde son pouvoir. La question est donc, pourquoi une personne chroniquement dépersonnalisée ne peut pas la lâcher ? Parce que la réelle dépersonnalisation est une obsession, et non un désordre affectif. C'est bien plus dur de s'en séparer. Tu ne peux pas te réveiller et oublier que tu t'observes continuellement. Tu dois l'accepter et essayer de comprendre ce qui l'alimente. »

Parmi les patients présentant une dépersonnalisation, Torch, comme Roth, nota également un sous-type particulier du trouble qu'il appela le syndrome de dépersonnalisation intellectuel obsessionnel ». Cette sous-catégorie, dit Torch, est composé d'une combinaison complexe d'état alternatif de dépersonnalisation et d'auto-observation compulsive. Le résultat final est le patient dépersonnalisé de type « burn out », qui, bien que toujours en relation avec la réalité, refuse d'admettre sa signification intrinsèque.[19]

Se regarder soi même

Une des plus intrigantes métaphores utilisées par les personnes dépersonnalisés est qu'elles ont l'impression qu'elles se regardent elles-mêmes de côté, comme si elles se regardaient elle-même dans un film. La dépersonnalisation peut inclure un sentiment d'auto-observation déplaisant, ou une conscience exagérée de soi-même. La séparation entre le Moi observateur et le Moi participant peut, dans les moments extrêmes, devenir une expérience de type out of body, bien que pour la plupart cela ne soit pas le cas. Les chercheurs Noyes et Kletti, travaillant sur les expériences de mort imminente, ont exploré cette séparation lors d'études sur des dépersonnalisations partielles ou complètes parmi les victimes d'accidents. Pour 66% des sujets normaux qui soudainement dépersonnalisent, la condition apparaît être comme un « mécanisme d'adaptation qui combine des réactions opposées, la première servant à intensifier la vigilance tandis que l'autre permet de tempérer des émotions potentiellement désorganisatrices[20] ».

Clairement, le consensus de la plupart des théories sur la dépersonnalisation est qu'elle est une réponse naturelle destinée à distancer la personne d'impulsions ou de sentiments conflictuelles ou pénibles. Cependant les symptômes que les patients peuvent ressentir durant la vie du trouble sont vastes, et certains peuvent être moins repérables, ou moins verbalisés car la présence des autres semblent plus pressante.

Le concept de la dépersonnalisation comme un mécanisme de défense contre des stress traumatiques insurmontables fait sens. Le manque de sentiment et le comportement automatique qui en résultent semblent être complètement raisonnables, et même utiles.

« Les données suggèrent que la dépersonnalisation est, comme la peur, une réponse presque universelle à un danger vital », disent Noyes et Kletti. « Il se développe instantanément lors de la reconnaissance du danger et disparaît aussi vite lorsque le danger est passé[21] ». Cette description illustre certainement le but et l'utilité d'une dépersonnalisation transitoire, ce dont Noyes et Kletti discutait dans le contexte des victimes d'accidents. Face à un danger vital, la dépersonnalisation normale est mécanisme adaptatif, et permet même de sauver des vies, qui est considérablement plus utile que quand le process se dérègle et qu'il boque une personne dans une conscience augmentée et des émotions diminuées bien après que le danger perçu soit passé.

A maintes reprises, la variété de stresseurs internes et externes auxquelles la dépersonnalisation peut être une réponse a amplement été illustré et discuté. Mais se baser sur un seul postulat peut conduire à un diagnostic limité qui n'aidera que peu le patient. La dépersonnalisation comprend une constellation de symptômes déplaisants qui ont été discuté dans les chapitres précédents et théorisé par les écrivains que j'ai mentionnés ici.

Dans la dernière décennie, de nouvelles informations sur la biologie sous-jacente à la dépersonnalisation ont émergé, et de nouvelles recherches sur des traitements efficaces ont été conduite à l'institut de psychiatrie de Londres et au centre médical du Mount Sinai à New York. Les principaux points de ces recherches seront examinés dans les chapitres suivants.

Clarification des symptômes

En 2001 les psychiatres Mauricio Serra et German E. Berrios ont listé la nature des complaintes émises par les personnes diagnostiquées. En comparant la littérature plus ancienne avec les nouvelles recherches, ils ont été capable d'identifier deux familles parmi les symptômes qui ont émergé le plus souvent. Les symptômes récurrents au cœur du trouble incluent la déréalisation visuelle, des changements dans l'expérience corporelle, l'insensibilité émotionnelle, un sentiment de perte de contrôle, et des changements dans l'expérience subjective de la mémoire. La détresse causée par ces problèmes particuliers est probablement la raison pour laquelle ils sont reportés les plus fréquemment. La seconde famille de symptômes, incluant les expériences d'irréalité non reliées à la vision, le vide de la pensée (incapacité subjective à entretenir des pensées ou à évoquer des images), l'auto-observation soutenue et une expérience du temps altérée, sont moins souvent reportés spontanément par le patient.[22]

Finalement, une grande partie des premières théorisations sur la dépersonnalisation était ancrée dans les biais de l'époque où elles ont été formulées. Et l'insistance des patients sur les symptômes les plus pressants ont influencé l'initiale et limitée formulation de ce qu'est le Trouble de la Dépersonnalisation.

A pa rtir de ces informations, les théories formulées au cours du siècle et les inventaires plus récents des symptômes principaux et spécifiques ont ouvert la voie à une nouvelle ère de recherche qui combine maintenant la sagesse traditionnelle avec des nouvelles techniques d'imageries du cerveau.

Références

Le contenu de ce chapitre est en partie tiré de l'ouvrage *Feeling Unreal, depersonalization disorder and the loss of the self* de Daphne Simeon, MD et Jeffrey Abugel. Oxford University Press, New York, 2006.

1. Hunter, E.c., Phillips, M.L., Chalder, T., Sierra, M., David, A.S. (2003) Depersonalization Disorder: a cognitive-behavioral conceptualisation. *Behaviour Research and Therapy*, 41, 1451-14672.
2. Sierra, M. (2009) Depersonalization: A New Look at a Neglected Syndrome, p. 8
3. Pizarro, J., Silver, R.C., Prause, J. (2006) Physical and Mental Health Costs of Traumatic War Experiences Among Civil War Veterans. *Arch Gen Psychiatry*. 2006: 63: 193-200
4. Sierra, M. (no. 2) p. 12
5. Krishaber, M. (1873) *De la Neuropathie Cerebro-Cardiaque*. Paris:Masson
6. Simeon, D., Abugel, J. (2006) Feeling Unreal: Depersonalization Disorder and the Loss of the Self. Oxford: Oxford University Press, p. 51
7. Dugas, L., (1898) Un cas de depersonnalisation. *Revue philsophique*. 55, 500-507.

8. Nemiah, J.C., (1989) Depersonalization Disorder (Depersonalization Neurosis), *Comprehensive Textbook of Psychiatry, Vol. 1, 5th Ed.*, Kaplan and Sadock, Williams & Wilkins, Baltimore. 20: p. 1039
9. Janet, P., (1903) *Les Obsessions et la Psychasthenie*. Paris: Alcan.
10. Janet, P. (1928) *De l'Angoisse a l'Extase*. Paris: Alcan
11. Mayer-Gross, W. (1935). On depersonalization. *British Journal of Medicine and Psychology, 15,* 103–126.
12. Schilder, P. The treatment of depersonalization. *The Bulletin, Psychiatric Division of Bellevue Hospital*, 1939, p. 260.
13. Arlow, J.A. (1966). Depersonalization and derealization. *Psychoanalysis: A general psychology* (pp. 456-477). New York: International Universities Press.
14. Shorvon, H.J. (1946). The depersonalization syndrome. *Proceedings of the Royal Society of Medicine, 39,* 779–792
15. Schilder, P. (1953). *Medical psychology*. New York: International Universities Press, p. 310.
16. Sierra, M. (no 2.) p. 73.
17. Roth, M.R. (1960). The phobic anxiety-depersonalization syndrome and some general aetiological problems in psychiatry. Journal of Neuropsychiatry 1:293-306
18. Torch, E M. (1978). Review of the relation between obsession/depersonalization, *Acta Psychiatria Scandinavia, 58,* 191–198, p. 194
19. Ibid.
20. Noyes, R., Jr., Kletti, R., & Kupperman, S, (1977). Depersonalization in response to life threatening danger. *Comprehensive Psychiatry, 18,* 375–384
21. Ibid.
22. Sierra, M., & Berrios, G.E (2001). The phenomenological stability of depersonalization: comparing the old with the new. *Journal of Nervous and Mental Disease, 189,* 629–636.

4 - Des voix venants du néant

Vivre est souffrir, survivre c'est trouver une signification à la souffrance

—**Friedrich Nietzsche**

Rien n'illustre mieux la réalité de la dépersonnalisation que les histoires personnelles des personnes l'ayant expérimentée. Leurs voix semblent familières parce que, pour le monde extérieur, Elles ne semblent en général pas différentes que n'importe qui. Lorsque l'opportunité leur est donnée, cependant, Elles s'ouvrent souvent avec une honnête rarement trouvée dans les autobiographies, révélant de manière éloquente leur souffrance personnelle et silencieuse.

　　Les histoires ci-dessous sont issues du site depersonalization.info entre 2002 et 2010. Certaines sont retranscrites entièrement, et dans certain cas les erreurs grammaticales et de prononciations ont été corrigé. Les noms ont aussi été changé afin de protéger l'identité de chaque contributeur.

　　Et échantillon, pris parmi des centaines d'autres, illustre des thèmes pertinents dans des contextes de vie très diverses. Dans certain cas, les individus souffrent de Trouble de la Dépersonnalisation chronique et pur. Dans d'autres, la comorbidité avec d'autres conditions apparaît d'elle-même. Plus important, les détails si honnêtement révélés vont bien plus loin que les récits brefs de patients habituellement cités dans la littérature médicale. Souvent, cette littérature est composée à partir d'un ensemble de différents patients, ou de citations fictionnelles employées pour illustrer différents points. Ces histoires sont réelles. Une d'entre elles a pu être écrite par un ami proche, un voisin, même une épouse, un fils ou une fille. Individuellement, elles montrent des personnes prêtent à admettre chaque aspect de leur souffrance, collectivement, elles représentent une communauté basée sur une expérience partagée, et une étrange capacité à s'écouter l'un l'autre et se comprendre complètement. Elles sont présentées dans ce livre comme une archive permanente non soumise à la nature du cyberspace d'où elles sont issues.

L'histoire d'Adam

J'ai fumé des joints depuis l'âge de 16 ans environ. J'ai résisté pendant longtemps, étant un phénomène de self-contrôle même à cet âge, mais une fois essayé cela m'a procuré beaucoup de fun. Pendant plusieurs années je n'ai eu aucun problème. J'ai simplement profité et supporté la paranoïa typique d'être régulièrement stone. A l'âge de 20 ans j'ai brisé une autre barrière en décidant d'essayer le LSD. Je n'avais aucun problème avec les joints et je voulais un effet plus important. J'ai pris du LSD trois fois. Les deux premières fois j'ai utilisé de l'alcool pour amplifier l'expérience. L'expérience était parfois terne, mais principalement comme être soul et excité. J'avais du fun et encore une fois, pas de problème particulier. La troisième fois j'ai commis l'erreur de fumer un bol pour augmenter l'effet du LSD. Cela pris environ 30 minutes. Cela commença comme un état d'excitation sans repos qui se transforma en nervosité.

Je n'étais pas sûr de ce qui allait arriver. Qu'est-ce que je faisais exactement ? Alors que le LSD commençait à avoir un effet important la conscience de ce que je faisais me submergea. J'ai eu l'idée que je n'étais vraiment pas préparé à perdre mon esprit en expérimentant une drogue. Soudainement je sus que c'était exactement ce qu'il se passait. J'allais, d'une manière ou d'une autre, « le perdre ».

Une fois que la pensée entra dans mon esprit, c'était fini. La peur devient pire, ce qui de manière prévisible déclencha une chaine de panique et de peur. En lisant des descriptions des personnes sur la dépersonnalisation je peux comprendre beaucoup mieux ce qui m'est arrivé ce soir-là. Je sais que je me suis senti immédiatement déconnecté de moi-même, pour la première fois j'ai constaté que mes pensées et mon équilibre n'étaient plus quelque part sous mon contrôle. Avec le LSD, il n'y avait nulle part où aller, pas de retraite ni de sécurité. La panique, et le sentiment de perdre son esprit ou son identité sont très communs dans la dépersonnalisation. Mais puisque c'était un effet de la drogue, bien que ce fût horrible et que cela dura des heures, cela s'atténua finalement. Tandis que l'effet du LSD s'estompait je commençais à me calmer. Je me distrayais et finalement réussi à dormir. Lorsque je me réveillais le jour d'après, les choses n'allaient tout simplement pas. Les voix des gens étaient différentes. Les couleurs avaient des teintes différentes. Bien sûr tout cela était typique des effets du LSD. C'était la nervosité, la perte de toute familiarité qui était le problème. Je passais la journée et continuais à doucement me calmer. Mais, alors que je retournais me coucher cette nuit-là, l'expérience revient. Ce n'était pas que je me sentais irréel, mais plutôt une pensée récurrente, la pensée que j'allais « le perdre ». La peur vint avec la pensée et très rapidement les attaques de paniques refirent surface. Cette fois il n'y avait pas de drogue à dissiper. Cette fois je perdais réellement le contrôle.

La dépersonnalisation elle-même n'était pas réellement mon problème principal à ce moment-là. J'étais confronté à une peur déchainée et aveugle. Je ne pouvais arrêter d'avoir des attaques qu'en me distrayant. Ma concentration était assez importante pour pouvoir étudier ou m'engager dans des activités variées. Mais dès que mon esprit avait une seconde tout seul, la mémoire déclenchait ce qui m'arrivait et l'attaque de panique revenait. Ce n'était réellement que plusieurs semaines plus tard, lorsque la panique commença à diminuer et que je commençais à retrouver mes esprits de nouveau, que je notais à quel points les choses semblaient étranges.

La vue, lorsque je regardais mes bras et mes jambes, semblait très étrange, pas irréelle, juste bizarre, comme si cela n'était pas censé être comme ça, comme si le vrai moi n'appartenait pas réellement à ce monde et que j'étais seulement un observateur. En prenant du recul, je réalise que c'était, en fait, un mécanisme de défense. Être absorbé dans mes propres pensées étaient déplaisants, insupportables. La panique constante était mon pire cauchemar, en conséquence mon esprit avait choisi de se déplacer de lui-même. Ma nouvelle vue sur le monde n'était pas de l'intérieur, mais plutôt légèrement en dehors. De cette manière la dépersonnalisation progressa au cours du temps. Le sentiment intense disparu mais la perspective de ne plus être directement dans le monde réel progressa et devient beaucoup plus permanente. Au cours des années, ma concentration se détériora. J'étais devenu beaucoup plus sujet au stress et aux problèmes émotionnels. Le monde lui-même créa une sorte de voile ou de brouillard. Rien ne semblait plus entièrement clair et je ne pouvais pas regarder quelque chose et le « voir » vraiment comme je pensais que je le faisais.

Selon bien des points c'était comme si j'étais toujours sous LSD, lorsque à chaque fois que vous voyez quelque chose cela semble nouveau, différent ou intéressant. Comme s'il n'y avait rien à quoi vous pouviez vous accrocher. Les aspects intenses de ma dépersonnalisation se sont certainement estompés au cours des deux dernières années. En n'étant plus préoccupé, mes attaques de paniques ont basiquement disparues et ma vie est relativement normale. Je suis devenu simplement légèrement dépressif, constamment nerveux et pas vraiment capable de me relaxer et me laisser aller. D'un certain côté cela m'a ouvert les yeux sur beaucoup de manière de regarder le monde. Ce n'est en fait pas tout mauvais, bien qu'une grande partie de ces explorations spirituelles peuvent être incroyablement intimidantes. Je suis au point maintenant où toutes les résistances que j'avais contre les traitements ont disparu. J'ai été comme cela pendant trop longtemps. Je suis plus que conscient que les symptômes ont à voir principalement avec l'anxiété et je sais qu'il y a des choses que je peux faire à propos de ça. J'ai peut-être aussi trouvé un thérapeute qui accepte de travailler avec ces choses avec moi. De cette manière j'espère pouvoir être de nouveau en relation avec une version plus authentique de moi-même. Pour moi, la dépersonnalisation est venue car quelque chose m'a terrifié tellement que j'ai fui la réalité elle-même. Je comprends que pour beaucoup d'entre nous il est facile de questionner cette réalité, mais je ne pense pas qu'elle est aussi fragile que cela semble quelque fois. Et alors qu'il est bon d'être ouvert à toutes les interprétations de ce qui arrive ici, je ne pense pas que se sentir déconnecté de vos propres pensées et sentiments est la bonne manière d'être. La dépersonnalisation, pour moi, est un cas d'auto-dénis, pas d'une perte de soi-même, ou la perte de quelque chose créée comme une illusion pour rendre la vie plus facile. Je suis devenu déconnecté et j'ai mis certaines barrières. Ces barrières m'empêchent de profiter de ma vie et d'avoir l'impression que je sois une partie de ce qu'il y a autour de moi à chaque seconde, et même avoir l'impression que j'existe tout court. Et alors que je pense parfois que cette déconnection est plus proche de la vérité que ce que j'avais avant, je sais toujours que la dépersonnalisation est un pas dans la mauvaise direction. Cela nous donne certaines choses intéressantes à réfléchir et à expérimenter, mais au final c'est une création partielle en soi et non pas quelque part où je pense que quelqu'un veut finir.

L'histoire d'Allan

Depuis des années j'ai essayé de raconter mon expérience avec la dépersonnalisation en tant que condition permanente. Et chaque fois que j'ai essayé de la faire j'ai arrêté, pour la simple raison que j'ai connu cette maladie presque il y a 30 ans et que raconter tout ce que j'ai expérimenté, ressenti et subi durant tout ce temps prendrait littéralement des centaines de pages.

J'ai vécu une carrière réussie en portant un masque. Lorsque l'intelligence et le raisonnement sont requis, la partie de mon cerveau responsable de ces fonctions ne m'a jamais fait défaut. Mais pour la plupart de mes partenaires de travails, j'étais une énigme. J'étais juste et généreux, comique et semblait apporter une vision perspicace sur le baratin de l'entreprise et la fausseté de la vie en général.

Il y a quelques années j'ai lu « The Stranger in the Miroir » de Marlene Steinberg, un médecin, pensant qu'au moins quelque chose de concret et de compréhensible avait été écrit à propos de la dépersonnalisation – la chose que l'on m'a vaguement diagnostiqué. Mais j'étais troublé par ce qui apparaissait être le premier postulat de ce livre, à savoir que la dépersonnalisation, ou la maladie dissociative en général, provient presque exclusivement d'un trauma ou d'un abus pendant l'enfance. Alors que j'ai une complète empathie pour les personnes ayant subi de tel abus, je n'en ai jamais eu, à moins que considérer que fumer du hashish durant mes études est une forme d'abus sur soi-même.

Il est dur de croire qu'une simple bouffée de hash, non mélangée avec quelque chose d'autres, puisse envoyer une personne dans un état d'être entièrement différent, dans un monde entièrement différent. Mais aujourd'hui, de plus en plus de preuves démontrent que cela est possible.

A l'université dans les années 1970 tout le monde fumait des joints et du hash tous les jours. Cela faisait juste partie de la vie, avec la boisson, occasionnellement le LSD, et le sexe, envisagé avec la légèreté d'une poignée de main. Et puis, la dernière fois que j'ai fumé, j'ai expérimenté un profond sentiment de terreur incomparable avec tout ce que j'avais pu vivre auparavant. J'ai su que j'avais endommagé mon cerveau. Pourtant je fus, quelque part, capable de dormir et fus bien les deux ou trois jours suivants. Et puis, sans aucune raison, cette terreur est revenue de nulle part, et persista les trois nuits suivantes. Je m'étais senti parfaitement normal le jour après avoir fumé le hash, mais maintenant, alors que la panique revenait, un sentiment différent commença à émerger. Tout semblait étrange, d'une manière ou d'une autre et c'était comme si ma personnalité n'avait pas d'objectifs. Je ne pouvais pas participer à des conversations, je ne pouvais pas rire, je ne pouvais pas être tendre avec ma petite amie. C'était comme si j'avais disparu et que tout ce qui était resté était un sentiment migraineux, nébuleux et déplaisant qu'aucune aspirine ne pourrait enlever.

Je n'essaierai pas de raconter ici tout ce qu'il arriva dans les décennies suivantes. Je me tiendrais aux faits qui relèvent de symptômes clairement symptomatiques du Trouble de la Dépersonnalisation.

Le sentiment d'étrangeté et de peur de ce qui était anormal persista à chaque moment les semaines et les mois qui suivirent. Les objets familiers, les gens, les lieux, tout semblait déplaisamment non familier. Je ne pouvais pas me concentrer du tout. Ma perception de moi-même comme une personne drôle et talentueuse disparue. Un comportement de zombie remplaça « le charme » qui marquait autrefois ma présence. A l'intérieur, mon « Moi » me semblait comme une illusion, et chaque mots et actions montrés aux autres semblaient faux et inutile.

Cet état d'esprit changea subtilement au cours du temps. Pendant un long moment chaque pensée traversant ma tête semblait « chargée » ou trop forte, excessivement présente. J'étais complètement incapable d'expérimenter le tranquille et peu encombrant flux de conscience que j'avais auparavant apprécié. Chaque pensée était comme les hautes lettres s'affichant le long d'un ballon de la nouvelle année.

Je me retirais des études et retournais vivre avec mes parents. J'entreprenais des recherches sur ma condition, mais tout ce que je lus menait à la « psychose », la « schizophrénie » et des « maladies mentales sévères ».

En une étrange coïncidence, ou peut-être un cadeau d'un dieu généreux, j'appris que ma petite amie de mon école supérieure traversait la même chose. J'étais toujours dans un enfer vivant, mais on m'avait épargné d'y vivre complètement seul.

Bien que notre relation restât plutonique, nous commencions à explorer ce qui n'allait pas avec nous et à chercher un traitement. En raison de cette expérience partagée, il devient clair que tout commença avec le hash, en dépit de la journée normale qui suivie la panique initiale.

Nous avons visité une clinique psychiatrique, rempli des pages de questionnaires dont aucuns ne semblaient pertinents et puis nous rencontrèrent un psychiatre qui nous dit qu'il pourrait nous aider avec quelques années de psychothérapie.

A ce moment-là, des phrases comme « attaque de panique » et « trouble obsessionnel compulsif » étaient quasiment inconnues. Vous étiez soit déprimé, schizophrénique ou « maniaco-dépressif ». Le valium et le lithium semblaient tout ce que vous pouviez avoir en prescription (bien qu'il existât de nombreux médicaments efficaces à ce moment-là).

Nous avons donc suivi la psychothérapie, et conclu que le joint avait causé tout cela. Peut-être que cela s'améliorerait petit à petit. Pour mon ex petit amie cela fut le cas, après un an. Pour moi, cela stagna.

La dépersonnalisation aigue, comme définie dans les manuels aujourd'hui, dura environ 2 ans, puis partie et revint quelques années de plus. Je repris ma vie, fus diplômé et commença à travailler. Je commençais à tomber dans des périodes qui peuvent être seulement être qualifiées de profondes dépressions. C'était différent de la dépersonnalisation. Dans la dépersonnalisation, vous vous battez, vous luttez et regardez d'une manière ou d'une autre en avant pour des améliorations et des solutions. Dans la dépression, cependant, le combat est fini. Vous êtes prêt à sombrer dans le vide et mourir, sans aucune trace derrière vous. C'est au-delà du sentiment que les choses sont sans significations. Votre esprit devient fragmenté, plein de peur, et quelque part se résout à finir tout cela.

Après avoir cherché de l'aide auprès de médecins qualifiés, des anti-dépresseurs me sortirent de ces trous noirs à chaque fois, habituellement en quelques semaines. Peut-être que ces épisodes étaient déjà inscrits dans mon programme génétique. J'ai accepté le fait que la dépression et l'anxiété aigue, deux côtés de la même pièce, auraient surgi en moi quoi qu'il arrive. Mais la dépersonnalisation était quelque chose incontestablement de différent et pour les premières années que j'ai mentionnées plus tôt, les symptômes de la dépersonnalisation pure, comme ils sont maintenant définis, étaient clairement présents. La dépersonnalisation a, de multiple manière, défini ma vie, pour le meilleur ou pour le pire. Heureusement, les recherches sur la santé mentale et les attitudes du public général émergent des Âges Sombres. Heureusement, il sera épargné a beaucoup de dégrader leurs vies pour s'accommoder de leurs problèmes dans leur tête.

L'histoire de Maya

J'ai expérimenté cela depuis le début même de ma vie, je ne sais vraiment pas. Je suis née en Pologne et était adoptée par des Américains à 1 an et demi. J'inclus ce fait parce que je pense qu'il y a un certain lien entre l'adoption et la dépersonnalisation. Je ne sais pas vraiment, mais j'aimerais en savoir plus sur cela. La première expérience de dépersonnalisation dont je peux me souvenir est d'être assise dans la chambre de mes parents sur le plancher, me regardant dans un miroir installé sur une porte. Je me rappelle avoir ressentie ou avoir pensée que je n'étais pas vivante. Je pense que cela m'effraya beaucoup, mais je ne me rappelle pas vraiment. Je pense que le sentiment était toujours là.

Lorsque je fus à l'université pour la première année deux choses arrivèrent. Je bus de la mescaline une nuit. D'habitude, lorsque je bois de l'alcool il y a un point où je reviens soudainement dans la réalité. Je ne me rappelle pas même sentir ce retour dans la réalité après que j'eu pris la mescaline, mais je ne suis toujours pas sûr si cela est vraiment important en termes de dépersonnalisation. Une autre chose qui arriva (la grosse chose) fut qu'un jour un moins environ après j'essayais encore la mescaline – j'atterris alors dans un « brouillard ». Cela arriva juste un jour, qui est toujours semblé si bizarre à moi. Tous les psychologues (que j'ai vu pour dépression) n'ont pas pensé que la dépersonnalisation était reliée à la mescaline. Seulement un le pensa. La dépersonnalisation me perturba pendant des années. Lorsque j'en parlais à des amis proches ils semblaient trouver cela appréciable, mais j'ai toujours pensé qu'ils ne réalisaient pas vraiment que c'était quelque chose que je vivais 24 heures sur 24, 7 jours sur 7. Une fois j'en ai parlé avec un de mes meilleurs amis et je pense que cela lui fit peur, se demandant s'il était vraiment vivant ou non. J'appris qu'il était dangereux d'en parler à certaines personnes, parce que cela les effraye.

J'ai lutté pendant mes années d'universités et arrêta quelque fois. Ma mère adoptive mourut, et il y a eu d'autres morts et tentatives de suicides d'amis proches. En conséquence, je pense, je devins dépersonnalisée tout le temps. Plus tard, lorsque je fus diplômée de l'université et que je travailla, je repensai à ma dépersonnalisation qui me sembla si distante, non parce que je ne la vivais plus mais parce que j'avais cessé de me focaliser dessus et que je continuais ma vie. J'étais juste heureuse d'avoir été capable de faire cela finalement. J'ai lu plusieurs histoires sur le site sur la dépersonnalisation par des personnes qui parlent « d'épisode de dépersonnalisation ». Je n'ai pas d'épisodes. J'ai le sentiment seulement que ma vie est seulement un gros épisode. Je n'ai pas la sensation d'être dans un rêve parce que s'il y a rêve il faut qu'il y ait un rêveur. Je n'ai pas l'impression que je n'existe pas, j'ai l'impression que rien n'existe !

Le pire fut à l'université, lorsque ce fut comme si je ne pouvais ressentir ou voir rien en dehors de quelques centimètres de ma peau. Un thérapeute essaya un exercice avec moi en me faisant tenir une pierre et la sentir. Je n'existais pas, pas plus que la pierre. Dans les dix dernières années je n'ai *vraiment* vu le monde ou la pièce autour de moi qu'environ pendant 20 minutes. J'ai juste *vu* l'extérieur de ma maison et la partie du block dans lequel je vis pour la première fois l'autre jour. Habituellement ces expériences de voir réellement mon environnement durent seulement quelques minutes. Tout semble toujours tellement plus petit que ce que je pensais que c'était lorsque je flottais juste à travers cela avec la DP.

Le plus récent développement pour moi est que j'ai commencé à lire par hasard le livre *The Drama of the Gifted Child*. Je ne prétends pas être un enfant abusé, mais pour une raison ou une autre ce livre me toucha beaucoup d'une manière telle qu'il commença à presser des points sensibles de ma DP. Quelque fois lorsque je le lisais je me sentais réellement complètement non vivante. Normalement je m'aurais juste calmé et distancé de moi-même comme j'ai appris à le faire. Mais cette fois je décidai que j'allai juste laisser mes sentiments aller et me sentir non vivante. Influencée par le livre, je décidais de ne pas fuir mes sentiments et simplement les expérimenter. C'était assez effrayant mais je fus capable de le faire.

Ne des choses qui avait aussi changé est que je commençais à penser un peu plus à ce que je pense être la spiritualité (peut-être est-ce que parce que j'ai déménagé il y a peu en Californie). Je ne dis pas que je crois en Dieu. Mais pendant si longtemps ma dépersonnalisation a été lié à de mauvais sentiments, des sentiments vraiment noirs, et le sentiment que la vie est complètement dépourvue de sens et que le monde courrait à la catastrophe. Peut-être est-ce la dépression – il est difficile de s'en rendre compte. Mais maintenant je m'autorise à penser que tout n'est pas mauvais, et qu'il y a peut-être quelque chose ici-bas, et cela rend la dépersonnalisation quelque peu différente. Je m'autorise à ressentir ce que j'ai, sans trop le combattre.

Je n'ai pas tiré de conclusions de tout cela, savoir s'il y a ou non quelque chose de plus après la mort, mais cela a été définitivement une expérience nouvelle de m'ouvrir à cette possibilité. Finalement, j'ai noté que la dépersonnalisation était bien pire après avoir pris une sieste dans la soirée, et dormi trop longtemps. A la place de me réveiller reposée, je me sens horrible, presque suicidaire. Quelque fois cela me prends presque une heure pour me sentir mieux.

L'histoire de Bernadette

J'ai peur de moi-même, j'ai peur des gens. J'ai peur du monde dans lequel je suis et de la vie que je mène. Ces pensées se cachent derrière des faux rires, de mouvements maladroits et des yeux creux, elles me consument. Je sens leurs intensités alors que je fixe cette page blanche. Chaque mouvement de mon stylo est le résultat d'une énergétique poussée venant d'une version emprisonnée de moi-même, d'une main que je ne reconnais pas. Je regarde mon reflet dans un miroir et je ne me vois plus, mon visage est mort et vieux, il n'y a rien là, je ressemble et ressens être comme un patient comateux. Il y a définitivement une subjectivité dans la manière dont je vois le monde, je suis retirée de l'expérience de regarder, alors que j'observe un groupe d'amis assis et discutant, presque comme si je les voyais à travers une télévision géante. Quelques années plus tôt j'aurai essayé de voir cette expérience comme donnant de l'énergie, m'étant convaincue que je me voyais détachée parce que j'étais quelque part meilleure que ces gens superficiels qui m'entouraient. Mais maintenant je sais que c'est parce que je suis morte et que j'ai perdu presque toute l'énergie nécessaire pour prétendre être vivante.

J'ai écrit le passage ci-dessus sur une nappe alors que j'avais 17 ans, avant que je ne sache quoi que soit sur la dépersonnalisation et avant même avoir rêvée avoir de l'aide. J'ai maintenant 21 ans et j'ai récemment quitté l'hôpital ou j'avais été admise pour trois semaines après avoir souffert de ce que mon médecin appela une « dépression nerveuse ». C'était un lundi matin. Je me préparais pour l'université cet après-midi-là et je remplissais des questionnaires pour mon emploi à temps partiel, j'essayais très fort de me distraire de pensées envahissantes qui me dévoraient. Ce lundi n'était pas une exception. Alors que je terminais ma tâche la pensée commença à s'installer, soudainement mon esprit devint un tourbillon rempli de débats antagonistes et de questions rhétoriques, qu'est-ce qu'il y avait d'anormal en moi, est-ce que je devenais folle ? Et si je le devenais, pourquoi cela prenait-il si longtemps ? Alors la dernière chose dont je me rappelle est d'avoir posée mon stylo et m'être focalisée aussi intensément que possible sur mon image sur la vitrine en verre quelque mètres devant moi. Je ne me reconnaissais pas. En fait cela faisait si longtemps que je ne me reconnaissais pas que je ne savais pas si je me reconnaitrais de nouveau un jour. Je suis morte pensais-je, et alors, que ce soit mon corps qui finalement abandonna sous le poids de mes propres pensées ou un acte de rébellion de ma part, essayant de reprendre contrôle de mon corps en décidant de perdre mon esprit une fois pour toute, je me retrouvais dans un hôpital psychiatrique.

Je ne me rappelle pas m'être réveillée lors de mon premier jour à l'hôpital parce que je ne me rappelle jamais mon réveil, la plupart de ma vie étant comme un rêve, ma mémoire est comme dans un rêve et j'ai du mal à séparer les faits des fictions de mon esprit. Alors que je marchais à travers l'hôpital à une vitesse qui semblait bien plus réduite que toutes les personnes autour de moi, je fis quelque chose que je n'avais plus fait depuis que j'étais un enfant non familier avec les lois de l'univers. Je m'allongeais sur le sol, me recroquevillais en prenant mes genoux, fermais mes yeux et priais toutes les puissances qui pouvaient exister de me laisser me réveiller, ou peut-être si je ne devais jamais me réveiller de me laisser mourir. Avec cette pensée et juste après, mes pensées commencèrent à me tourmenter, « peut-être es-tu déjà morte, peut-être est-ce ta punition pour être un robot absorbé dans tes émotions… ne sachant jamais si tu es réveillée ou endormie, vivante ou morte ». Je me reprenais rapidement espérant n'avoir pas attiré l'attention, bien qu'il soit trop tard et que quelques infirmières inquiètes se regroupaient autour de moi. Elles me demandèrent ce qui n'allait pas et j'essayais sans trop de succès de leur expliquer. Alors que je tâtonnais à travers les descriptions vagues je commençais à ressentir une intense poussée de panique. Je semblais assez saine mais ce que je disais était très loin d'être censé. Est-ce qu'ils croyaient à ma performance ? Est-ce que je lui aurais personnellement donner une bonne note ? Peut-être aurais-je du produire quelques cris hystériques pour augmenter l'effet dramatique.

Plus tard ce jour-là ma mère et un ami de la famille vinrent me rendre visite. Ils me prirent dans leurs bras et leurs yeux montrèrent une vraie inquiétude pour mon bien être, mais je ne le ressentis pas. Je regardai la main de ma mère prendre ma propre main. Elle me la serra, mais je ne sentis rien, pas d'amour, pas d'attachement, tout ce que je sentis fut un dégout général et un désir brulant de lui dire d'arrêter de me toucher. Ce ne fut pas parce que je pensai qu'elle ne m'aimait pas ou parce qu'elle je ne l'aimais pas. Je l'aimais et elle aussi mais je ne voulais pas qu'elle me touche parce que je ne voulais pas ressentir ce vide qui me faisait penser être comme une sorte d'entité diabolique.

Cela faisait si longtemps que je n'avais pas ressentie quelque chose de vrai, en dehors de la peur et de ma propre peine que je me causais à moi-même en essayant de me rapprocher de gens qui me traitaient mal, parce que cela est familier. Je pensais que, peut-être, si cette personne me blessait assez je ressentirais quelque chose de nouveau, mais cela n'arriva jamais, je déclenchais seulement ces pleurs prédictibles qui étaient devenus une seconde nature pour moi et attendaient que les véritables sentiments suivent.

Après une semaine à l'hôpital je m'étais bien habituée à la routine, puisqu'elle me permettait de maximiser mes distractions, mais les activités n'étaient pas suffisantes et je commençais donc à essayer d'aider les autres patients avec leurs problèmes. Mon désir et mon efficacité à les aider à s'y retrouver dans leurs problèmes de santé, ou les liaisons avec les membres de leur famille amenèrent certains à se demander si j'étais réellement un patient ou peut-être une sorte d'informateur envoyé pour les espionner. Lorsque je fus confrontée à ces théories je ris simplement et pensa pour moi-même que j'étais encore la meilleure actrice, que les gens croyaient toujours à mes performances. Mais est-ce que c'était cette personne aidante qui était l'actrice ou est-ce que c'était mon ancienne identité qui essayait de s'exprimer ? J'ai commencé ma performance d'actrice à un jeune âge et maintenant presque 15 années plus tard j'ai oublié quel part de ma prétendue identité est moi et laquelle est principalement ma prestation automatique ? J'ai passé tant de temps à me distraire en prenant soin des autres. Est-ce que je me soucis réellement d'eux, ou est-ce que c'est plus facile que d'essayer de prendre soin de moi-même ?

Je m'installai dans une routine faite d'antidépresseurs et de thérapies. La drogue enleva à mon esprit la capacité cognitive d'être obsédée par mes propres pensées, mais je ne me suis pas réattachée à ma vie, je ne me suis pas réveillée. La thérapie commença à aider. Lentement je m'autorisais à ressentir la douleur, mais je ne suis toujours pas sûr de savoir d'où vient cette douleur. Ma mémoire est si confuse que je ne peux pas connecter les évènements traumatiques dans ma vie (ceux dont je peux me rappeler avec un certain affect). Je suis à la maison maintenant et je vais toujours à l'hôpital en tant que patiente extérieure et heureusement si je continue le travail je me réveillerai un jour. Peut-être que je ne le ferai pas mais au moins je sais que je ne suis pas seule et qu'il y a beaucoup de personnes qui traversent des choses similaires.

L'histoire d'Alex

Il y a environ 18 mois alors que j'étais au travail quelque chose changea dans mon cerveau. Cela fut instantané. Je regardais autour de moi et tout sembla différent, comme si rien n'était réel, comme si j'étais dans un rêve ou un film ou sous l'influence de drogues. Une incroyable bouffée de peur traversa mon corps (mon docteur me dit que c'était la panique) et je suis parti directement vers les toilettes. J'ai essayé de me secouer mais rien n'y fit, et puis la pensée me frappa, soit un de mes collègues de travail avait épicé mon repas, soit je devenais dingue et serais sûrement attaché. Même les pensées dans ma tête semblaient quelque part de travers. J'ai passé le reste de mon après-midi au travail complètement paranoïde et centré sur moi-même. Je ne suis pas allé au travail les 5 semaines suivantes. J'ai eu des attaques de paniques et une agoraphobie transitoire. J'ai fait tous les tests basiques et tout allait bien. La seule manière dont je pouvais décrire cela à mon médecin, ma famille et mes amis, était un sentiment de « déplacement ». Je comparais cela au sentiment que l'on a lorsqu'on est soudainement réveillé d'un sommeil par une sonnerie de téléphone. Vous errez, ni réveillé ni endormi. Je ne suis pas allé voir un neurologiste ou un psychiatre parce que les épisodes ayant causé l'agoraphobie s'étaient atténués. Je retournais donc au travail, mais il y avait cette chose bizarre avec ma perception, comme un brouillard dans mon cerveau. Ma vision était claire mais quelque chose était flou, comme si je regardais à travers les yeux de quelqu'un d'autres. Je n'ai jamais été le même depuis. J'ai travaillé un an entier dans cet état, dépersonnalisé. Chaque jour fut un enfer à constamment évaluer comment je me sentais et me demandant constamment ce que c'était, qu'est-ce qu'il y avait d'anormal en moi ? Étranges sensations, étranges pensées.

Durant l'année la dépersonnalisation ne m'empêcha pas de faire quoi que ce soit.

J'ai voyagé, sociabilisé, conduit et skié. Je n'avais pas d'agoraphobie et je ne me sentais pas extrêmement anxieux, mais je n'étais plus le même qu'avant quoique je faisais. J'étais le mort vivant, comme si je n'étais plus une partie de ce monde. Dans le monde, mais d'une manière ou d'une autre pas une part de lui. Tout semblait surréel, avec un sentiment de déplacement comme si j'étais dans un rêve ou en trance, un état de conscience altéré. J'avais des sentiments momentanés de « décentrage » puis de « recentrage » suivi ensuite de la peur de savoir que le sentiment de recentrage était la conséquence d'avoir été « décentré ». J'avais aussi une inquiétude constante de ne pas être capable de prédire un de ces épisodes de « peur extrême » qui déclencha initialement l'agoraphobie et la paranoïa.

Je sens que mon cerveau est lent à interpréter des images visuelles et des changements de lumières. Par exemple, si je suis assis dans une salle et qu'alors je me lève et marche vers une autre salle, la nouvelle configuration me saute aux yeux, comme si j'avais besoin d'une minute pour être habitué à ce que je regardais. Cela s'applique à tous les changements d'environnement. Mon cerveau a besoin d'une minute pour enregistrer ce que je regarde. Lorsque je suis dehors lors d'un jour ensoleillé et que des nuages mouvants bloquent le soleil, le soudain changement de lumière me fait sentir étrange durant une minute le temps que je m'habitue.

Je me sens constamment somnolent, quel que soit la quantité de sommeil que j'ai eu. Je subis une constante conscience de mon auto-observation, et une incapacité à me concentrer et me focaliser. Je me sens faible physiquement. Même avec tout cela je suis généralement positif avec un état d'esprit optimiste. Il y a des moments durant l'année pendant lesquels je pense : « Et si tu restais comme cela pour toujours ? » Mais la pensée est trop insupportable et je m'extirpe moi-même de ce type de pensées avant d'y rentrer. Je pense honnêtement que quel que soit la nature de ce que j'ai, cela partira aussi vite que c'est venu. Je maintiens une vie sociale et fait les choses que j'ai toujours fait pour me distraire, mais ce n'est plus la même chose, ce n'est plus fun. Je ne peux plus ressentir quoi que ce soit. Quelque fois je pense que je suis peut-être mort et que je ne le sais pas, et quelques fois alors que je parle aux gens je pense pour moi-même « est-ce qu'il a dit cela ou est-ce que je l'ai imaginé ? » Certaines fois j'ai un sentiment brusque de chute dans le vide, mais cela dure seulement quelques petites secondes. Quelques fois les choses semblent irréelles, comme si je pouvais voir à travers elles ou que je m'éloignais d'elles, c'était comme si je pouvais marcher à travers des objets solides. Ils ne semblent pas transparents, juste irréels. Lorsque je suis vraiment mal j'ai les jambes crispées, comme si mes jambes ne voulaient pas coopérer avec mon cerveau, ainsi que des problèmes d'équilibre, comme si j'allais chuter.

J'ai noté des choses durant l'année qui rendent la situation pire – lorsque je suis fatigué, ou après une longue période de voiture (4 heures ou plus). Les exercices physiques rendent également les choses pires. Je me sens également bizarre dans les endroits bien éclairés ou avec des lumières fluorescentes. J'ai trouvé une chose qui en fait me fait sentir normal de nouveau – être saoul.

Comme durant mon passé, quand j'étais enfant, je pensais et analysais toujours trop, mais j'étais « la personne forte de la famille » et n'avais jamais eu de problème mental avant cela. J'ai essayé quelques drogues, mais aucunes durant les trois années qui précédèrent cela, une fois ou deux j'ai eu des sentiments similaires à cela après avoir fumé des joints. Je n'étais jamais heureux au travail mais adorais ma vie en dehors de mon travail. J'étais très social, adorais voyager, et ne pouvais pas m'empêcher d'avoir envie d'aller camper, skier ou randonner. J'ai toujours aimé la nature et toujours été transporté par sa beauté. Malheureusement je ne peux plus l'apprécier maintenant comme je le faisais avant. Je sais qu'elle est belle mais « je ne sens plus » qu'elle est belle. J'ai déjà souvent expérimenté des « déjà vu » (deux fois par jour minimum) et cela m'a toujours rendu mal à l'aise.

Vers la fin de l'année j'en ai eu assez, je n'allais pas mieux et j'ai pensé qu''il serait mieux que j'aille voir un neurologue. Noel approchait, cependant, et j'avais un voyage planifié avec des amis, et donc je ne l'ai pas vu. J'ai été à mon voyage puis de retour au travail en janvier. Je fus victime d'une attaque de panique tard lors d'un mardi après-midi. Tout ce que je pouvais penser était « non, non pas encore ». Je n'ai plus travaillé depuis. Avec la panique, l'agoraphobie est devenue très forte. C'est cela qui m'handicape. Je pense sincèrement que je n'aurais pas eu d'attaques de paniques, et en conséquence l'agoraphobie, si je n'avais pas eu la dépersonnalisation. Lorsque tout commença, je suis sûr d'avoir dépersonnalisé d'abord puis avoir eu une attaque de panique, mais cela a pu être le contraire. Si je pouvais seulement me débarrasser de la panique et de l'agoraphobie, je serais capable d'attaquer la dépersonnalisation, qui est maintenant pire que jamais.

Depuis janvier, je suis allé voir des neurologues et des cliniques psychiatriques. Je fus diagnostiqué avec un sévère Trouble de la Dépersonnalisation, accompagné de panique et d'agoraphobie en tant que symptôme secondaire. Mon docteur m'a dit que dans mon cas c'était génétique (ma sœur a une épilepsie du lobe temporal). Plus tard mon docteur m'a dit que la dépersonnalisation et l'anxiété étaient la même chose, mais il ne semblait pas si sûr de lui, et donc j'ai en conséquence changé de docteur. J'ai eu un EEG, il était normal. Une IRM montra un épaississement localisé du cortex dans le lobe temporal gauche. J'ai essayé 4 anti-dépresseurs différents (Lovan, Cipramil , Zoloft). Certains m'ont rendu pires. D'autres n'ont pas eu d'effets (à part des effets secondaires). La seule chose qui m'a quelque peu aidé est le Xanax, et j'ai même eu des petites attaques de paniques alors que je prenais du Xanax dans des places remplies de personnes.

J'écris cela dans l'espoir que des personnes souffrant de dépersonnalisation et d'anxiété puisse le lire et savoir qu'ils ne sont pas seuls. Cela me fait sentir aussi un peu mieux de mettre cela par écrit. Je ne sais pas ce qu'est la dépersonnalisation sauf que c'est une condition horrible qui vous vole votre propre esprit. La plupart des docteurs ici en Australie n'ont soit aucune idée soit ne le reconnaisse qu'en tant que symptôme. Aucunes des merdes que je me suis mis dans le sang ne m'a aidé, et donc ma confiance dans les docteurs ici est inexistante. Je considère sérieusement d'aller à New York voir un spécialiste. Je ne peux plus le supporter. Je suis une coquille vide de ce que je fus. Je veux retrouver ma vie.

L'histoire de Jared

Je marche me sentant seul au monde. Tout le monde est là mais en même temps ils ne le sont pas. Je me sens vide. Est-ce qu'il y a quelque chose qui soit comme il semble être ? Est-ce que je suis le seul ici ? Est-ce que je suis le seul qui le vois ? Où sont les yeux des gens ? Pourquoi ne voient-ils pas ce que je vois ? Est-ce qu'ils ferment leurs yeux devant l'endroit que je vois et ressens ?

Je me sens complètement vide. Je me sens aussi irréel que les objets que je perçois autour de moi. Ce corps que j'occupe me semble étranger. C'est comme si je l'avais emprunté pour une raison indéfinie. Je sais que ce sentiment passera, mais alors est-ce que mes yeux seront fermées ? La pression à la base de ma tête m'évoque de manière effrayante la mort, les quelques moments de conscience avant que je passe de l'autre côté. Peut-être que cette pression m'ouvre les yeux. Peut-être que cela n'est pas réellement là. Peut-être que ce sentiment n'est pas réel.

Je touche les choses autour de moi pour vérifier qu'elles sont vraiment là. Même si je peux les sentir physiquement mon esprit « perçoit » qu'elles ne sont pas vraiment là. Si elles ne sont pas là, pourquoi est-ce que je les touche ? Je me sens fatigué et faible. La manière dont mon corps bouge pour écrire me semble étrange. Est-ce que je bouge vraiment mon corps, ou est-ce que je suis juste un spectateur qui observe mon corps bouger ?

Les pages se tournent et le bruit du papier qui bouge est intéressant. Le son de cette réalité est intéressant. Je sais que ces bruits existent, mais pourquoi sonnent-ils maintenant creux ? Les murs autour de moi sont les mêmes que dans ma mémoire de tous les jours de cet endroit, mais ils semblent quelque part comme du carton. Je sens l'air autour de mes pieds. Je me sens plus large que normalement. Ma tête est si tranquille. Pourquoi ne puis-je pas entendre toutes mes pensées ? Peut-être que les pensées de ce sentiment sont plus fortes que mes pensées habituelles. Le monde semble si tranquille. Est-ce que je suis réellement le seul ici ? Comment puis-je être le seul ? Si je suis le seul alors comment puis-je apprendre de ces faces qui apparaissent identiques à la mienne ? S'ils ne peuvent pas voir ce que je vois, alors comment peuvent-ils m'enseigner les choses qu'il y a autour de moi ? Si je ne peux pas apprendre de cet endroit alors je suis perplexe de savoir pourquoi je suis ici. Est-ce que je suis ici pour jouer la proie dans un quelconque jeu de malade ? Comment puis-je devenir un joueur réel de ce jeu ?

La page se tourne de nouveau. Je ne me sens plus d'écrire. J'ai l'impression que je devrais plutôt contempler mon existence dans le vide tranquille de mon esprit. Peut-être que stimuler mes sens me ramènera à moi-même. Mais une fois de plus, comment puis-je gérer les choses sachant que mes yeux sont de nouveaux clos ? Bien que je haïsse ce sentiment, d'une certaine manière je suis content d'avoir vu le monde avec des yeux ouverts. Ce sentiment me manquera lorsqu'il s'en ira, et je le haïrai de nouveau. Peut-être qu'écrire cela m'aidera à me souvenir plus clairement ce que je peux voir maintenant. Peut-être qu'avec le temps je comprendrai ce qu'est ce sentiment. Peut-être que ce sentiment est un moyen pour moi de comprendre les vérités cachées de cette réalité. Peut-être que je ne le saurai jamais.

L'histoire de Linda

Je suis une femme de 51 ans, et je n'ai jamais parlé à un médecin de mes épisodes d'irréalité. Ils ont, merci Dieu, diminué au fur et à mesure des années, et ne sont jamais devenus chroniques.

Je me rappelle être une enfant de 5 ans dans le jardin et avoir pensé soudainement que je venais juste de naître. Je ne peux pas me rappeler la personne que j'étais avant ce moment (bien que je sois presque sûr que je n'ai pas oublié mes parents ou d'autres personnes ou choses importantes). Vers cette période je me rappelle aussi être dans une allée absorbée par des pensées étranges sur les choses qui n'avaient pas de début ou de fin, mais tournaient juste en rond. Je ne pus exprimer à ma mère comment je me sentais, bien que j'essaya.

Mes sentiments de dépersonnalisation n'ont pas débuté avant l'âge de 10 ou 11 ans. Ils consistèrent en des épisodes qui durèrent de quelques secondes à plusieurs minutes, mais c'étaient les pires sentiments que je n'avais jamais eu. Je n'ai jamais pensé que j'étais la seule à ressentir de tels choses parce que ma grande sœur avait ce qu'elle appelait des sentiments « d'éloignement », et peu après mes premiers épisodes, ma jeune sœur a eu ses premières attaques.

Il y avait en général un déclencheur reconnaissable dans mon cas, qui était soit une sensation inattendue – une lumière vive, un bruit fort ou un évènement soudain et inattendu. Je devais fermer mes yeux et rester exactement là où j'étais car je ne pouvais pas vraiment croire que j'étais en contrôle de moi-même. Tout ce qui étaient autour de moi ressemblaient à un rêve. Heureusement mes amis devinrent habitués à mes crises.

Jeune j'avais des pensées sur la vie, l'univers et plein d'autres choses. J'avais des attaques de paniques terrifiantes, d'ordinaire au milieu de la nuit, sur le « vide » et « l'éternité ».

A la différence des autres, je n'ai jamais eu de réelles expériences traumatiques avant mes premiers épisodes, ni fumé de la drogue ou pris de l'ecstasy ou de l'acide. Je suis chanceuse. Comme je l'ai dit, ces attaques ont beaucoup diminué, et se produisent maintenant seulement périodiquement. J'espère qu'il y aura bientôt un traitement pour ces personnes vivant dans cette condition quotidiennement.

L'histoire de Lenora

Pendant très longtemps j'ai été convaincu que je pouvais avoir une tumeur au cerveau ou quelque chose d'autres ; peut-être que non. Je suis allé quelque fois voir un psychiatre. Elle me prescrivit du Zoloft que j'ai pris durant un peu plus d'un an. Cela m'a aidé pour ma dépression, mais ne m'a pas aidé avec ces épisodes plutôt surprenants que j'ai eu. J'ai essayé de lui expliquer. Sa meilleure conclusion fut « attaques de panique ». J'ai bien eu des attaques de paniques, mais elles semblent avoir été déclenchées par ma dépersonnalisation.

Je suppose qu'elle a été avec moi durant toute ma vie. Ce n'est que récemment que cela a commencé à affecter ma vie quotidienne. Un épisode déclencha tout cela. Je conduisais avec ma sœur. Nous étions en vacances et c'était mon tour de prendre le volant. J'étais bien pendant un moment, mais alors je me suis senti déviée… Je pouvais voir mes mains sur le volant, mais ce n'était pas les miennes. J'étais quelque part derrière moi-même, regardant mes mains et me demandant comment cela pouvait être ma chair. Je ne pouvais pas échapper à ce sentiment. Je ne pouvais pas comprendre ou concevoir ce qui m'arrivait. J'ai essayé de contrôler mon corps mais j'étais piégée, regardant tout cela de loin. Je pouvais voir les voitures en face de moi sur la voie expresse, mais elles me semblaient tellement étranges. Je ne pouvais pas comprendre ou juger les distances entre elles. Elles ressemblaient à des monstres robotiques. C'était terrifiant, comme si j'étais endormis tout ce temps, à l'intérieur de moi-même et maintenant que je m'étais réveillée dans ce monde nouveau et bizarre. J'ai continué à me focaliser sur la route, mais j'étais perdu dans mes pensées, confuses et terrifiée. Nous avons dû nous arrêter et ma sœur a pris le volant. Cela m'a beaucoup terrifié et maintenant quand je conduis je ne peux pas penser trop sinon je repartirai en dehors de mon corps comme je l'avais fait ce jour-là.

Ces pensées et sentiments semblent aussi s'imposer lorsque je parle à des gens ou que je leur explique quelque chose. Je suis une artiste. Au milieu d'une critique je déviais encore et me retrouvais perdue de nouveau en moi-même. Je pouvais m'entendre parler, mais je n'avais pas de contrôle sur ce que je disais, comme si j'étais sur un pilote automatique. Je devins alors confuse et bafouilla mes phrases.

La peur de devenir schizophrène traverse mon esprit de temps en temps. Quelques fois j'ai peur de mon corps. Je suis perdue dans mes pensées et note que je suis bien un humain, comme si je n'en avais jamais vu avant. Je suis souvent perturbée par ma propre présence et devient timide, comme si j'étais quelqu'un d'autres. Je ne me sens pas humaine quelque fois, comme si j'étais une identité qui n'était jamais

Étranger à moi-même

complètement unie à mon être physique. Je suis une fille directe, mais je me suis retrouvée stupéfaite par le fait d'avoir des orgasmes sexuels. Alors je commence à penser au fait que ce qui me donne vraiment un certain sexe est mon corps. Mon esprit semble errer comme si je pouvais flotter de corps en corps. C'est étrange, je me sens souvent seule. J'ai des difficultés à expliquer cela à mon petit ami et à ma famille sans avoir l'air d'être folle, mais au moins je sais maintenant qu'il y a d'autres personnes comme moi avec des expériences similaires … je me demande ce que tout cela veut dire … qu'est-ce qui nous arrive à nous tous ?

L'histoire de Matthew

J'ai expérimenté la dépersonnalisation durant toute ma vie. J'ai 33 ans. Je fus adopté après être né avec une épilepsie du lobe temporal. Depuis aussi longtemps que je me souviens je me suis toujours senti comme un étranger à moi-même. Même nourrisson je me rappelle regarder dans le miroir et me demander qui est-ce que je regardais. Quelques fois je me mets moi-même en difficulté en racontant des histoires sur des choses que je pense avoir fait mais que je n'ai en réalité pas fait – mon subconscient était déjà aussi fort que ça alors. Plus tard, en école supérieure, et pour une courte période ensuite, j'ai fumé des joints en excès, au moins un demi-once par jour durant deux années de suite, jusqu'à ce que je devienne complètement paranoïaque. Durant ce temps j'ai aussi pris de l'acide deux fois, fumer et renifler de la cocaïne et cédais à de la mescaline une fois.

En 1989, au travail, je tombais d'un toit la tête la première sur un escalier en béton. J'ai souffert d'un poignet et d'un avant-bras écrasés, démoli ma hanche gauche et fait exploser mon arcade sourcilière gauche, ce qui a endommagé mon nerf orbite gauche et créé des contusions sur mon lobe temporal gauche en raison d'énormes œdèmes. Cet évènement tragique me tua pendant trois minutes et les chances de survie était de 60/40 contre moi, mais je survécu. Le procès qui suivi m'accorda une pension nette de \$500 000, ce qui aida seulement la maladie à gagner plus de pouvoir sur moi parce qu'avec cet argent, je pouvais être qui je voulais, bien que je n'eusse aucune idée de qui j'étais. Cela va sans dire, l'argent fut dépensé en moins de 5 ans.

A moment donné je prenais une combinaison de 6 mg de Xanax, 30 mg de Valium, 500 mg de Depakote, 360 mg d'Onderal et 50 mg de Prozac en une seule journée. Mon rythme cardiaque au repos était de 140 par minutes avant l'Inderal. Maintenant il est autour de 80 par minutes (la pression sanguine a toujours été correcte). Cela était dû à une surproduction d'adrénaline, de cause inconnue. Le syndrome de Cushing peut être aussi un facteur. J'ai besoin de voir un endocrinologiste pour des tests permettant de le confirmer.

Lorsque j'étais jeune la seule manière que j'avais pour gérer cela était de me pousser à la limite pour que mon corps use toute son adrénaline. La meilleure des façons pour cela était de conduire à des vitesses folles, ce qui aurait tué des personnes normales mais avec ma concentration et mon désir d'utiliser mon adrénaline je pouvais conduire à travers Boston à 190 km/h, grillant des feux rouges et esquivant les piétons. Je pense que la plus grande vitesse atteinte a été 225 km/h durant une poursuite par la police sur l'autoroute ou à travers la banlieue de Boston (ils ne purent jamais m'attraper). Mon esprit réfléchissait si vite et était si piégé en lui-même que je ne pouvais littéralement pas conduire doucement. Si je le faisais, vous auriez pu jurer que je conduisais saoul. Lors de tests neurologiques et psychiatriques récents, les médecins calculèrent que mon cerveau opérait 6 fois plus vite que la vitesse d'un cerveau normal suivant le test de Rorschach. Mon QI est de 145. Prendre l'Inderal fut mon idée, pas celle des docteurs. Cela fut une bénédiction pour mon anxiété et la panique mais comme je prends toujours le Xanax je reste en contact, d'une manière ou d'une autre, avec la réalité. Ma combinaison de maladie me terrifie complètement en raison de la nature de mes pensées venant de mon subconscient qui envahissent mon esprit – des pensées extrêmement morbides, délirantes et fantasques d'homicide, de suicide, de pensées fantastiques et des pensées « comme si ». Quelques fois je vais tenir mon bras, le regarder et ne pas croire qu'il est une partie de moi-même, comme si j'étais un alien à l'intérieur du corps de quelqu'un d'autre, regardant le monde à travers les yeux de quelqu'un d'autre. En parlant des yeux, je suis aveugle de mon œil gauche, je n'ai donc pas la perception de la profondeur, et donc seulement une vision en 2 dimensions qui rend les choses encore plus surréalistes. Quelque fois je regarde autour de moi et c'est comme si je marchais à travers la petite cité qu'ils montrent au début de « Mr Rogers' Neighborhood ». Souvent je sortirai d'un magasin et, marchant vers ma voiture, je verrai ma voiture et pourtant je ne peux pas croire que c'est la mienne, même si je sais que c'est la mienne. Je penserai juste « Wow, j'ai vraiment une voiture ».

Certaines fois avec les pensées « comme si » qui flottent à travers mon esprit j'ai juste l'impression qu'il n'y a pas d'espoir et que je veux mourir. Ajoutez-y la dépression et la culpabilité d'un divorce et je suis même surpris d'être encore en vie. J'ai aussi des trous de mémoires, comme aller au travail en voiture et ne pas se rappeler certaines parties du trajet. La même chose peut survenir durant n'importe quelle activité, travailler, surfer sur Internet, regarder un film, faire l'amour, ... C'est comme si je me réveillais d'une brume sans savoir ou je suis ou ce que je fais. Cela ne me prend que quelques secondes pour revenir à moi mais c'est très bizarre. Maintenant, pour rendre les choses pires, ma femme m'a quitté parce qu'elle ne pouvait pas vivre avec ma maladie plus longtemps. Nous avons été ensemble pendant 10 ans et soudain, sans signe avant-coureur, seulement une semaine après notre 6ème anniversaire de mariage, elle m'a dit qu'elle voulait le divorce et qu'il était trop tard pour réparer quoi que ce soit. Tout ce que je veux des gens est de la compréhension, est-ce trop demander ? Pourquoi la société est-elle si effrayée de la douleur psychologique ? J'ai peur de me réveiller demain.

L'histoire de Pam

Je suis vraiment contente d'avoir trouvé un site ou les gens puissent soumettre leur histoire. J'ai 53 ans et Je suis dépersonnalisée depuis mes 19 ans. Je pense que cela peut être tracé à quand j'avais 12 ans. J'ai été transféré à une nouvelle école, et j'étais considérée comme brillante. Je suis devenue très timide et j'ai commencé à avoir des attaques de paniques lorsqu'on m'a demandé de lire à l'école. Je suis sûre que c'est parce que j'ai senti que je ne serais pas à la hauteur dans la nouvelle école.

Je suis devenue si terrifiée des leçons d'anglais que je tremblais, avais le souffle court et ressentais un embarras aigue. L'école devint un cauchemar. J'ai commencé à avoir des trous de mémoire. J'ai recherché dans les dictionnaires médicaux pour trouver la cause et j'ai découvert l'épilepsie. Je ne voulais pas de l'épilepsie et j'ai donc décidé de cacher mes « absences » autant que je le pus. Finalement, après plusieurs attaques importantes, je fus diagnostiquée épileptique bien que je répugnais à admettre que je souffrais de trous de mémoire. Le médecin qui m'avait diagnostiqué était si agacé par le fait que j'essayais de cacher mes symptômes qu'il me lista tout ce que je ne pouvais pas faire dans la vie, comme me marier, avoir des enfants, conduire. Toutes mes peurs devinrent réalité.

Je retournais au collège et commença à penser à la vie – pourquoi étais-je moi, et que si je mourais je serais toujours moi, et que j'étais donc pris au piège pour toujours. Je pensais aux autres personnes, je me demandais qui elles étaient et comment elles pouvaient être qui elles étaient, si elles n'étaient pas moi.

Je voulais être quelqu'un d'autre, quelqu'un sans épilepsie. Mon esprit devint surchargé de pensées sur l'existence et un jour, alors que je marchais le long d'un corridor du collège, j'ai senti quelque chose dans ma tête. Je me suis sentie distante et différente. L'environnement familier apparaissait étrange. Je me rappelle être allée à la librairie et m'être assisse essayant d'attendre que ces sentiments bizarres et affreux passent.

Ils ne sont jamais partis, mais j'ai survécu.

L'histoire de Mickael

Lorsque je suis né il y a 48 ans j'ai souffert du défaut connu sous le nom d'hernie diaphragmatique congénitale. A cause d'une malformation du diaphragme mon estomac et mes intestins remontèrent dans une cavité de la poitrine et déplacèrent mon corps et mes poumons vers la gauche. J'étais d'un bleu profond lorsque je naquis car je ne pouvais pas respirer et j'ai dû être réanimé.

24 heures plus tard une chirurgie d'urgence a été pratiqué et mes organes internes furent replacés ou ils devaient être. Je fus séparé de ma mère dès l'instant où j'étais né et pour les deux semaines suivantes. Ma première expérience avec l'existence humaine et la réalité a été la douleur, la peur et l'isolation.

Je ne me rappelle pas grand-chose mon enfance excepté qu'un jour lorsque je revenais à la maison de l'école (j'avais 8 ans alors) j'ai vu ma mère embarquée dans un van sur une civière. Personne ne m'a dit où elle allait. Mes parents étaient des membres de la Science Chrétienne et ils ne croyaient pas dans les médecins ou la maladie. On m'a dit très tôt que tout n'était qu'illusion et que je ne pouvais pas faire confiance à mes 5 sens. J'avais toujours peur et je n'ai probablement pas demandé à quiconque ce qu'il se passait.

Quelques jours plus tard je retournais à la maison de l'école et mon père et mon oncle d'Angleterre étaient dans la maison. Mon père dit : « Maman ne revient pas à la maison » et puis se leva et parti. Je me rappelle le voir marcher à côté de moi alors que je m'asseyais sur le sol. Je ressentis un des premiers frissons d'irréalité descendre dans mon dos. Personne ne parla jamais de ma mère et je me senti très seul et effrayé. Mon père ne parlait pas à moi ni à mes frères et sœurs plus âgées. Il était très froid et isolé et ne se souciait pas de nous.

J'ai souffert d'attaques de panique de mes 8 ans jusqu'à aujourd'hui et je me suis senti irréel périodiquement durant toute ma vie. Je me rappelle avoir demandé à mon père et à mon frère : « est-ce que je suis vraiment ici ? » alors que j'avais 10 ans. Ils ricanèrent et s'éloignèrent. Toute ma vie j'ai essayé d'expliquer à des personnes qui n'étaient pas dépersonnalisées la misère et l'irréalité que je ressentais périodiquement tout au long de ma vie. Mon père alla en prison il y a quelques années pour avoir abusé sexuellement deux de ses petits-fils. Après être ressorti de prison il m'a dit qu'il m'avait psychologiquement abusé quand j'étais enfant.

Quand je souffrais d'attaques de panique petit enfant, et jusqu'à aujourd'hui, le monde devenait instantanément insupportablement terrifiant. Je regardais des objets : ma lampe de chevet, les murs, la porte. Ils n'avaient pas de significations. Je ne savais pas qui j'étais, où j'étais, ni pourquoi ou où pouvaient être quoi que ce soit. La vie était une impossibilité. Tout ce que je savais était qu'une terreur montait rapidement dans ma tête. J'étais forcé de descendre les escaliers « irréels » dans la panique la plus totale et de me précipiter dehors dans la nuit. Mon père ne sut jamais ce que je traversais et ne s'en serait pas soucier de toute manière.

De nombreuses fois je me suis retrouvé debout, les pieds nus dans la neige la nuit durant l'hiver dans mes sous-vêtements essayant de me relier à quelque chose qui soit « moi ». L'expansion de l'univers, l'infinité, l'éternité me tourmentaient constamment. Où sont les choses ? Quelle signification possible peut avoir quoi que ce soit même si elles sont réelles ? Je suis juste une chose inconnue qui ressent de la peur et de la douleur dans un endroit et un temps oubliés et qui n'existent pas. J'essayais d'expliquer mes tourments aux gens qui me répliquaient : « Si tu n'es pas réel, comment ça se fait que tu ais un corps ? » Dépression et misère circulaires et confuses. J'essayais d'expliquer que « mon bouclier de réalité » était brisé. Ils ne comprenaient pas. J'avais des aperçus de l'éternité et cela m'amenait proche de la folie. Cela frappait de manière aléatoire. Est-ce que j'irai au Paradis pour avoir souffert autant ? J'ai essayé la marijuana seulement quelques fois en école supérieure parce que à chaque fois que je l'essayais, cela déclenchait une attaque de panique. La vie quelques fois n'a pas de sens. Quelques fois la dépersonnalisation s'en va et je suis alors en colère et épuisé d'avoir été traité de cette manière. J'ai eu des moments merveilleux dans ma vie, mais ces réflexions constantes ont réduit la qualité de ma vie. Je me fais plus vieux et ce fait me déprime. Je me réveille chaque matin avec un nœud dans l'estomac. Je souffre d'avoir la maturité émotionnelle d'un enfant de 8 ans et un vieux corps de 48 ans qui devient de plus en plus douloureux avec l'âge. Ma femme m'a quitté et a pris les enfants. Nous sommes séparés depuis deux ans. Elle n'est pas dépersonnalisée et n'a jamais compris mes tourments. Qui les comprend ?

Il y a 5 ans mon « bouclier de réalité » se brisa pour de bon et j'ai passé les années suivantes dans une attaque de panique de basse amplitude permanente. J'ai essayé les psychiatres, les drogues, la médecine holistique, l'exercice et la diète. Quelle est la réponse ? J'ai quelques fois des sensations affreuses de dépersonnalisation lorsque je m'endors après le travail et alors que je me réveille une demi-heure plus tard. Une nausée existentielle totale. Je suis très reconnaissant que le site depersonalization.info existe. J'ai recherché toute ma vie quelqu'un qui comprenne cette misère. Je veux devenir « réel », même si ce n'est que sur Internet.

L'histoire de Nan

J'étais le sixième enfant. Mon frère était né 18 ans plus tôt et deux garçons et deux filles moururent en bas âge avant ma naissance. Ma mère ne voulait pas un autre enfant parce qu'elle ne pouvait pas supporter une autre perte. Néanmoins, je fus conçue en dépit de ses efforts pour avorter, j'étais née en bonne santé. Petit elle m'a beaucoup couvé. En fait un psychiatre m'a dit que j'avais reçu un amour étouffant. Chaque reniflement, ou chaque douleur était annonciateur de mort dans son esprit.

Lorsque j'avais 7 ans, je devais me faire retirer mes amygdales. Elle ne voulait pas que cela soit fait à l'hôpital parce que tous ses enfants étaient morts à l'hôpital. J'ai eu les miennes retirées sur la table de la cuisine avec de l'éther. Je suppose que cela a été mal fait car il n'y avait pas d'équipements pour me surveiller. Cela fut horrible pour moi et l'odeur horrible resta dans la maison pendant des jours. C'est à ce moment que je me sentis irréelle. Je ne me suis jamais vraiment réveillée. En novembre mon père a eu une hémorragie fatale et deux ans plus tard j'ai vu ma mère battue par sa mère et sa nièce. La dépersonnalisation est alors devenue plus intense. L'école était un cauchemar. Ma mère disait que ce n'était rien et que tout irait bien. J'étais un très bon élève malgré ma dépersonnalisation.

J'ai eu mon diplôme et comme nous ne pouvions pas nous permettre le collège ou l'université je commençais à travailler. A l'âge de 18 ans j'ai vu le premier de mes nombreux psychiatres. Aucuns ne comprenaient la dépersonnalisation. Je fus hospitalisée, évaluée, j'ai subi des électrochocs et pris des médicaments. J'étais bien pire mais continuais à travailler. Personne ne savait ce qu'il m'arrivait car j'avais appris à le cacher. Je n'ai jamais rencontré personne qui aurait dit qu'il se sentait irréel, j'ai donc présumé que j'étais seule dans mon cas. Je voulais mourir mais ne pouvais pas donner à ma mère plus de douleur avec la perte d'un autre enfant. Je me mariais, j'ai eu des enfants et j'ai fini mon éducation dans ce brouillard appelé la vie.

J'ai maintenant 50 ans et certains médicaments m'aident, mais je vis toujours dans ce fantôme de vie. Je n'avais jamais réalisé que je n'étais pas toute seule avant d'avoir écrit les lettres DEPERSONALIZATION sur mon ordinateur. J'avais supporté tout cela car je devais le faire pour ma mère, mon mari, mes enfants et maintenant mes grands-enfants. Est-ce que je pense que je suis toujours malade ? Oui. Est-ce que mes amis et famille le pensent ? Non. Ils me voient comme un être normal, un individu compétent avec un sens de l'humour décapant. J'ai été une travailleuse sociale pendant de nombreuses années et un auteur. Je travaille en ce moment sur un livre. Est-ce que tout cela me donne du plaisir ? Seulement dans la mesure où cela me permet d'échapper à ma dépersonnalisation.

L'histoire de Charles

J'ai 67 ans et je vis en Angleterre. J'ai la dépersonnalisation depuis que j'ai 12 ans, et cela fait donc 55 ans de vie avec cet incapacitant problème émotionnel et sensationnel, ainsi que tous les autres sentiments qui vont avec la condition.

Je viens d'une famille dure, avec un père alcoolique et violent. Bien que ma mère ne boive pas beaucoup, elle peut être aussi assez violente. J'ai une sœur, deux ans plus jeunes. Mon père aimait se battre et avait l'habitude d'aller dans les pubs et les boites pour provoquer des bagarres et taper sur des victimes innocentes assez violement. Alors il revenait à la maison et battait ma mère, ma grand-mère et moi-même. Ma mère me battait habituellement après pour évacuer sa frustration d'être battue elle-même. Ma sœur s'en tirait toujours et seule ma grand-mère me défendait. Plus tard ma grand-mère m'a dit que mon père avait l'habitude de me taper dans le berceau alors que j'étais très petit parce qu'il ne pouvait pas supporter m'entendre pleurer. Mon père avait 6 frères qui étaient tous comme lui. Il était cependant le pire. Ses frères avaient l'habitude d'amener leurs femmes à la maison un vendredi soir. Mon père les giflait parce qu'elles ne faisaient pas ce que leurs maris attendaient d'elles. J'étais étendu sur le lit écoutant ces pauvres femmes criaient à mon père d'arrêter de les taper. C'était terrifiant.

Les raisons du déclenchement de ma dépersonnalisation ? Je ne suis pas sûr. Lorsque je suis né en 1943 et âgé seulement de quelques mois, une roquette allemande V2 atterrie sur une maison de la route et détruit virtuellement toute la rue. Je fus enseveli sous les décombres et je fus trouvé deux jours après par un pompier, apparemment physiquement blessé.

Petit enfant je faisais tout mal. J'étais constamment réprimandé pour la plus petite infraction aux règles. Vous n'étiez pas autorisé à pleurer lorsque vous étiez frappé et vous étiez frappé jusqu'à ce que vous vous arrêtiez de pleurer.

Ma mère est toujours vivante mais mon père a été tué alors que j'avais 18 ans. Tout ce temps je ne peux pas me souvenir d'une seule fois où il me prit dans ses bras ou me dit qu'il m'aimait.

La première fois que je me suis aperçu que quelque chose n'allait pas en moi fut à l'âge de 12 ans. Je jouais au football à l'école. Pour une raison ou une autre j'ai baissé le regard vers mes mains et mon esprit me dit qu'elles n'étaient pas les miennes. J'ai commencé à crier et à courir dans toutes les directions dans une peur absolument horrible. La peur était basée sur les prémices que si ce n'étaient pas mes mains alors à qui elles étaient ? Les professeurs m'attrapèrent. Une ambulance est venue m'amener à l'hôpital. Mes parents furent appelés. Les docteurs dirent à mes parents que je pouvais avoir une tumeur au cerveau. Manifestement ce n'était pas le cas. Je fus amené à un psychiatre qui me donna du Valium. J'étais dans un état horrible. Entre les périodes où j'avais ce que je devais appeler « les mauvaises têtes » j'étais juste un zombie. Juste une paire d'yeux observant ce qu'il se passait. J'avais juste l'impression que le « moi », l'identité, quel que soit sa nature, qui vous fait sentir être vous-même, avait disparu. Je vivais donc avec deux problèmes. L'un était le sentiment de détachement et d'être comme dans un rêve. Et l'autre, qui était bien pire, était l'extraordinaire terreur de réaliser que votre esprit rejeter totalement qui vous étiez. Il y avait des déclencheurs récurrents à cela mais quelques fois pas de déclencheurs du tout. Les miroirs étaient un de ces déclencheurs. Regarder dans un miroir me donnait souvent une « mauvais tête », comme si mon esprit disait que la réflexion n'était pas moi. La nuit aussi, mais seulement lorsque j'étais seul. De retour du travail alors que je conduisais sur des voies sombres la nuit, j'ai eu des crises d'hurlement lorsque mes yeux regardaient mes mains sur le volant et que mon esprit me disait que ce n'était pas moi qui conduisait.

Lorsque cela arriva la première fois, je revenais à la maison après l'école et m'assis sur un mur proche de ma maison. J'étais trop terrifié à l'idée de frapper à la porte pour entrer car mon esprit me disait : « Et s'ils ne te connaissent pas ? » J'avais l'habitude d'attendre dehors jusqu'à ce qu'il soit tellement tard qu'ils finissaient par me rechercher et alors ils me tiraient à l'intérieur et me frappaient parce que j'étais en retard. Cela arriva tous les jours pendant deux ans.

Lorsque les « mauvaises têtes » se produisaient dans la maison ils m'attrapaient et jetaient de l'eau froide sur mon visage et me disaient que cela me ferait sentir mieux. Cela ne fut jamais le cas.

J'avais aussi des instructions strictes de ne jamais rien dire à personnes ce que je ressentais, parce que j'aurais été amené dans une institution mentale et aurais été enfermé. Peu de temps après mon anniversaire de 18 ans je me suis senti bien mieux. J'avais rencontré une fille et nous commencions à nous voir. J'avais toujours les « mauvaises têtes » et je lui ai dit, et elle fut gentille avec moi.

Nous nous sommes mariés et nous avons eu deux enfants. Je me formais sur les radars d'avions en tant qu'ingénieur en électronique. Nous avons décidé d'immigrer au Canada en 1966 alors que j'avais 23 ans. Je devais partir le premier et ma femme et mes enfants devaient me rejoindre lorsque je serais installé. Je prenais et je prends toujours du Librium, du Nardil et du Tofranil. Le jour où je devais partir en bateau de Dover au Quebec, mes « mauvais têtes » commencèrent. J'étais si malade que je ne pouvais pas parler. Ma peur était si forte, j'étais incapable même de la plus simple des conversations.

Je ne pouvais pas m'arrêter de pleurer et je les suppliais tous de me laisser rester là. Ma famille entière vint me dire au revoir. Ils me dirent que j'étais stupide et qu'il fallait que je me reprenne. Nous avions quitté notre appartement et ma femme vivait avec sa mère jusqu'à ce qu'elle puisse me rejoindre. Je n'avais pas le choix. Je montais sur le bateau sans connaitre personne et dans un endroit, en ce qui me concerne, qui était étranger et non accueillant. J'ai eu les pires 6 jours de ma vie. Constamment dans la peur, ma famille me manquant et tellement terrifié d'être livré à moi-même. J'arrivais au Québec et pris le train pour Edmonton dans l'Alberta. J'étais si malade dans le train que quelqu'un me donna des comprimés de méthadone qui me laissèrent sonné. J'avais un travail en tant qu'ingénieur électronique avec Westinghouse. Dès que je fus arrivé à l'hôtel, quelqu'un appela un médecin et je fus interné dans une institution mentale pendant 3 semaines. Ils me dirent que j'étais dingue. On m'a donné beaucoup de médicaments et on m'a fait peindre des choses et interpréter des cartes. Je fus finalement renvoyé à la maison, comme je ne pouvais pas me permettre le traitement. Ma famille entière fut dégoutée de moi à mon arrivée à la maison. Ils me dirent que j'étais faible. J'allais de nouveau voir un psychiatre qui me prescrit de nouveau un mix de Nardil et de Tofranil. On m'a prescrit cela pendant 10 ans. Plus tard je pris de la stelazine pendant 10 ans puis de la Parstelin pour 11 ans. Les docteurs me dirent toujours que cela s'atténuerait lorsque je deviendrais plus vieux. Ce ne fut pas le cas.

J'ai toujours eu des boulots stressants. Je décidais de changer de travail. J'ai eu un diplôme d'étude commerciale et fini par être un manager général d'un supermarché jusqu'en 2009.

J'ai eu des moments où je me suis senti mieux mais même aujourd'hui je ne me suis jamais senti totalement moi-même. Il semble toujours qu'à un moment durant ma vie j'ai créé cette personnalité, qui est à une peau très fine et qui peut se briser à tout moment. Je trouve qu'une des choses les plus dures avec la DP est d'essayer de prétendre que vous êtes normal lorsque vous être avec des gens, alors que tout ce que je veux est m'enfuir.

Je souffre en silence et j'essaie d'expliquer tout cela aux gens – personne, à part des camarades souffrants ne savent de quoi je parle. Je souffre aussi d'insomnie et je pense que le manque de sommeil rend la DP pire. Je suis toujours très nerveux lorsque je me rase devant la glace. Je déteste être seul dans le noir, et alors de moi-même j'allume toutes les lumières, même lorsque je dors. J'ai une étagère pleine de bouquins de développement personnel. Ils parlent tous du pouvoir de l'esprit qui peut résoudre vos problèmes. J'ai toujours l'impression lorsque je suis dans des moments de « mauvaises têtes » que mon esprit ne fonctionne jamais assez bien pour appliquer les leçons que ces livres essayent de me communiquer. Ayant dit cela, je viens juste de lire le livre Feeling Unreal et je l'ai trouvé très utile, bien que lire sur la DP, en quelques sortes, me rend plus aliéné.

Cette dernière année a été mauvaise. Je suis de nouveau avec un psychiatre et un psychologue. Ma psychologue actuelle pense que la DP est / a été causée par mes traumatismes pendant mon enfance. Il pense que mes deux parents avaient des problèmes mentaux. On m'a mis sous Fluoxetine (Prozac) il y a six mois. Bien que cela me soutint un peu cela n'aida pas ma DP. J'ai eu un mauvais effet secondaire. Le médicament me déclencha une paralysie du sommeil, ce qui était affreux. Lorsque j'eu stoppé le Prozac, elle partit. On me prescrit alors de la Risperidone, mais à part me sentir un peu heureux, aucun réel changement dans la DP.

Bien que sympa, mon psychiatre ne semble pas comprendre vraiment la DP. Il semble toujours si confus lorsque je lui explique comment je me sens. J'ai maintenant des attaques de paniques plusieurs fois par jour, et il me demande si je veux avoir de la Stelazine. Cela semble montrer combien peu il s'y connait, il me demande un choix de médicaments. Je me sens seule, paniquée et comme prisonnière de mes propres pensées.

5 – Transformateur

Si le patient peut tolérer l'expérience d'irréalité pour un certain temps, il peut créer pour lui-même une nouvelle réalité dans laquelle il est plus solidement ancré dans ses propres besoins et perceptions, et dans un sentiment plus « réel » que ses vieux compromis étaient, quel que confortables et familiers qu'ils semblent avoir été.

—J.S. Levy et P. L. Watchel

Alors qu'il aspire votre esprit, la dépersonnalisation prend votre vie. Des mois, des années, et même des décennies passent dans des recherches de traitement ou un moyen de s'y adapter. Si votre capacité à espérer reste, vous construisez des plans d'un futur où vous serez normal de nouveau. Vous pouvez, comme Frederic Amiel, construire une carrière à partir de l'endroit où votre esprit vous mène, tout en vivant la morne douleur à l'idée de ce quoi la vie aurait pu être. Plus probablement, vos interactions avec le monde tournent autour du simple but de paraître présentable et de performer normalement. Les gens acceptent mal les individus mentalement perturbés et vous faites tout ce qui est en votre pouvoir pour convaincre ceux que vous rencontrez, et vous-même, que vous n'être résolument pas l'un d'entre eux. Vous avez peur de nombreuses choses, mais la pensée de faire quelque chose de fou est la plus terrifiante. Des actes en dehors de l'ordinaire révèleront surement cette chose dans votre tête qui n'est décidément pas normale. Hélas, apparaître normal peut devenir votre ambition première.

Mais ce ne doit pas être obligatoirement le cas. Il y a des personnes dans le monde aujourd'hui qui ont fait face à ce trouble et qui ont accompli ce qu'ils voulaient, sont devenues ce qu'ils voulaient, en dépit de sa cruauté.

Maintenant regardons ces gens qui ont fait face à ce Néant, ces neufs Cercles, et qui ont émergé bien au-delà d'essayer d'être normal, surpassant les rêves de jeunesse qui trop souvent consument les êtres humains normaux. Tous, et beaucoup comme eux, ont choisi de ne pas cacher leur problème de DP, mais ont transcendé le stigma de la maladie mentale pour créer leur propre moyen d'expression individuel.

Rire venant du Vide

En avril 2007, un film indépendant intitulé Numb débuta au festival du film de Tribeca à New York. Le film, mettant en scène Matthew Perry, Mary Steenburgen et d'autres acteurs canadiens moins connus, marqua les débuts de Harris Goldberg en tant que Producteur, un écrivain de cinéma déjà bien connu à Hollywood pour Deuce Bigalow, Male Gigolo, Without a Paddle et d'autres comédies. Mais personne ne savait à quoi s'attendre avec Numb. Un casting distingué, et la première de Tribeca suggérèrent une rupture spectaculaire avec les films du genre comédie d'adolescents.

Le Dr. Daphne Simeon et moi-même étions dans l'audience à l'invitation du Producteur, et nous étions, très probablement, les seules personnes qui savaient ce dont quoi le film allait parler. Nous nous demandions comment le sujet du film, Le Trouble de la Dépersonnalisation, pouvait être traité dans le cadre d'une comédie romantique. « Ne nous inquiétons pas » pensions nous silencieusement alors que la scène d'ouverture débutait.

J'ai été amené à connaître Harris pendant une période de plusieurs années. Nous avons discuté de nos expériences mutuelles avec la condition alors qu'il écrivait le scénario et que je finissais Feeling Unreal : Depersonlization Disorder and the Loss of the Self avec le Dr. Simeon.

Notre livre fut publié avant le film de Harris et il reçut un excellent accueil de la part de la communauté psychiatrique. Maintenant il était temps de voir comment le film Numb décrirait cette condition mystérieuse et extrêmement interne à une audience générale, et si oui ou non il passerait le test des critiques qui, comme la plupart des docteurs, n'avaient jamais même entendu le terme de « dépersonnalisation ».

L'intrigue du film s'avéra être relativement simple. Matthew Perry fume un joint et ses mondes intérieurs et extérieurs ne furent plus jamais les mêmes. Les tentatives répétées pour trouver un traitement pour cette affection étrange le mena vers un cortège typique de docteurs et cliniciens – sa frustration et sa consommation de pilules étant aux centres des plus grosses scènes de rire. Perry essaye toutes les médecines inimaginables, et travaillant sur l'hypothèse que ce qui a causé le trouble peut aussi le guérir, il en vient même à fumer le plus gros bang de l'histoire du cinéma. Rien ne fonctionne, même une visite à la clinique du Mount Sinai dirigée par une plutôt froide Paula Simon, un hommage au Dr. Simeon.

En parallèle, une histoire d'amour survient, rendant le protagoniste doublement frustré et impatient en pensant à combien la vie pourrait être sans cette chose appelée « dépersonnalisation ».

Perry ne trouve aucun traitement, seulement la détermination d'essayer de se tourner vers le futur avec espoir, et sa nouvelle petite amie. Quelquefois, c'est tout ce qui peut être espéré, savons-nous.

Le film fut un succès et amena une lumière à une condition méconnue, bien qu'à une audience relativement limitée. La même chose peut être dit de Tarnation et Feeling Unreal.

Ayant été amené à connaître Harris avant le film et au cours des années qui ont suivi, je suis sidéré de la manière dont il a été capable de se réaliser en dépit de sa DP chronique. Je me rappelle parler avec lui alors qu'il travaillait au script de Numb, enfermé dans son appartement, travaillant 12 heures par jour – de manière obsessionnelle mais aussi constructive.

Dans nos conversations il retournait invariablement vers son obsession moins constructive, à savoir s'inquiéter de savoir si c'était le joint qui avait causé son trouble, et savoir quelle vie il aurait eu s'il n'avait jamais fumé. Mes réassurances semblaient ne jamais pénétrer.

« Cela serait survenu de toute manière », lui dis-je. « La même chose m'arriva. Peut-être que la vie aurait été différente si nous n'avions pas tous les deux fumé des joints. Mais qui ne l'a jamais essayé … peut-être un demi-pourcent de la population ? »

« Nous avons simplement une prédisposition à la dépersonnalisation, et le joint l'a déclenché. Qui d'autres peut savoir quelles autres choses auraient eu le même effet ? Mais je pense que le trouble aurait surgi d'une manière ou d'une autre. » Je répétais encore et encore, essayant de me convaincre autant que j'essayais de convaincre Harris.

Numb fut bon film. C'était une œuvre de valeur qui n'aurait jamais existé s'il n'avait pas traversé les choses qu'il décrivait dans le film, lui dis-je finalement. Ni Feeling Unreal, ni ce livre non plus.

« Ce film était incroyablement autobiographique » raconte Harris. « Il était presque journalistique. L'histoire était en fait plutôt facile à écrire, et cela fut relativement cathartique. »

« Je ne pense pas qu'il y a quelque chose là-dedans qui ne se soit pas réellement passée. Et je pense qu'est c'est pourquoi cela résonne autant. Il semble que j'ai la même réaction chaque fois, lorsque les spectateurs rentrent dans ce qui arrive au personnage. Je pense qu'avec tout le stress de ce qui arrive – Blackberrys, téléphone portable et les autres choses – de plus en plus de gens développent des désordres anxieux et des réactions de panique, et ils ne savent pas quoi faire, et cela les touche fortement. Je reçois des appels de partout, cherchant des conseils. Et je dois dire « Et bien, je ne suis pas un thérapeute – c'est juste quelque chose qui m'est arrivée. »

Depuis son jeune âge, Harris Goldberg avait tracé devant lui une carrière distinguée de scénariste, acteur et comédien. Avant ses 30 ans il avait écrit et produit des films comme Deuce Bigelow et The master of Disguise.

« J'ai toujours eu un style obsessionnel », raconte Harris. « Et j'ai toujours été ridiculement anxieux. Enfant, je n'allais jamais trop loin de la maison sinon je devenais nerveux. Je m'inquiétais à propos de ma santé, et si telle ou telle choses allaient arriver. Mais j'avais cette espèce d'humour sur moi-même qui mettait à distance les moments inconfortables qui me donnait la perception d'être cet enfant charmant et perspicace … mais bien sûr, c'est n'importe quoi, un mécanisme extrême de défense. »

« Je n'ai jamais pris de drogues ou bu une bière avant l'âge de 29 ans », ajoute Harris. Après que j'eu déménagé à L.A. et soit sorti avec mes frères, j'ai essayé le joint. Cela me fit rire presque jusqu'à la panique. J'ai ressenti alors certains sentiments de dépersonnalisation, et me suis demandé s'ils s'en iraient. Ils le firent ».

Harris raconte qu'il a fumé des joints environ 30 fois dans le but d'alléger des pensées qui défilent et des anxiétés nocturnes.

« Je me réveillais le matin la tête claire. Mais alors que la journée et le stress progressaient, je notais, jour après jour, des sensations de dépersonnalisation sans savoir ce que c'était. »

« Je sortais une nuit et partageais un joint avec mon nouveau partenaire et un ami. On me dit que la marijuana était forte. J'inhalais 12 bouffées en une demi-heure. Alors, une panique sévère s'installa. Le cœur s'emballa. L'adrénaline coulait dans mon corps. J'étais si perché que je ne pensai jamais ne m'en sortir. Après qu'ils m'eurent fait marcher dehors pendant des heures, je finissais par me calmer ».

Tout fut normal le jour d'après ajoute Harris. Mais il prit la décision de réserver un vol pour sa maison au Canada pour dans 5 semaines. Durant ces semaines, il souffrait d'attaques de panique d'une trentaine de secondes, puis retournait vers une insensibilité gérable.

Une fois de retour à la maison, cependant, les choses changèrent drastiquement, dit Harris. « Je vu ma vielle maison, mes parents, ma grand-mère, et des symptômes sévères de dépersonnalisation apparurent. J'expérimentais des maux de têtes vicieux, des périodes de pleurs, de la dépression, et de la dépersonnalisation chronique. »

Le médecin de famille de Harris prescrivit du Xanax. Un examen neurologique complet ne révéla rien en dehors de l'ordinaire.

« Et puis une nuit je suis allé aux urgences parce que je ne pouvais plus respirer. Je pensais que j'avais une attaque cardiaque. J'hyperventilais. »

De nouveau, selon les médecins, il n'y avait rien. Lorsqu'il retourna à Los Angeles, Harris était chroniquement dépersonnalisé, jour après nuit.

« Je ne pouvais pas quitter mon appartement. Mais je me forçais à écrire sans arrêt » se souvient-il. Lors des années suivantes il vit une trentaine de thérapeutes, psychologues et psychiatres. Il essaya une vingtaine de médicaments différents, ainsi que des thérapies cognitivo---comportementales pour casser le cycle de stress, d'inquiétude, de rumination excessive et le reste de ses propres neufs cercles. Rien n'aida. Je lui suggérais d'essayer un des vieux antidépresseurs, un que je n'avais pas noté dans son interminable liste d'échec. Il l'essaya un mois sans résultat.

« Maintenant, des années plus tard, bien que j'essaye de rationnaliser ou accepter les choses comme elles sont, je suis toujours hanté par la question de savoir pourquoi j'ai fumé ces joints » explique-t-il. Bien que je me sois senti un peu dépersonnalisé des mois avant cette dernière expérience avec la drogue, au fond de moi je considère que c'est cette dernière fois qui fit la différence. »

Harry dit que l'évaluation du Dr Simeon était que cette légère dépersonnalisation légère était un bon indicateur que le trouble aurait fait surface, avec ou sans le déclencheur que furent ces joints.

« Je ne pense pas que quelqu'un le sache vraiment » dit-il. J'ai dû dépenser environ 100 000 $ durant la décennie avant Numb, principalement pour avoir des médecins de bonne réputation me rassurer sur le fait que cela serait advenu de toute manière. »

« La réalité est que je trouve difficile de faire face à la DP tous les jours. J'ai l'impression d'avoir perdu une bonne portion de ma vie à cause de cela. »

En réfléchissant sur le sujet maintenant, Harris attribue la dépersonnalisation chronique à son terrain biologique, le stress de la vie en général, ainsi que celui qu'l se soumettait spécifiquement à lui-même.

« Je pense que j'ai accumulé beaucoup de stress sur une période de plusieurs années lorsque je travaillais sans arrêt. Et j'avais une sorte de peur d'arrêter – comme si, si je m'arrêtais, tout finirait. Je pense que cela venait de ma prédisposition à l'anxiété. »

« Lorsque j'ai fumé des joints cette dernière fois, cela déclencha ma première attaque d'anxiété, et mon corps se mit dans son état chronique de « fuite », comme dans la réponse « combat-fuite » ('fight or flight' en anglais). Votre système d'adrénaline déraille, et même si vous n'êtes pas en réel danger, votre corps perçoit tous dans ce sens – une sorte de surcharge. Alors un état constant de détachement se met en place, comme si vous étiez en train de regarder un film. Cela arrive à tout le monde une fois ou une autre, mais cela dure d'habitude qu'une ou quelques minutes. J'avais cela chroniquement. Et je ne savais pas ce que c'était. C'était un cauchemar. »

« Beaucoup de personnes – des milliers et des milliers – ne savent toujours pas ce que c'est, et commencent à paniquer. Et comme pour les attaques de panique, une fois que cela part, cela se nourrit de lui-même dans une sorte de spirale ».

Dans nos conversations à travers les années, Harris et moi-même avons appris l'un de l'autre. Une grande partie de l'anxiété de son enfance qu'il décrivait était similaire à la mienne, bien que je l'aie depuis longtemps écarté comme indicateur de quelques prédispositions à l'anxiété ou à la dépersonnalisation. C'était périodique et cela n'impacta pas mon enfance entière. Mais pendant plusieurs années, j'hésitais aussi à quitter la maison. Je prenais toujours une serviette juste en cas où j'aurai à vomir. Cette nervosité semblait émergée de mon estomac. Je n'ai jamais pensé que je devenais fou. Mais j'étais toujours effrayé à l'idée que je puisse d'une manière ou d'une autre me mettre dans l'embarras dans le monde extérieur.

Deuxièmement, pour nous deux le déclencheur fut le même. Nous avions tous les deux fumé des joints quelques fois et ensuite nous avons été confrontés à la panique lorsque nous avons respectivement fumé des substances plus fortes avec plus « d'enthousiasme ». Pourtant, au fil du temps, les symptômes d'Harris semblèrent bloqués dans une pure dépersonnalisation que je ne connus que pendant quelques années. Ma DP a semblé suivre un chemin différent à travers les décennies, suivant des affluents qui me menèrent à de l'anxiété aigue, des dépressions cliniques, de la DP, de l'amélioration, et ensuite une répétition du cycle. Son trouble, autant que je puisse en dire, sembla rester bloqué dans ce néant qui marqua seulement le début de mon propre voyage. Comme beaucoup des participants de l'étude du Mount Sinai de 2008 dont la DP n'a pas été déclenchée par la drogue (voir au chapitre 8), sa DP pour une large part s'est transformée vers ce qui allait être son expression pure—engourdi.

Une troisième similarité se détacha, l'obsession de Harris centrée largement sur ses regrets d'avoir fumer des joints. La mienne s'est focalisée sur mon « Moi », les mystères existentiels, ou n'importe quelles autres peurs imaginaires prenant sa source de la solitude essentielle de mon « Moi ». C'est la même obsession – juste des pensées différentes parcourant des différents chemins.

De manière intéressante, « Numb » qui a émergé directement de sa DP, s'est avéré être une contribution amusante, cohérente et de qualité aux descriptions culturelles des troubles mentaux. Bien que la DP choisisse de se montrer différemment à chacun d'entre nous, nous en sommes venus à nous mettre d'accord sur le fait que, quelque part, le process créatif émane d'une partie totalement séparée du cerveau. Et c'est une constatation positive, parce que c'est seulement à travers « l'intelligence médiatrice » ('mediating intellect' en anglais) que la vraie nature d'un trouble qui affecte les sentiments et les émotions si étrangement peut être représentée, et finalement comprise, par une audience dépassant celle qui a souffert de celle-ci.

Le Train Fou

Lorsque j'ai rencontré la première fois le « choc » provoqué par le haschich qui m'envoya dans les Neufs Cercles, presque 10 000 miles plus loin à Sydney, en Australie, vivait un jeune musicien qui avait pendant 4 longues années voyagé sur les routes sur lesquelles je venais seulement de faire mes premiers pas. Son nom était Robert Daisley.

Les mots de Daileys sont connus de millions de personne qui ne sauront jamais qu'il les a écrits. Pendant plus de 30 ans, en tant que bassiste et musicien de studio, il a bâti les fondations sur lesquelles certains des classiques du rock and roll ont été érigé. Dans les années 1970 et 1980, Daisley a joué avec Mungo Jerry, Ozzy Osbourne, Uriah Heep et Black Sabbath.

A la différence d'autres dans son domaine, la DP de Bob n'a pas émergé à cause d'années de vie dure ou d'excès de drogues. Sa DP a débuté avant même que sa carrière musicale ne décolle et a donc influencé certains de ses meilleurs efforts musicaux. Bob raconte sa propre histoire comme suit :

« Ma première expérience de DP date de 1966 à l'âge de 16 ans lorsque je travaillais à un bureau dans la ville de Sydney. Je faisais aussi parti d'un groupe à ce moment là – quelque chose que je prenais sérieusement et dont je voulais faire carrière. Je travaillais certaines nuits également, ce qui amena de la fatigue, bien que modérée la plupart du temps. J'ai expérimenté certaines douleurs physiques et émotionnelles avant que la DP surgisse et donc je suspecte que cela a pu être une des raisons de son déclenchement. Ma colonne vertébrale a été touché lors d'une mauvaise chute dans un escalier au travail et j'ai perdu le groupe auquel j'étais si attaché lorsque le leader partit pour rejoindre un autre groupe. Il y a eu aussi d'autres incidents, mais ceux-ci furent les principaux et les pires. Un jour au bureau j'ai marché vers les toilettes et je suis ressorti quelques minutes plus tard en étant une personne différente. C'était juste une simple visite aux salle de bain mais quelque chose d'étrange survint lorsque je me suis regardé dans le miroir. J'ai commencé à regarder mes propres yeux et mentalement j'ai parlé à mon esprit derrière les yeux dans le miroir. Cela dura seulement quelques secondes et alors quelque chose se cassa et le plus étrange des sentiments de séparation surgit en moi. Je me rappelle avoir dit tout haut : « Mais qu'est-ce que c'est que ça ? » Tout d'un coup la réflexion dans le miroir sembla être comme un étranger que je ne pouvais pas relier à moi-même. Cela fut comme si j'avais perdu le contact avec moi-même et ne savais plus qui j'étais. J'étais un étranger à moi-même et ne pouvais pas échapper à ce sentiment. Je sortis des toilettes et commença à me donner des gifles, espérant que cela partirait mais cela ne fut pas le cas. Je me sentis séparé de moi-même et ne pouvais pas saisir qui j'étais. Essayer de reprendre mes esprits était comme être debout de dos face à un miroir et se retourner d'un coup pour avoir un aperçu de l'arrière de votre tête, ce qui bien sûr est impossible. Je savais mon nom et ce à quoi je ressemblais, mais c'était comme si mon « moi » était un étranger et que je le regardais d'ailleurs, et lorsque je parlais, c'était comme si cela venait de quelqu'un d'autres. »

« Il n'y avait même pas eu de drogues et ma consommation d'alcool avait toujours été modéré et très limité, donc je pensais que je devenais fou. Lorsque je revins chez moi, rien n'avait changé et même le matin d'après après une nuit de sommeil, les étranges et irréels sentiments étaient toujours avec moi. Ils restèrent. Je devins très dépressif à cause de cela, et cela ne prit pas longtemps avant que je ne fonctionne plus du tout. Ma mère téléphona à mon chef pour lui dire que je ne retournerais pas. De manière évidente, mes parents étaient inquiets et préoccupés par l'état où j'étais. Ils prirent un rendez-vous avec des psychiatres, des analystes, toutes les personnes qui pouvaient m'aider. En étant dans cet étrange état mental, et à un si jeune âge, je ne pouvais pas expliquer mes symptômes et mes sentiments correctement. Je n'avais pas de terminologie avec laquelle essayer d'expliquer ce que je ressentais. Et donc personne ne comprenait ou était capable de m'aider de quelque manière. Les professionnels insistaient sur le fait que ces symptômes faisaient partis de la dépression, mais je leur disais comme je le pouvais qu'ils mettaient la charrue avant les bœufs. Je n'étais pas déprimé avant avoir expérimenté ce qui semblait être une perte de moi-même et une incapacité à me relier avec ma propre réalité. Cela ajouta seulement à ma frustration, alors que non seulement je n'obtenais pas de réponses, mais aussi que les docteurs ne comprenaient pas la question. On me donna de la Stelazine, un médicament pour l'anxiété et la psychose, mais cela ne fit rien.

Je regardais la télévision sans arrêt, parce que cela prenait mon esprit, ou ce qui en restait, en dehors de la conscience de mes problèmes, mais aussitôt que je l'arrêtais, j'étais frappé par la constante séparation avec mon « Moi ». Beaucoup d'amis vinrent me visiter en signe de support et espérer que cela aller aider, mais rien ne changea (la chose bizarre sur cette condition est qu'en dehors, pour tout le monde, vous pouvez sembler 'normal').

L'aggravation de mon état mental me rendit suicidaire, ce qui causa encore plus de lutte intérieure car tout ce que je voulais était d'être soigné de cet étrange phénomène quel qu'il fut et vivre la vie – je ne voulais pas mourir. Je vivais un mensonge et vivais dans un cauchemar.

« Bien que les sensations venaient avec des intensités et niveaux variables, la condition ne se leva jamais complètement, et c'était comme si elle attendait toujours d'être ressentie et reconnue à chaque fois que j'en devenais conscient ou que je me focalisais dessus. Cela ne fut pas avant 2007 alors que je regardais le film Numb que je saisis toute la vérité et le terme pour la condition, 'Le Trouble de la Dépersonnalisation'. C'est seulement au cours des récentes années que de nouvelles recherches et des études ont été mené sur la condition après de nombreuses années de négligence, et il était dit que cette condition affecte les 'types créatifs et artistiques', ce qui était aussi mentionné dans le film.

« Et donc lorsque je fus touché par tout cela, je ne savais pas ce qu'il se passait et personne ne pouvait comprendre ce que j'essayais d'expliquer et personne ne pouvait aider. Avec un étrange synchronicité la bande son de ma vie était sur les ondes avec la sortie et le succès d'une chanson intitulée 'They're Coming to Take Me Away, Ha-ha', écrite et jouée par Jerry Samuels des 'Napoleon XIV'. »

« Les recherches sur le Trouble de la Dépersonnalisation ont été apparemment mis de côté à partir du début des années 1950 jusque tard dans les années 1990. Mais en 1966, aucun de ceux avec qui j'ai essayé de parler de mon problème n'avait la moindre idée de ce qu'il se passait (en dehors, peut-être, de Napoleon XIV). »

« Me sentant souvent suicidaire, j'ai commencé à questionner la vie et sa signification, et j'ai développé un esprit chercheur en quête de réponses sur les mystères de l'existence et de la conscience. Je n'avais que 16 ans et je trouvais tout cela insurmontable, mais je ne pouvais pas me résoudre à l'idée du suicide, même si la vie était un cauchemar, et en étant honnête, je n'avais pas le courage de la finir, je voulais juste des réponses. »

« J'ai commencé à lire des livres variés, à assister des séances de spiritisme, et bien sûr j'ai eu le constant support de ma mère, de mon père et de ma sœur. Après des semaines qui devinrent des mois, j'avais fini par accepter l'idée de vivre dans une réalité distordue et compris que cela n'allait pas mettre une fin à ma vie. N'allant pas trouver du réconfort ou de l'aide, je devais apprendre à vivre avec et essayer d'aller de l'avant. Pour tout le monde, j'apparaissais 'normal', mais ils n'étaient pas dans ma tête, et bien que souvent je fus 'insensible', ce n'était pour autant pas 'confortable'. J'ai eu beaucoup de succès dans ma carrière musicale et ai fait des références dans mes chansons à mon expérience avec la dépersonnalisation, le plus notablement dans des chansons très connues comme 'Crazy Train', 'Diary of a Madman' et 'Suicide Solution' parmi d'autres. Pour moi, avoir ce qui semblait être un 'handicap' a été quelquefois comme escalader des montagnes, mais je suis fier de qui je suis et ce que je suis et je ne changerais rien si cela voulait dire perdre tout cela, même avec 'Mister DP'. »

L'histoire de Bob Daisley est une des centaines de millier, ou de millions. Elle illustre un cas de dépersonnalisation chronique et constante qui a émergé apparemment de nulle part, bien que les stress physiques et émotionnels qu'il mentionne auraient pu être facilement suffisants pour déclencher la condition qui attendait sous la surface de sa vie. La drogue n'a pas été le déclencheur comme cela pouvait être attendu pour quelqu'un dans le domaine du rock-and-roll, juste la courroie et la flèche de sa vie. Comme d'autres, il a été quand même capable d'accomplir de grandes choses dans son domaine, et comme c'est souvent le cas, l'énergie créatrice à l'intérieur de lui s'est avérée être un moyen de canaliser ses pensées loin des anomalies de sa vie interne.

J'ai toujours été curieux au sujet de la créativité et du TdD. Encore et encore, l'idée de créer une nouvelle, meilleure identité qui transcende le trouble tend à émerger. Le succès, l'ambition, la compétition prennent tous leurs sources de l'égo, disent-ils. Pourtant j'ai rencontré beaucoup de personnes qui se sont montrées énormément créatifs et ont eu du succès alors que la seule chose qui est supposée les motiver, l'ego, était diminué ou endommagé au-delà de l'imaginable.

A la lumière de ceci, j'ai demandé à Bob Daisley s'il pensait que le TdD avait diminué sa créativité ou si cela l'avait aidé d'une manière ou d'une autre ?

« Cela m'a entravé autrefois, mais j'ai commencé à réaliser que en étant comment j'ai été, cela m'a fait devenir celui que je suis devenu, et donc si j'avais été normal, de quelque manière que ce soit, je n'aurais peut-être pas été aussi créatif ou n'aurais pas été capable de devenir le 'moi' que je suis devenu … quel que soit sa nature.

« Je dirais que la dépersonnalisation a fait de moi une personne qui cherche, et une personne définitivement plus spirituelle. Peut-être que j'ai connu le TdD parce que j'étais comme ça de toute manière, c'est donc un peu 'le serpent qui se mord la queue', » ajouta-t-il.

Comme Bob, beaucoup de personnes, finalement, s'adaptent à la dépersonnalisation. Quelquefois ils ont l'impression qu'ils n'ont d'autres choix que de faire cela. Cela peut amener à une canalisation de l'énergie de leur esprit dans d'autres directions, comme Bob a pu le faire avec succès, ou cela peut mener à une série sans fin de docteurs, médicaments, et même hospitalisations. Une partie du problème vient de la difficulté que Daisley a mentionné – l'incapacité à verbaliser l'expérience clairement.

Quel que soit le degré auquel la longue expérience de Bob Daisley avec la dépersonnalisation a affecté sa créativité, son expression unique de celle-ci s'est ajoutée aux travaux de Frederic Amiel, Jean-Paul Sartre, Poe, Camus et d'autres comme une partie de la littérature sur le TdD :

Diary of a Madman

(Journal d'un homme fou en français)
Hurlant à la fenêtre
Me regardant mourir un autre jour
Le prix sans fin d'une situation sans espoir ai-je à payer

La raison est au-delà de moi maintenant il n'y a pas de choix

Journal d'un fou
Traverse la ligne encore aujourd'hui
Des points de confusion
Cher journal je suis ici pour rester

La dépression maniaque se rapproche de moi
Entendre sa voix
La raison est au-delà de moi maintenant
Il n'y a pas de choix

Un esprit malade
Le miroir me raconte des mensonges
Est-ce que je peux me prendre pour quelqu'un d'autre

Qui vit derrière mes yeux
Sortira-t-il de mon esprit
Ou vivra-t-il en moi
Est-ce qu'il essaye de sortir ou essaye-t-il d'entrer en moi

Des voix dans la pénombre
Crient au loin ma santé mentale
Puis-je poser une question
Pour m'aider à me sauver de moi-même

Les ennemies remplissent les pages
Sont-ils moi
Du lundi au dimanche ils sont là
Rendez-moi ma liberté

Qu'y-a-t-il dans Tarnation ?

Cette expression familière rurale de la damnation, ou de l'enfer, a été pour toujours redéfini par le réalisateur indépendant Jonathan Caouette en 2004.

Tarnation, qui jouit maintenant d'un large groupe de fan, n'a pas seulement repoussé les limites de la technologie I-Movie d'Apple, mais a aussi introduit le terme de « dépersonnalisation » à une audience ésotérique des années avant que n'importe quel autre média aient traité le sujet. Ce film a remporté huit récompenses principales tout en gagnant cinq autres nominations, ainsi que les félicitations des critiques aux festivals de film de Cannes et de Sundance.

Au cœur de Tarnation réside le disfonctionnement qui a marqué l'enfance de Jonathan et qui a préparé le terrain pour la dissociation. Sa mère, Renee LeBlanc, une enfant mère, a été sujette à des électrochocs inutiles et répétés après une chute paralysante. Cela a mené à une pléthore de problèmes psychiatriques pour Renee durant la petite enfance de Caouette, culminant par le fait d'avoir été sujet à de multiples abus physiques après qu'il fut placé dans une famille d'accueil.

« L'importance de Tarnation est qu'il donne aux personnes venant de toutes parts un aperçu d'un monde que les gens répugnent à regarder habituellement, ou sur lequel ils ont des jugements extrêmes », a raconté Jonathan. « Les gens rassemblent les malades mentaux avec les drogués, et ne veulent simplement pas être impliqués. En tant que société, nous avons été demandeurs de ce type d'aperçu sur ces mondes cachés, et non des 'télé réalité' dont nous sommes abreuvés maintenant. »

Le film, qui a été jugé narcissique par certains critiques en raison de sa focalisation intense sur le sujet (Jonathan), est une métaphore du Trouble de la Dépersonnalisation lui-même. La mise en scène extrêmement rapide et souvent grotesque, tirée d'une caméra 8mm, et les dialogues improvisés évoquent la déréalisation. La recherche visuelle et mentale du véritable Moi à l'intérieur du disfonctionnement généralisé fait écho aux ruminations et auto-observations vaines présentes dans le TdP. Ajoutez-y une variété de traumas précoces, parmi lesquels des mauvaises drogues, un système de santé archaïque, des personnages perturbés, et une bande-son sentimentale mais à propos, et le résultat est un film qui, bien que non présenté tel quel, illustre un trouble spécifique comme aucun autre film ne l'avait fait avant lui ou depuis.

Lorsque j'ai rencontré Jonathan Caouette pour la première fois, cela fut, en l'absence d'un cliché plus approprié, Féllini-esque. Tout en conduisant sa mère Renee une dernière fois du Texas à New York, lui et son équipe émergèrent d'une paire de SUV avec des caméras pointées et tournantes, telles des armes d'assaut high-tech suivant chaque mouvement de leur cible. Les caméras furent mises sous pauses assez longtemps pour les présentations, puis furent rallumées.

Nous nous rencontrions une nuit d'hiver dans un immeuble ancien que ma femme et moi-même avions acheté uniquement en raison de son importance historique. Construit en 1814, son étage principal contenait auparavant un café-bar qui hébergea de nombreuses personnes célèbres du début du 19ème siècle. Durant quelques semaines en 1836, les salles au-dessus furent le logis d'Edgar Allan Poe, de son cousin de 13 ans et de son épouse, Virginia Clemm, alors que les deux profitaient de leur lune de miel. Les chambres elles-mêmes, toujours illuminées seulement par des chandeliers et des lanternes fait maison, n'ont virtuellement pas changé depuis le temps où les jeunes mariés résidèrent ici. Elle reste préservée dans son état originel, intentionnellement.

J'étais curieux de la dépersonnalisation de Jonathan, et également de la relation possible entre créativité et le TdD. Je sais de ma propre expérience qu'il y a eu des périodes de créativité durant les périodes de pauvre moi, mais remplies d'intellect. L'esprit, durant ce temps va dans son propre monde qui est créatif, et la capacité de créer de la poésie, de la musique, et de l'art peut être en fait améliorée par la focalisation complète sur la création plutôt que sur le moi manquant. C'est peut-être qu'avec les émotions et les inquiétudes de la vie courante supprimées, sans espoir, ou résigné, l'esprit est libre de se focaliser sur ce qui est verbal bien que quelquefois coloré par le faible souvenir de l'émotion.

Dans la ruine faiblement éclairée, nous nous assirent avec Jonathan à une petite table contre un mur de plâtre friable et avons discuté de dépersonnalisation pour la première fois. La présence du cameraman debout derrière chacun d'entre nous, filmant l'entière conversation, compléta le côté onirique de la scène.

Renne et ma femme s'assirent à une table dans la pièce adjacente, regardant.

« J'ai souvent dit que j'utilise la caméra comme une arme, ou un bouclier, une manière de faire sens aux choses » dit-il après que je lui ai fait remarquer les caméras tournantes.

Comme je le savais de Tarnation, la dépersonnalisation de Caouette commença avec le joint. Il est né alors que j'endurais ma deuxième année de cette condition. Au moment où il « grillait son cerveau », j'avais terminé ma onzième année à la recherche d'un nom pour la condition que nous partagions.

« Lorsque j'avais 12 ans », rappelle Caouette après une lente et réfléchi réflexion, « j'étais dans l'appartement de ma mère … et je voulais essayer le joint. Un de nos voisins était dealer, et donc j'étais allé à sa maison pour acheter deux joints. J'ai fumé les deux très vite, mais je savais comment retenir la fumée à l'intérieur et je savais que cela me rendrait stone (je fumais la cigarette également, à ce moment-là). »

« Tout ce que je me rappelle ensuite est d'être devenu très, très fatigué et je pense m'être évanoui sur le lit de ma mère. Alors, je me rappelle avoir entendu mon propre rire qui était incontrôlable comme si mes bras étaient tenus bas et que l'on me chatouillait en continu. Je m'entendais rire moi-même et ensuite la prochaine chose dont je me souvienne était mes pieds sur le sol de l'appartement de ma mère. Et je me rappelle ma mère être là et pleurant 'Oh God, oh God'. J'appris plus tard que la marijuana était coupée avec du PCP et avait été plongé dans du formol. »

« Alors que je commençais à paniquer sévèrement, je confessais à ma mère ce que je venais de faire, et je n'arrêtais pas de lui demander si c'était ce que j'étais censé ressentir ? Est-ce que c'était comme ça dans les années 60 ? Je devins complètement dissocié, détaché de mon corps et de la réalité. »

« Ma mère avait ses propres problèmes alors et donc la scène globalement était horrible. En m'y replongeant je peux mettre un nom dessus - totale dissociation. Et je peux le décrire différemment maintenant. Cela faisait comme si quelqu'un m'avait scalpé et avait exposé mon cerveau et avait mis un bol de Novocaïne dans ma tête, et que toute la Novocaïne juste s'écoulait. Après cela faisait comme si une grosse bulle liquide de mercure m'entourait. »

« J'eu assez de facultés durant cette incroyable expérience (nous n'avions pas de téléphone de travail), et alors que je pouvais voir qu'il y avait du trafic qui arrivait sur moi, et bien qu'encore dans un état similaire à un rêve, j'ai trouvé un téléphone public et j'ai composé le 911. Je fus donc aux urgences où ils me shootèrent avec quelque chose. Je me suis réveillé dans un hôpital psychiatrique. Je suis resté là pendant environ 3 semaines jusqu'à ce que je sois raisonnablement stable avec quelques médicaments inconnus.

« Lorsque je suis retourné à la maison, cela avait bien baissé. Non longtemps après cela, je me rappelle avoir regardé Michael Nesmith, Whoopi Goldberg et Bobcat Goldthwait à la télévision, et tout d'un coup c'est revenu en force juste là dans mon living room. »

« Je réalisais bientôt que cela revenait complètement lorsque je me détournais de la télévision. Lorsque je me tournais de nouveau vers la télévision j'étais de nouveau focalisé. Je pense qu'avant de devenir dépersonnalisé vous vous préprogrammez pour regarder des choses qui ne sont pas réelles. Mais lorsque vous vous sentez irréel et que vous regardez quelque chose dont vous vous souvenez qu'elle n'est pas réelle, cela fait quelque part sens. Je voulais me fixer moi-même sur quelque chose qui était connu comme n'étant pas réelle par moi. »

« Ensuite, environ deux mois plus tard je suis allé dans un parc de jeu avec mon grand-père et je suis allé sur un toboggan, et durant la descente, cela est revenu encore complètement. »

« La panique revenait avec plus d'intensité que jamais » raconte Jonathan, et ce n'était décidemment pas à cause du toboggan. Après avoir convaincu son grand père de le ramener à la maison, Jonathan s'adapta à une vie pleine d'attaques de panique, suivies d'un sentiment constant de « tout apparait comme un peu étincelant, un peu brillant. J'étais très sensible à la lumière fluorescente, » ajoute-t-il.

Un grand nombre des symptômes de la dépersonnalisation émergèrent. Ce que j'avais appelé les neufs cercles, Jonathan le décrivait comme une « désynchronisation » - la vue et les sons autour de lui n'étaient pas « synchronisés » avec ses perceptions d'eux. Un docteur bien informé l'avait même diagnostiqué d'un Trouble de la Dépersonnalisation, mais le comprendre et le soigner était encore autre chose. Néanmoins, la tribune d'un réalisateur est, après tout, le film. Le presser pour avoir des détails sur les sensations précises qu'il expérimenta à ce moment est inutile. La véritable expression de ces sensations peut seulement être trouvée dans les œuvres qu'il crée maintenant.

En dépit de la vie dysfonctionnelle en compagnie de ses grands-parents âgés et les montagnes russes mentales endurées par sa mère (sans mentionner son propre combat avec le TdD) Jonathan était sur la voie de devenir non seulement un réalisateur mais également un acteur doué. Plusieurs scènes dans Tarnation révèlent les vidéos personnelles fascinantes d'un adolescent cherchant clairement une identité et un moi. A travers son jeu d'acteur devant la caméra, adoptant des intelligents et perturbants personnages efféminés et des compositions de personnages de films présents et passés, Jonathan exprimaient une variété de moi tout en révélant sa sexualité naissante. Alors que le temps passait, le TdD parti, raconte Jonathan. Pourtant, toutes les choses dans sa tête n'étaient simplement pas normales. Mais il fut capable de poursuivre avec succès une carrière d'acteur à New York. Alors il vit une publicité de Daphne Simeon dans le Village Voice cherchant des candidats pour la première étude formelle sur la dépersonnalisation du Mount Sinai.

« Lorsque je vis cela ma mâchoire tomba car je pensais être complètement seul dans cette chose dont je souffrais depuis que j'avais 12 ans, » se rappelle-t-il.

Un engagement d'acteur en Europe empêcha Caouette de suivre le programme du Mount Sinai.

« Alors en l'an 2000, j'ai pris un travail provisoire où ils me donnèrent un accès à Internet et me dirent que je pouvais l'utiliser. J'ai parcouru le site internet original sur le TdD, UNREAL. Il y avait des milliers de post et d'histoires et de témoignages de personnes avec leurs expériences. Les premiers jours de ce travail j'étais sur le site internet. Il va sans dire que je fus viré. De manière rétrospective, je pense qu'ils se sont dit 'regardons qui il est via le type de chose qu'il regarde', et ils ont dû être réellement inquiet à propos de moi et de toutes les histoires sur se sentir irréel. J'étais réellement stupéfait de ne pas être le seul, en particulier lorsque je vus d'autres personnes dont le TdD avait été déclenché par le joint.

Jonathan a vécu avec la dépersonnalisation de manière discontinue pendant plus de 25 ans, pourtant il a été capable de jouer sur scène, créer Tarnation, et envisager de nouveaux projets qui sont maintenant en cours. Le TdD a-t-il diminué ses capacités, ou les a-t-il peut être embelli ?

« Je ne pense pas que je suis aussi désinhibé ou aussi spontané que j'aurais pu l'être, mais d'un autre côté, je veux continuer à explorer la réalisation de films à un niveau existentiel. Je pense qu'il y a une énorme partie spirituelle dans tout cela. »

« Je me suis retrouvé à expérimenter une sorte d'état hypnagogique – un endroit où vous avez l'impression de marcher le long d'une barrière et où alors vous passez par-delà la barrière et sautez du lit. C'est un endroit de 'rêve fiévreux' où je vais, où une pléthore d'informations surviennent dans ma tête. Tout fait parfaitement sens pendant une milliseconde. Et puis cela disparaît. Où est-ce que cela va ? »

« Je veux explorer la fameuse citation – 'nous ne sommes pas des êtres humains allant temporairement à travers une expérience spirituelle, nous sommes des êtres spirituels allant temporairement à travers une expérience humaine.' » (Pierre Teilhard de Chardin 1881-1955).

« Je suis intéressé par des œuvres qui traitent de ou nous sommes, de ce que nous sommes, et la nature onirique de tout cela. Je suis également intéressé par les univers parallèles, les « multi-verses » - des choses comme cela. »

Qu'est-ce qui aurait été différent si nous n'avions pas fumé des joints ? Pour nous deux, il est impossible de le dire. Sa conclusion sur le TdP en général reste cependant ceci : « Vous souffrez, mais de bonnes choses peuvent venir de cela. »

Jonathan, comme d'autres que nous avons rencontré dans ce chapitre, semble avoir canalisé sa confusion mentale et ses crises identitaires de dépersonnalisation via ce média artistique particulier. Les personnes créatives qui ont souffert de dépersonnalisation à certain moment, ou chroniquement, émergent plus que jamais, mais ils ont été aussi présent auparavant (nous examinerons quelques-uns de ces exemples cachés dans le chapitre 11).

Finalement, il y a des individus qui sont capable d'une manière ou d'une autre de se rappeler de ce qui a été perdu de leur personnalité, « d'endurer » leur douleur, et ensuite de réinvestir l'énergie dépensée à s'inquiéter dans des expressions extrêmes d'individualité. Souvent, le travail qui en résulte est vu comme narcissique, ou autocentré, ce qui semble naturel. La question « Qu'est-ce qui ne va pas avec moi ? » s'atténue pour être remplacée par la problématique de « Comment puis-je l'exprimer ? », spécialement chez des personnes qui ont un historique d'expression créative qui a pu ou non naitre d'un ego fort ou d'une forte estime personnelle. J'ai entendu plus d'un écrivain affirmer que l'écriture venait d'un endroit séparé du cerveau, comme si la narration sortait d'elles même, pré-écrite et intact. L'intellect, qui n'a jamais été endommagé par le TdD, trouve un nouveau chemin et dans le processus, réouvres quelques fois les portes à la mémoire et aux émotions passées également. Peut-être que c'est pour cela qu'un journal intime aide tant dans la thérapie du TdD.

Bataille en première ligne

Toutes les personnes souffrant de dépersonnalisation ne sont pas capables de réinvestir leur énergie psychique avec succès dans un exutoire créatif. En dépit de l'intelligence et de la sensibilité commune à de nombreuses personnes dépersonnalisées, la majorité ne sont ni des artistes créatifs, ni des musiciens talentueux, ni des enfants prodiges. Le talent procure un moyen de canaliser l'énergie, mais tout le monde ne possède pas des talents qui sont immédiatement reconnaissables.

Durant la plus grande partie de sa vie, Sandy Gale a montré un don pour aller à l'essentiel dans ses efforts d'avocate des malades mentaux. Elle est une écrivaine de talent, et armée d'un master en vidéo, elle travailla dans la production à la 20th Century Fox au début des années 1980. Mais une dépersonnalisation chronique et constante, accompagnée de dépression clinique et d'anxiété sévère, ont fait d'elle « une vie volée » (nom français du film « Girl, interrupted »)

Aujourd'hui, Sandy est engagée dans de nombreux programmes de promotion de santé mentale, mais sa plus impressionnante contribution, toujours d'actualité, à la diffusion de la connaissance sur le TdD est son site internet engagé dreamchild.net.

Largement autobiographique et totalement honnête, le site Web fait intégralement partie depuis longtemps de la communauté du TdD. En analysant intelligemment son passé, Sandy a apporté de la compréhension à beaucoup de ceux qui sont curieux de leurs propres sentiments étranges.

Sandy déclare aux visiteurs de son site Web : « Je veux dire ce que je n'aurai jamais pensé dire des années en arrière ; Il y a de l'espoir, il y a une raison de continuer le combat. La dépersonnalisation, la dépression et l'anxiété sont (dans mon opinion, dans mon cas) des maladies neurologiques qui peuvent être traitées ou prises en charge. »

Sandy met sur le compte de la génétique un grand nombre de ses problèmes, ainsi que sur son éducation. Sa mère, une psychiatre à succès, était verbalement agressive et ne donnait aucun amour ni support. Son père, un chirurgien thoracique, s'est débattu avec un Trouble Obsessionnel Compulsif et de l'anxiété dans un temps où il n'existait pas de traitement effectif.

Sandy expérimente la dépersonnalisation comme une partie d'un insupportable « package » comportant de la panique et de la dépression. Ses premiers sentiments d'étrangeté arrivèrent lorsqu'elle avait seulement 5 ans, lorsque sa mère tourmentée l'a pris avec elle dans des voyages autour du monde. Sa mère, qui était alors paranoïde et avait peut-être un trouble de personnalité borderline (bien que n'ayant jamais été officiellement diagnostiquée) est devenue malade d'une maladie tropicale inconnue. A côté d'elle, dans une étrange chambre d'hôtel, le jeune processus de pensée de Sandy la mena vers un changement mental :

« Effrayée à l'idée de la perturber je me suis tournée vers le mur blanc à côté de mon lit et j'ai commencé à me focaliser intensivement sur mon corps. J'ai commencé à penser : « Qui suis-je ? Qu'est-ce que je suis ? Quel est ce morceau de chair ? Pourquoi suis-je ici ? Est-ce que c'est pour être vivante, ou est-ce que c'est pour être morte ? » Ces pensées existentielles extrêmes commencèrent à avoir une vie propre et se manifestèrent comme une sensation physique – un changement perceptuel. J'ai eu l'impression que j'étais principalement une pensé. Mon corps était principalement un vaisseau contenant l'illusion de la vie, du monde, de l'univers, de toute l'existence. »

« A ce moment-là aucunes de ces pensées ou sentiments n'étaient terrifiantes pour moi et je pouvais m'extraire de moi-même de cette trance. Mais ici était le début du cycle vicieux de l'excès d'introspection, de l'excès de conscience de soi-même, et des manifestations physiques de pensées existentielles pures qui retourneraient me hanter de temps en temps dans ma jeunesse et qui me submergèrent finalement une fois adulte. »

Alors qu'adulte Sandy fut diagnostiquée d'un Trouble d'Anxiété Généralisé et d'une dépression résistante aux traitements, elle avait le sentiment que la dépersonnalisation et la déréalisation étaient les symptômes les plus perturbants.

Avec l'éloquence d'un QI élevé et d'une vie remplie d'observation de soi-même, Sandy explique son état mental d'une manière qui devient presque compréhensible aux « normaux », ainsi qu'aux docteurs :

« Au cours des années j'ai utilisé un nombre innombrable de métaphores et d'analogies pour expliquer ma DP et ma DR aux médecins, à la famille et aux amis. Pour quelqu'un qui n'a jamais expérimenté ces sentiments ils sont presque impossibles à comprendre. Je pose souvent les questions suivantes aux personnes en bonnes santé qui n'ont jamais expérimenté ces troubles : « Avez-vous déjà expérimenté le déjà vu ? » La réponse est souvent « Oui » et le phénomène est décrit comme un changement de perception subtil et inconfortable – quelque chose de bizarre, mais qui n'est pas troublant. Je leur dis alors : « Imaginez si une expérience de déjà vu ne s'en allait jamais. Imaginez qu'elle vienne avec une intensité 100 fois supérieure que ce que vous avez expérimenté. Imaginez si ce changement de perception restait pour le restant de votre vie ? »

Elle décrit plus loin la « perte du Moi » avec ce qu'elle appelle la métaphore du Xerox : « Prenez un document original et Xerox le. Continuer à Xerox chaque Xerox. Le document original disparait petit à petit. C'est comme cela que je ressens la disparation de mon Moi. Je ressens souvent mes bras comme s'ils n'étaient pas attachés à mon corps, comme s'ils n'étaient pas les miens. C'est comme si j'avais des membres fantômes que je ne pouvais pas voir. C'est très déconcertant car les bras et les mains sont cruciaux dans d'innombrables activités quotidiennes ».

Les détails des autres symptômes de Sandy qu'elle a connue à travers sa vie sont décrits dans le détail sur son site web. Ils sautent aux yeux immédiatement aux personnes qui cherchent des solutions pour leur propre trouble mystérieux.

Ce qui n'est pas mentionné est l'extraordinaire degré de courage qu'il faut pour s'exposer soi-même complètement au monde de cette manière. Elle ne fait jamais sa promotion, ni ne cherche de la sympathie, ni n'essaye de travailler ses problèmes en les exprimant publiquement. De la manière où d'autres ont préféré de la poésie, des films ou de la musique pour exprimer leur dépersonnalisation, elle a offert son passé entier, et ce qu'elle peut rassembler de son Moi présent. A travers sa contribution des gens peuvent comparer leurs expériences et suivre leur propre voie de recherche et de compréhension. A travers ses impressions personnelles, du matériel de référence sourcés et des liens utiles vers d'autres site, sa présence sur le web est devenue un guide pour ceux qui sont perdus, les amenant gentiment d'un endroit de peur vers la lumière de l'espoir.

6 - Diagnostiquer Dépersonnalisation

Si vous ne pouvez pas l'expliquer simplement, c'est que vous ne le comprenez pas assez bien.

—Albert Einstein

Le Trouble de la Dépersonnalisation n'est pas une maladie mystérieuse. Pas plus que la dépression ou la psychose. Au contraire, les personnes dépersonnalisées se décrivent souvent comme étant « trop saines », vivant dans un monde mental ou physique qui semble « trop clair ». Cependant, le trouble peut être trompeur ou difficile à comprendre, même pour le plus expérimenté des psychiatres. La dépersonnalisation est unique parce qu'elle est expérimentée et *observée* dans le même temps. Les gens qui vivent avec semblent être capable de se comprendre les uns les autres relativement simplement, alors que ce qui ne l'ont pas (y compris la plupart des médecins) ne savent pas quoi répondre aux mots et aux nombreuses métaphores de type « comme si » dites sans expressions émotionnelles.

« La dépersonnalisation n'est pas seulement un phénomène psychopathologique, c'est aussi une sorte de mystère *ontologique* ou un paradoxe *nosologique*, dit Elena Bezzubova, une psychiatre basée en California. « Pour la remarquer, il est nécessaire d'avoir les capacités observationnelles d'un médecin expérimenté, ou un scientifique de la nature, et le comprendre nécessite la capacité de réflexion d'un philosophe. Les patients qui souffrent de dépersonnalisation peuvent être décrits comme des personnes qui cheminent le long du chemin où la plupart d'entre nous ne mettent même pas les pieds ».

Le degré de perspicacité dont Bezzubova parle est difficile à trouver, même dans les cercles psychiatriques savants. La psychiatrie et la psychologie ne sont pas exactement des sciences *exactes*. Un problème unique inhérent pour diagnostiquer proprement la dépersonnalisation est le fait que les affirmations les plus précises et rapides viennent d'une poignée de professionnels qui ont expérimenté le trouble, ou les symptômes, eux-mêmes. Les psychiatres et les psychologues s'engagent souvent dans cette voie en raison de leur propre problèmes mentaux ou de ceux de leur famille ou des êtres aimés, et, en conséquence, un pourcentage d'entre eux sont intimement familiers avec la dépression, l'anxiété ou même les abus. Alors qu'un médecin n'a pas besoin d'avoir expérimenté le cancer, les maladies du foie ou la schizophrénie pour correctement les diagnostiquer, le TdD est quelque peu différente. Les gens qui vivent avec sont sensibles aux explications de type « comme si » utilisées par les autres. Mais ils peuvent être facilement pris pour quelque chose qu'ils ne sont pas. Vous pouvez être amené à parler à des médecins ad nauseum, seulement pour recueillir un hochement de tête condescendant et une prescription pour un antidépresseur, même si vous insistez sur le fait que vous n'êtes pas déprimé du tout.

A moins qu'une génération de jeune dépersonnalisé décide de devenir psychiatre, il y a peu de raison que cela change aujourd'hui.

Un regard attentif sur la recherche

Publier ou périr est une des lois cardinales de la survie, non seulement dans le monde académique, mais aussi dans le domaine psychiatrique. En conséquence, les études se nourrissent des études au fur et à mesure que chaque chercheur se fait un nom. C'est comme cela que la recherche lentement avance. Malheureusement, lorsqu'il s'agit de quelque chose d'aussi subjectif et souvent bizarre que la dépersonnalisation, les remarques intelligentes de quelques-uns des premiers observateurs de la psychologie peuvent être perdues dans la montagne de statistiques venues des études cliniques sur les médicaments ou les applications des nouvelles technologies. Les études sont quelques fois contradictoires entre elles et les méthodes publiées qui en résultent peuvent être vues comme particulièrement peu solides du point de vue journalistique traditionnel ou du point de vue de la recherche de preuves scientifiques.

Les résultats publiés dans les journaux psychiatriques sont souvent des recyclages. Lisez vingt articles sur la dépersonnalisation dans les trente dernières années et vous verrez toujours les mêmes noms – Mayer-Gross, Cattelln Roth, Arlow et plus récemment, Simeon, Sierra, Hunter et d'autres cités de manière répétée dans les paragraphes d'introduction. Certaines des études peuvent devenir du « gospel », au moins pour un certain temps, simplement parce qu'aucune autre étude comparable n'existe.

La problématique de la prévalence du TdD dans la population générale est un cas typique. A la fin des années 80, Colin Ross, un expert bien connu des troubles dissociatifs, réalisa une enquête auprès d'environ 1000 personnes choisies au hasard à Winnipeg, Canada.[1] Utilisant le « Dissociative Expériences Questionnaire », ainsi qu'une interview auprès de ceux qui présentaient des scores élevés, Ross a estimé à 2.4% la prévalence du trouble de la dépersonnalisation. A cette date, cette ancienne enquête soutient l'estimation la plus haute des quelques estimations existantes. Le plus souvent, le nombre est compris entre 1 et 1.4%, souvent extrapolé d'une recherche fréquemment citée réalisée par Y.A. Aberbigbe (Le questionnaire que Ross a utilisé est un vieil outil diagnostique et a été largement remplacé par d'autres qui s'occupent spécifiquement du TdD, plutôt que de la dissociation.)

En 1995 Aberbigbe et ses collègues ont tenté de déterminer la prévalence de la dépersonnalisation et de la déréalisation sur une période d'une année dans l'est rural de la Caroline du Nord.[2] La méthode ? Une enquête téléphonique randomisée sur 1008 adultes. Il a été demandé à chaque personne les expériences de déréalisation et de dépersonnalisation qu'ils avaient pu avoir durant l'année précédente. Environ 19% de ceux interviewés ont reconnu des expériences de dépersonnalisation, 14% déclarèrent qu'ils avaient expérimenté de la déréalisation et 23% dirent qu'ils avaient connu les deux. Les femmes et les minorités reportèrent des taux plus importants. Ce sont des pourcentages importants pour un symptôme psychiatrique sur une période d'une année.

Il a été posé la question suivante aux participants : « Quelques fois les gens ont l'impression qu'ils sont comme en dehors d'eux même, se regardant faire quelque chose, ou ont l'impression que leur corps n'appartient pas vraiment à eux, comme pour un robot. Ou ils ont l'impression d'être comme dans un brouillard ou un rêve. Avez-vous eu des impressions semblables durant la dernière année ? » Un simple « oui » mettait 19% de ceux qui ont répondu dans la catégorie dépersonnalisée.

Similairement, pour estimer la déréalisation, il a été demandé aux interviewés : « Quelques fois les personnes ont l'impression que les personnes ou les objets autour d'eux leur apparaissent étranges ou changés – que leur environnement n'est pas vraiment réel. Avez-vous eu des impressions semblables durant la dernière année ? » Comme annoncé plus tôt, environ 14% des personnes dirent oui, et en moyenne ces personnes ont expérimenté de la déréalisation environ 26 fois durant l'année, variant d'une seule fois seulement à une fois par jour. Environ 19% de l'échantillon total déclarèrent des expériences de dépersonnalisation et/ou de déréalisation définies comme plus substantiels, durant au moins une heure ou se produisant au moins trois fois durant l'année. En d'autres mots, une personne sur 5 avait eu des expériences de dépersonnalisation et/ou de déréalisation.

En dehors d'une facture salée de la compagnie téléphonique, je ne pense pas que grand-chose puisse être conclu de cette enquête. Les troubles psychiatres en tant que tels n'ont pas été évalué, et donc il n'est pas possible de savoir lequelles de ces personnes auraient pu également souffrir de dépression clinique, de troubles anxieux, incluant le trouble de stress posttraumatique, ou des désordres dissociatifs non spécifiques. Certains d'entre eux étaient probablement des utilisateurs chroniques de drogues ou d'alcool et je laisserai au comportementaliste le soin de déterminer combien ont pu réagir aux interprétations qui pouvaient être faites des « principales » questions.

Cependant, lorsqu'on leur demanda quand leur dépersonnalisation et déréalisation avait tendance à survenir, leurs réponses étaient cohérentes avec les tendances dégagées dans des recherches plus scientifiques postérieures. La dépersonnalisation survient lorsqu'on est soumis à du stress, lorsqu'on est nerveux ou déprimé, lorsqu'on pense à des évènements perturbants du passé, ou pour aucune raison apparente.

Plus récemment, en 2009, un groupe de chercheurs mena une enquête en face à face en Allemagne, basée sur un échantillon représentatif de la population générale. Leurs conclusions montrèrent une prévalence du TdD de 1.9%, en se basant sur des réponses à une version révisée du Cambridge Depersonalization Scale (échelle de dépersonnalisation de Cambridge). Leurs observations confirmèrent ce que de nombreuses personnes de la communauté psychiatrique commencent seulement à réaliser : « la dépersonnalisation est commune et ne peut pas être réduite à une variante négligeable de la dépression ou de l'anxiété ... une vigilance accrue sur la dépersonnalisation lors des diagnostiques et de la recherche est requise de toute urgence.[3]

Le fait que ces chiffres d'Aberbigbe aient été consolidé par des études antérieures et plus récentes apporte une crédibilité considérable à ses conclusions, même si les méthodes en face à face semblent être plutôt incertaines. Le nombre véritable de personnes souffrant de tdD reste inaccessible, cependant, tant qu'une étude en profondeur exhaustive n'aura pas été faite. Je pense que les résultats d'une telle étude montreraient que le trouble est plus fréquent que ce qu'on pense actuellement, et incontestablement, le nombre pourra varier directement suivant l'utilisation ou non de drogues durant les années précédents. La banalisation du cannabis dans de nombreux États américains a, peut-être ironiquement, coïncidé avec une profusion d'études l'associant à la schizophrénie, à la dépression et à la dépersonnalisation. De nombreux articles sur la dépersonnalisation ont été publiés ces dernières années, notamment dans l'*Atlantic Monthly*, le *Washington Post* et le *New York Times*.

Attirer l'attention

Dans les récentes années, le nombre important de personnes qui se font entendre sur le Web, et les efforts de quelques personnages clefs dans les arts, ont fait beaucoup pour sortir le TdD de la pénombre ; la progression est constante, mais lente. Les films *Tarnation* et *Numb* promettaient de provoquer un grand pas en avant, mais des problèmes de distributions et le manque de compréhension de la part des média mainstream ne permirent à ces films indépendants que d'avoir un statut de film culte, mais pas grand-chose de plus. De la même manière, la publication de *Feeling Unreal : Depersonalization Disorder and the Loss of the Self*, et une année plus tard, *Depersonalization : A New Look at a Neglected Syndrome*, comblèrent un trou important dans la littérature médicale, mais ont souffert d'un manque d'efforts promotionnels de la part de leur éditeur (cela est compréhensible jusqu'à un certain point car ils furent publiés par la presse universitaire plutôt que par des maisons d'édition grand public).

Une grande partie de la confusion sur la dépersonnalisation vient du fait qu'il peut apparaître en tant que symptôme d'un autre trouble ou survenir comme un trouble spécifique à la place des autres troubles. Si toutes les personnes qui souffraient de sentiments d'irréalités et de détachement ou de perte de leur « vieux moi », remplissaient les autres critères listés dans le DSM ou l'ICD, le Trouble de la Dépersonnalisation serait relativement facile à diagnostiquer. Lorsque l'anxiété, les attaques de panique et d'autres symptômes sont rajoutés dans le tableau, votre médecin de famille, même un psychiatre, regarderont plus probablement ces autres symptômes d'abord, et penseront rarement que ces autres symptômes peuvent être, en fait, une partie de quelque chose qui est manifestement le TdD.

La dépersonnalisation touche la personnalité de l'individu. En faisant cela, ses manifestations, lorsqu'on regarde de plus près, peuvent sembler uniques à l'individu qu'il affecte. Les spécificités de ce que j'ai été amené à appeler les Neufs Cercles, l'étrangeté de certaines choses comme le vent, le caractère compulsif et obsessionnel qui a créé la voie tourmenteuse, ont pu bien être l'interprétation *individualisée* de mon esprit des *processus de dépersonnalisation.* D'autres personnes peuvent ou non expérimenter les mêmes exactes pensées ou sensations. Mais les changements en cours dans le cerveau qui causent ces pensées spécifiques sont par essence universels. Ce qui émerge *à cause* de ces changements est ce qui rend le trouble un enfer très privé et unique.

Finalement, le Trouble de la Dépersonnalisation est marqué par un sentiment distinct d'étrangeté de votre propre être, et/ou du monde en dehors de vous-même. Quelque part, un changement majeur est survenu, comme si votre ancien Moi avait disparu, et pourtant vous n'êtes pas devenu quelqu'un d'autre. L'esprit lutte pour faire sens de ce nouveau monde étrange, et des ruminations existentielles sans fins se mettent en place en toute probabilité. Les personnes ayant le Trouble de la Dépersonnalisation ne sont ni cliniquement déprimées ni anxieuses, excepté peut être comme effet résiduel du trouble lui-même. Cette distinction est absolument nécessaire pour un diagnostic de Trouble de la Dépersonnalisation.

A quel point le trouble de la Dépersonnalisation est-il commun ?

La plupart des personnes ont expérimenté de la dépersonnalisation mineure et transitoire à certains moments de leur vie, souvent après quelques évènements traumatiques ou irréels.[4] La prévalence de la Dépersonnalisation en tant que trouble à part entière reste encore à déterminer avec certitude, cependant, comme discuté plus tôt dans le chapitre. L'ignorance du syndrome, le manque d'exposition médiatique et les erreurs de diagnostics ont tous contribué au manque de témoignages pertinents d'authentiques cas de TdD. Une chose est sûre, cependant – de nombreux facteurs, et la consommation croissante de drogues comme la marijuana ou l'Ecstasy n'est pas un des moindres, ont déclenché une explosion de cas lors des dernières trente années.

Cependant, en considérant toutes les données, il est prudent de situer la prévalence du Trouble de la Dépersonnalisation à un pourcentage de 1 à 2 % de la population.[5] Bien que les estimations existantes soient conservatives, elles situent quand même le TdD plus fréquent que chacun des deux troubles plus connus – le trouble bipolaire et la schizophrénie.

En dépit des preuves, l'ICD 10 et l'Office des maladies rares de l'Institut National de la Santé ('National Institute of

Health'Office of Rare Diseases' en anglais) continuent de classer la dépersonnalisation - déréalisation comme un trouble « rare ».

L'institut de psychiatrie Mauricio Serra ('Institute of Psychiatry's Mauricio Sierra' en anglais) suggère des raisons pour lesquels le TdD se bat pour être reconnu.

« Les psychiatres sont toujours formés pour croire que le trouble de la dépersonnalisation est extrêmement rare, et qu'il est, lorsqu'il est présent, un symptôme secondaire et presque pas pertinent d'autres conditions comme la dépression ou l'anxiété » écrit Sierra.[6]

Les études ont montré que le temps moyen entre le déclenchement de la condition et son diagnostic varie de 7 à 12 ans.[7]

Pour autre raison, il y a le fait que les personnes qui pensent devenir folles n'ont souvent aucune idée de ce qu'ils cherchent sur Internet ou dans le cabinet d'un médecin. Beaucoup de gens choisissent de taire leurs conditions. Ils trouvent cela plus facile que d'essayer d'expliquer leurs symptômes bizarres aux amis ou à la famille qui ne comprendront jamais ce qu'ils décrivent. Si la prise drogue est un facteur déclenchant, les personnes jeunes garderont probablement secret leurs problèmes vis-à-vis de leurs parents pour des raisons évidentes.

Profil des patients

Depuis les années 1990, le Département de Psychiatrie de l'Ecole de Médecine du Mount Sinai ('Department of Psychiatry, Mount Sinai School of Medicine' en anglais) à New York et l'Institut de Psychiatrie ('Institue of Psychiatry' en anglais) du King's College à Londres ont mené des investigations sur le TdD via des participants volontaires qui remplissent les critères diagnostiques du trouble. En 2003, les deux centres publièrent des articles dans des journaux majeurs décrivant, et de loin, la plus grande série de patients souffrants du TdD à être systématiquement étudiée à ce jour. Le rapport de l'Unité de Recherche du Mount Sinai ('Mount Sinai Research Unit' en anglais), publié dans le *Journal of Clinical Psychiatry*, a été basé sur un échantillon de 117 patients souffrants en premier lieu du trouble de la dépersonnalisation.[8] Chacun de ces patients passa un questionnaire psychiatrique complet en personne. Le rapport de l'Institut de Psychiatrie, publié dans le *British Journal of Psychiatrie*, a été basé sur 204 patients présentant une dépersonnalisation chronique ; 124 furent interviewés en personne, et le reste fut interrogé par téléphone ou internet en complétant une série de questionnaires.[9] En d'autres termes, l'étude Britannique incluait l'ensemble des répondants qui avaient des *symptômes* de que défini par la 4ème édition du Diagnostic and Statistical Manual of Mental Disorders [DSM-IV]), alors dépersonnalisation, parmi lesquels 71% souffraient véritablement primairement d'un TdD (tel que l'étude Américaine a seulement inclus ceux souffrant primairement d'un TdD.

Les deux équipes de recherches ont étudié des patients adultes TdD avec un âge moyen dans le milieu de la trentaine. De nombreux participants, bien sûr, étaient plus jeune ou plus vieux. Le TdD affecte les hommes et les femmes de manière équitable, conclurent les études.

L'âge moyen de survenu du TdD se situe autour de 16 ans dans l'étude de 2003 du Mount Sinai et de 23 ans dans l'étude de l'Institut de Psychiatrie.10 Certaines personnes se rappelaient de premières expériences de dépersonnalisation dans leur prime jeunesse. Dans l'étude du Mount Sinai, 80% des personnes décrivirent un déclenchement avant l'âge de 20 ans et 95% avant l'âge de 25 ans, supportant le point de vue selon lequel le TdD est en grande partie un trouble de l'adolescence ; un déclenchement à un âge moyen ou tardif apparait être assez rare. Cela signifie qu'il n'est pas inhabituel de trouver des personnes cherchant un traitement pour le TdD à la trentaine après avoir souffert de dépersonnalisation environ la moitié de leur durée de vie. Les personnes qui participèrent à ces programmes de recherche ont expérimenté le TdD sur une durée allant de 3 mois à 6 décennies.[11] De manière intéressante, ces nombres font échos aux 185 histoires personnelles postées sur *depersonalization.info* entre 2002 et 2010. Ces histoires ont montré un âge moyen de déclenchement de 15 ans. Environ 40% des histoires ont présenté une dépersonnalisation coexistant avec d'autres problèmes comme le trouble panique, le Trouble obsessionnel compulsif (TOC) ou l'anorexie, alors que plusieurs jeunes femmes se scarifiaient également.

Association avec d'autres troubles psychiatriques

Un large spectre de troubles dépressifs et anxieux peut coexister en parallèle de la dépersonnalisation. En considérant la durée de vie entière, les autres troubles suivants étaient présents dans l'échantillon du Mount Sinai (en chevauchement): deux tiers souffraient aussi de dépressions cliniques majeures, un tiers de dysthymie (dépression mineure chronique), un tiers d'anxiété sociale, un tiers d'attaques de panique, un cinquième de trouble anxieux généralisé et un huitième de trouble obsessionnel compulsif.[12]

De manière importante, lorsque vous comparez l'âge de déclenchement du TdD avec celui de ces autres troubles, aucun ne s'est révélé débuter plus tôt. Cela soutient fortement le fait que la dépersonnalisation est un phénomène *primaire*, plutôt qu'un qui accompagne quelque fois ces autres troubles. Cela suggère aussi que lutter contre le Trouble de TdD peut mener à une dépression clinique ou à un trouble panique si, en fait, une prédisposition à ces troubles existe. Je crois que cela fut le cas dans ma propre expérience, débouchant sur ce que j'ai appelé

« le triple coup dur » de la terreur – la panique, la dépersonnalisation et la dépression.

Le programme de recherche du Royaume Unis a établi une corrélation entre la sévérité de la dépersonnalisation et la sévérité des symptômes dépressifs et anxieux. Cela suggère que à la fois la dépression et l'anxiété peuvent amplifier la dépersonnalisation et la rendre plus intense.

Déclenchement et évolution

La manière dont le trouble de la dépersonnalisation débute varie. Chez certaines personnes cela apparait très soudainement, et de tels individus peuvent typiquement se rappeler le jour exact et les circonstances de comment cela a débuté. Cela est certainement vrai pour moi-même et pour les personnes que nous avons rencontré au chapitre 4. Pour d'autres individus, le déclenchement de la dépersonnalisation peut être très insidieux, s'installant sur une période s'étalant sur des semaines, des mois et même des années, ou cela a pu débuter tellement tôt que la personne ne peut pas vraiment se rappeler comment cela a commencé (la recherche montre un ratio d'environ 50/50 entre un début insidieux versus un début soudain).[13]

L'évolution de la condition pour la majorité des personnes est permanente. Ils peuvent rarement se rappeler ce que cela fait de ne pas être dépersonnalisé, ou ils peuvent se référer à eux même comme « l'ancien » moi, le « nouveau » moi, ou à une « absence de moi ». Chez environ un tiers des personnes, l'évolution du trouble est épisodique. Il peut venir et repartir, et durait quelques jours, semaines ou mois avant de se retirer.

Qu'est ce qui déclenche la dépersonnalisation chronique ?

Le trouble de la dépersonnalisation, à l'exemple d'autres conditions psychiatriques, implique sûrement des prédispositions génétiques suivies par des évènements de vie précoces qui augmentent la vulnérabilité. Ensuite, des évènements de vie ultérieurs peuvent déclencher le début des symptômes chroniques (cette probabilité forte n'est pas une certitude, cependant). A la différence d'autres troubles psychiatriques plus connus, beaucoup moins de choses a été déterminé à propos de ce schéma pour le TdD. Il y a beaucoup d'histoires de personnes qui ne peuvent pas trouver une raison unique pour laquelle la dépersonnalisation a commencé.

Certains se rappellent des moments transitoires de dépersonnalisation à un jeune âge, avant que le trouble ne s'installe en permanence et avec sévérité. Certains peuvent ne même pas se rappeler d'épisodes passés du symptôme lui-même, mais plutôt d'une volonté de se distraire et de se détacher soi-même d'évènements perturbateurs autour d'eux. Souvent ces moments sont soit oubliés soit considérés comme non significatifs jusqu'à ce que plus tard, lorsqu'elle est en prise avec le TdD, la personne commence à creuser plus profond dans son passé pour rechercher des traces de quelques indicateurs précoces. Avec une prédisposition à la dépersonnalisation, quelque chose finalement arrive et déclenche le début véritable du TdD. Ces déclencheurs peuvent être hautement variables. Le commentaire ci-dessous, posté sur *depersonalization.info*, n'est pas inhabituel pour des personnes qui l'ont expérimenté à un âge précoce sans raison particulière :

Comment cela a débuté ? Je me rappelle étant enfant, à l'âge d'environ neuf ans, penser aux différentes parties de mon corps et comment toutes ces parties réunies me faisait 'moi'. J'ai pensé à cela beaucoup. Et puis un jour j'étais assis dans la voiture et je pense que j'ai eu ma première expérience de DP.

Étranger à moi-même

Je me rappelle me sentir comme si je venais juste de naitre – toutes les choses et toutes les personnes autour de moi étaient angoissantes et étranges, comme si j'étais dans un rêve distordu sur la réalité. La musique sur la radio semblait bizarre, mes parents et ma sœur semblaient bizarres. Mon esprit rentra dans une boucle infinie, essayant de comprendre comment « je » pouvais être « moi ». Comment puis-je être moi ? Comment puis-je être moi ? Me demandais-je encore et encore. Je ne paniquais pas, j'étais seulement effrayé. Cela dura quelques années, mais cela diminua significativement durant mon adolescence et j'avais presque oublié cela.

La dépersonnalisation déclenchée par la prise de drogues

Un déclencheur qui est devenu de manière indiscutable visible est l'utilisation de drogues. Bien que non considéré comme le déclencheur le plus commun, dans une portion non négligeable de la population, une utilisation ponctuelle ou habituelle de drogue, et même une seule utilisation de drogue peuvent envoyer un individu dans un état chronique de dépersonnalisation. Cela est fréquemment vu chez les gens qui postent leurs histoires personnelles sur des sites Internet ou qui participent à des forums de discussions sur ces sites.

La marijuana, l'Ecstasy (MDMA) et le LSD semblent être les déclencheurs les plus importants, mais le TdD peut aussi être déclenché par des drogues utilisées moins fréquemment comme la kétamine (spécial K), et la salvia, ainsi que certains médicaments prescrits et certains anesthésiques d'hôpital.

Comme la drogue déclenche-t-elle le TdD ? Tandis que nous allons explorer des possibles raisons plus loin dans les chapitres 7 et 8, une réponse possible, selon le Dr. Simeon, est qu'un produit chimique spécifique mais inconnu a perturbé un équilibre dans le cerveau d'une personne qui est déjà biologiquement vulnérable. Ce changement neurochimique se manifeste sous la forme d'une dépersonnalisation. (Ce n'est pas un dommage au cerveau, mais plutôt une dysfonction temporaire ou à long terme de systèmes neurochimique existants). D'autres explications pour les débuts déclenchés par les drogues sont aussi possibles. L'expérience même de l'attaque de panique initiée par une sensibilité à une surdose de THC (l'ingrédient actif du joint), peut être insurmontable et en conséquence envoyer certaines personnes dans un état de conscience altéré.

Pour la plupart des personnes, la problématique d'une « diathèse préexistante », ou une probabilité préalable de devenir dépersonnalisé à cause de certains déclencheurs, est difficile à accepter. Dans mes années universitaires, je me considérais comme absolument « normal » mentalement. J'étais même méprisant pour les autres étudiants qui semblaient visiter régulièrement la psychologue de l'école. Je ne comprenais pas les « problématiques » et je les voyais comme un problème de gènes faibles. Il n'y avait pas d'histoire de maladie mentale nulle part dans ma famille. Nous étions fort, déterminé et farouchement individualiste. Notre conseil pour ceux qui avaient des problèmes mentaux pouvait être typiquement : « Reprend toi et sors toi de là ».

Alors, comme des millions d'autres, le TdD montra sa tête hideuse. J'étais normal. Je fumais un joint et tout changea. Pourquoi ? Est-ce que j'aurais expérimenté cette terrible chose si je n'avais pas fumé du tout ?

Typiquement, les psychiatres répondraient « oui » à cette dernière question. Des millions de personnes fument des joints chaque jour sans déclencher de TdD. Clairement, il y a quelque chose de fondamentalement différent dans le cerveau des personnes qui fument des joints et deviennent dépersonnalisé que dans les cerveaux des personnes pour qui d'autres déclencheurs sont en jeu.

Le trouble de la Dépersonnalisation n'est pas la seule condition psychiatrique qui peut être déclenchée par l'utilisation de drogue, cependant. Certains patients schizophréniques peuvent tracer le début de leur trouble à l'utilisation de la marijuana ou de la cocaïne. Ils peuvent devenir psychotiques, puis arrêter de consommer la drogue, mais la schizophrénie continue. La drogue agit comme un déclencheur chimique qui en quelque sorte les envoie au-delà de la ligne rouge (de manière probable ils étaient déjà biologiquement prédisposés et vulnérables). Le trouble panique peut émerger de la même manière. Une attaque de panique initiale peut être déclenchée par de la marijuana, par exemple, mais les personnes peuvent même développer un véritable trouble panique qui continu bien après qu'ils ont cessé de consommer la drogue. Cela n'implique pas que ces personnes sont quelque part psychologiquement plus faibles que les autres, ou qu'ils ne peuvent pas maîtriser les drogues que leurs amis prennent fréquemment sans dommage apparent. Leur terrain biologique est différent, juste comme les gens ont des types sanguins différents, des allergies différentes, ou des vulnérabilités génétiques différentes à certaines maladies.

Le déclenchement de la dépersonnalisation par les drogues a bien été documenté et quantifié par des études récentes. Parmi les 117 sujets dans l'étude bien connue du Mount Sinai en 2003[14], 13% ont décrit un déclenchement clair et immédiat par de la marijuana, après avoir fumé, avoir été défoncé, et puis n'être jamais ressorti de leur état dépersonnalisé. Environ 6% ont raconté un déclenchement clair par des hallucinogènes. Dans deux cas, la drogue Ecstasy fut le catalyseur, et un cas impliquait la kétamine, qui est connue depuis longtemps pour induire des états dissociés et n'est plus utilisée pour provoquer l'anesthésie médicale chez les humains. Similairement, l'Institut de Psychiatrie a rapporté qu'un nombre notable de cas de dépersonnalisation chronique a été déclenché par des drogues (40 sur 164). Sur ces 40 individus, 24 ont attribué le déclenchement de leur dépersonnalisation à la marijuana, 4 à l'ecstasy, 2 au LSD et un à la kétamine ; les 13 restants attribuèrent le déclenchement à une combinaison de drogues impliquant au moins une de ces drogues. Sur 185 histoires personnelles rassemblées sur le site *depersonalization.info* sur une période de 8 ans, 68 personnes, plus d'un tier, ont attribué leur dépersonnalisation à la marijuana. Douze personnes tracent le déclenchement à l'ecstasy, et un nombre substantiel (40%) mentionne des attaques de panique et de l'anxiété, soit comme une conséquence de la consommation de joints ou concourant avec les symptômes de la dépersonnalisation. La fréquence d'utilisation de drogue rapportée dans ces histoires est plus grande que celle indiqué dans la recherche clinique émanant d'une ou l'autre clinique sur le TdD. Il est difficile de déterminer pourquoi, autrement que par le fait que l'anxiété accompagnant le TdD qui est souvent mentionnée créé une urgence plus grande de raconter son histoire que pour ceux qui se sont habitués au trouble ou se sentent insensibles ou indifférents. Ou, cela peut simplement refléter une plus grande consommation de drogue parmi les jeunes utilisateurs d'Internet et en conséquence une augmentation de la dépersonnalisation. De manière intéressante, environ 20% des histoires viennent de personnes qui ont expérimenté d'abord une sévère dépersonnalisation dans la petite enfance (entre 5 et 10 ans), et qui n'ont pas subis d'abus, n'ont pas consommé de drogues, ou n'ont pas d'antécédents familiaux.

Initialement fuit par les chercheurs sérieux en raison de sa nature non scientifique et quelquefois peu fiable, Internet est maintenant devenu un outil utile pour les enquêtes et les études cliniques, procurant un accès à des milliers de personne qui sans cela n'auraient jamais été contacté. L'Institut de Psychiatrie de Londres ('Institute of Psychiatry in London' en anglais) a réalisé cela tôt et maintenant d'autres centres de recherche considèrent Internet comme un outil de recherche précieux à la condition que les personnes interviewées passent les critères diagnostiques de base. Inconnu de ceux qui racontent leurs histoires, le site internet IOP a recueilli à la fois les histoires personnelles (habituellement postées anonymement), et les forums des sites internet pour rassembler des données de recherches récentes. Malheureusement, le site a été arrêté une fois que les informations suffisantes pour compléter une étude avaient été rassemblé. Alors que c'était sans doute décevant pour les nombreuses personnes qui avaient visité le site, d'autres, comme *depersonalization.info* et *dpselfhelp.com* étaient déjà en fonctionnement, œuvrant activement pour les patients, non pour les chercheurs.

Les histoires postées sur *depersonalization.info*, toutes évaluées en se basant sur les critères listés dans le DSM-IV, pointent clairement des liens forts avec le joint et l'anxiété, même si une minorité fait allusion soit à des traumatismes infantiles soit à aucun type identifiables de déclencheur du tout.

Comprendre les Symptômes

Comme expliqué plus tôt, certains symptômes importants de TdD sont souvent négligés à cause de l'emphase des patients sur les symptômes prédominants, ou les symptômes les plus déplaisants. Lors des décennies récentes, des questionnaires de diagnostic ont émergé afin de tenter de préciser la définition du trouble.

Le premier questionnaire auto-administré pour mesurer les symptômes dissociatifs, qui est maintenant en utilisation depuis plus de 20 ans, est l'échelle d'expériences dissociatives ('Dissociative Expériences Scale', DES, en anglais), développé en 1986 par Eve B. Carlson, doctorant ('Ph.D' en anglais), et Frank Putnam, docteur en médecine ('MD' en anglais), deux experts bien connus dans le domaine du trauma et de la dissociation. Le DES a été utile pour diagnostiquer les troubles dissociatifs, mais pas spécialement la dépersonnalisation. Parmi ses 28 questions, seulement quelques-unes sont liées aux expériences de dépersonnalisation et de déréalisation.

« Il est très possible pour une personne de souffrir de dépersonnalisation et de scorer quand même bas sur le DES, qui a été conçu avec les troubles dissociatifs plus « sévères » à l'esprit, » dit le Dr. Simeon.

Cependant, quelques items du DES peuvent suggérer la présence du TdD, spécialement lorsque l'évaluation des items restants est basse. De tels items ont à voir avec des symptômes classiques comme se regarder soi-même d'une certaine distance, se sentir en dehors de son corps, percevoir son environnement comme irréel, ou regarder le monde à travers du brouillard. En particulier, l'item 27 semblait particulièrement pertinent personnellement du fait que c'est le seul endroit où j'ai vu la mention de « voix » comme celles qui m'ont tourmenté dans les Neufs Cercles :

« Certaines personnes rapportent qu'elles entendent quelquefois des voix à l'intérieur de leur tête qui leur disent de faire des choses ou commentent des choses qu'elles sont en train de faire. » (Mauricio Serra m'a dit que parmi les centaines de cas de dépersonnalisation qu'il avait rencontré, seulement une poigné présentée le phénomène de la « voix ».)

En l'an 2000, le Département de Psychiatrie de l'Université de Cambridge ('Department of Psychiatry at the University of Cambridge' en anglais) développa un questionnaire auto-administré appelé le Cambridge Depersonalization Scale (CDS). Le CDS mesure spécifiquement seulement les expériences de dépersonnalisation et de déréalisation et contient un large éventail de questions couvrant de telles expériences. L'échelle a, selon ses créateurs, prouvée qu'elle était une mesure plus fiable pour quantifier la sévérité de la dépersonnalisation pure en l'absence d'autres symptômes dissociatifs. Le Dissociative Expériences Scale et le Cambridge Depersonalization Scale sont maintenant disponibles en ligne pour quiconque souhaitent les regarder. Alors que beaucoup de questions sembleront familières pour les personnes expérimentant la dépersonnalisation, il n'existe pas de « checklist » pour l'autodiagnostic. Ils ont aidé énormément pour la recherche se basant sur des groupes de patients, et de contrôle, mais réaliser un diagnostic de TdD, ou n'importe quoi d'autres, impliquent de prendre en compte de multiples facteurs en dehors de ces outils.

Mise au Point Supplémentaire

Dans un rapport publié dans *Psychological Médicine* en 2005, Mauricio Serra et ses collègues de l'Institut de Psychiatrie à Londres, soulignaient qu'ils n'y avaient toujours pas d'accord clair parmi les médecins, les psychologues, et les écrivains médicaux sur les symptômes « constituants de la dépersonnalisation.[15] »

En dépit de sa diversité de symptômes apparents, « il y a la possibilité que la dépersonnalisation puisse résulter d'une expérience de détachement unitaire, envahissante qui affecterait de la même manière tous les aspects de l'expérience. Cependant, le fait que tous les symptômes ne soient pas toujours présents, ou le fait que certains semblent plus stables que d'autres, ou montrent différentes intensités, suggère qu'au moins certain de ces symptômes appartiennent à des domaines différents « expérientiels » avec des mécanismes sous-jacents potentiellement distincts. » En d'autres termes, décortique les expériences des patients plus en détail et il sera peut-être plus facile de découvrir les mécanismes biologiques derrière eux.

A travers des analyses mathématiques des réponses au Cambridge Depersonalization Scale de 138 patients TdD (incluant des degrés de sévérité), Sierra identifia quatre facteurs bien déterminés pouvant être extraits comme des symptômes principaux distincts du TdD. Ils sont listés en dessous, avec des explications résumées de chaque facteur :

1. Expérience corporelle anormale

Les patients dépersonnalisés se plaignent d'une variété de changement dans la manière dont ils expérimentent leurs Moi physiques. Cela peut inclure :

a. Un manque de sentiments de « possession » du corps.

b. Des sentiments de perte du « sentiment de contrôle sur ses actions » ('agency' en anglais), ce qui a pour conséquence l'impression que les actions se produisent automatiquement sans l'intervention d'un moi désirant, à la manière d'un robot.

c. Sentiments de désincarnation, qui peuvent variés du sentiment non spécifique que l'esprit n'est pas dans le corps, au sentiment d'une auto-observation accrue, jusqu'à des expériences de sortie du corps et des hallucinations « autoscopiques » (*se voir* soir même de l'extérieur du corps). Les deux derniers, cependant, sont rares dans la dépersonnalisation.

d. Des distorsions somatosensorielles, affectant usuellement la taille des parties du corps, ou se sentir très léger. Elles semblent bien moins fréquentes dans la TdD, et n'ont été mentionné que très peu par les patients dans l'étude. De telle distorsions somatosensorielles graves ne sont pas caractéristiques de la dépersonnalisation mais sont fréquentes dans la schizophrénie, l'épilepsie et la migraine.

Des exemples de ces sensations, et les autres symptômes principaux sont illustrés à travers les histoires postées sur *depersonalization.info* :

« *Je passe des moments où je me sens déconnectée de mon corps, bien que je reste en total contrôle. Je regarderai mon bras et ne saurai même pas que c'est mon bras (principalement du côté droit). Je me regarderai dans le miroir et ne reconnaîtrai pas vraiment complètement qui me regarde en retour. Le pire truc a été l'état de panique dans lequel je suis allée à chaque fois que quelque chose comme cela est arrivé. Je suis allé finalement voir un docteur qui m'a mis sur Paxil pour la panique, ce qui n'a eu réellement aucun effet. Cela n'a pas rendu les choses pires pour moi, cela n'a juste pas eu d'effet.* »

—De l'histoire de Katie

« *Il y a environ deux semaines à l'école, j'ai perdu soudainement mon sens de la profondeur. Tout autour de moi ressemblait à un grand écran et c'était comme si j'étais en train de regarder le monde se déroulait, et mon esprit était à l'extérieur, regardant impuissant tout ce qu'il se passait.* »

—De l'histoire de Maya

« *Pendant longtemps, mon cerveau s'est senti séparé de mon corps. Tout avait toujours été intact et je n'avais jamais réfléchis à ça. Pourquoi l'aurais-je fait ? Mais lorsque le changement est arrivé, c'est subitement devenu tout ce que je n'avais jamais pensé. Je n'avais pas le choix. Ma tête semblait pleine d'air avec mes pensées, ma conscience quelque part proche, mais pas dedans. Une fois de temps en temps, lorsque je me sens momentanément normal, j'ai l'impression que mon esprit est re-rentré dans ma tête, avec toutes les connections de nouveau en place. Il est alors clair que les pensées commencent dans la tête et alors font leur chemin à travers ma bouche pour communiquer avec les autres. C'est l'impression que cela doit me donner pour moi, et cela doit être aussi simple que de respirer. Mais lorsque je ne suis pas normal, mon moi est autre part, non connecté du tout à mon corps, même si mon corps semble encore fonctionner. »*

—De l'histoire d'Anton

« Nombreux ont été les moments où j'attendais quelque part et soudainement un bref vertige passa sur moi, suivi par une sensation que je peux seulement décrire comme étant physiquement informe, dépourvue de substance – une chose vide. Toutes les choses semblent distantes, comme s'il n'y avait pas de possibilité pour moi de ne jamais rien atteindre. Et donc je regarde fixement n'importe quoi, essayant de comprendre cela. Pour le dire simplement, je me sens comme une machine autonome, forcée d'exister, opérant entièrement grâce à la mémoire des muscles et la seconde nature. »

— De l'histoire de Nate

2. Insensibilité émotionnelle

La plupart des patients présentant une dépersonnalisation rapporte différents dégrées de diminution d'expérience émotionnelle. Cela inclus une perte d'affection ou de plaisir d'un côté ou la perte de la peur des situations qui étaient précédemment évitées. A la différence de l'affect plat communément vu chez les patients présentant une schizophrénie ou de la dépression, l'*expression* des émotions semble normale dans la dépersonnalisation. Sierra et al attribuent le manque de plaisir ou de déplaisir associé à l'odeur ou le gout à l'incapacité des sujets d'imprégner les objets ou les situations avec des sentiments émotionnels, plutôt qu'à une incapacité générale à expérimenter des états émotionnels.

« Généralement je passe chaque jour, interagit avec les gens, vais à l'école, vais au travail, traine avec les amis ou les personnes qui étaient mes amies. Ils parlent encore, veulent passer du temps – c'est juste différent. Mais personne ne remarque rien, je porte un sourire faux, réalise les actions

appropriées et personne ne semble s'en soucier. Personne ne semble remarquer quoi que ce soit. La seule personne qui a remarqué que quelque chose était différent est ma mère. Elle mentionna qu'elle pensait que j'avais pu changer. J'aurai voulu être reconnaissant que quelqu'un le remarque mais je ne m'en soucis juste pas. Je ne me soucis même plus de ma famille. Ils sont juste des personnes de plus. Je regarde le monde et vois des personnes comme des fourmis, travaillant juste pour survivre, évoluer. Peut-être que c'est juste la prochaine étape de l'évolution, éliminer l'âme du corps. C'est le sentiment, presque comme si j'étais sans âme. »

—De l'histoire de Tony

3. Souvenir subjectif anormal

Les patients présentant une dépersonnalisation se plaignent souvent de problèmes pour se rappeler certaines choses. Cela comprend le sentiment que les souvenirs autobiographiques ne sont pas réellement arrivés à la personne ; le sentiment que les évènements personnels récents sont arrivés il y a longtemps ou sont déjà arrivés (c.a.d. « déjà vu »), et une incapacité à évoquer les mémoires visuelles des personnes ou des lieux.

« Durant cette période il était très difficile pour moi de me concentrer et mes souvenirs disparaissaient graduellement comme une personne qui se rappelle ses rêves. J'ai commencé à tout sur-analyser jusqu'à ce que je me sois rendue moi-même étourdie et malade ; Je fais encore souvent cela. Je repense à des choses et ma mémoire est souvent distordue. Les images dans ma tête regardaient vers moi-même de l'extérieur de mon corps plutôt qu'à travers mes yeux. Quelques fois je pense que c'est comme ça que je voyais réellement les choses. Lorsque je me sentais à l'intérieur de moi-même je ne me sentais toujours

pas bien, cela ne semblait pas être comme mon corps dans lequel j'étais née. »

— De l'histoire de Sara

« *Je me rappelle la première fois que j'ai expérimenté la dépersonnalisation. C'était comme avoir un sens envahissant de déjà vu, comme si tout ce qui était en train d'arriver était déjà arrivé à moment donné avant, et que si je pouvais seulement me concentrer, j'aurais été capable de prédire exactement ce qui allait arriver. Il m'avait toujours semblé juste au-delà de mes capacités d'anticiper ce que quelqu'un allait dire ou faire. J'avais aussi l'irrésistible sentiment que j'étais en fait juste dans un rêve. Ma vision périphérique disparu, et je ne pouvais pas très bien entendre ou voir. J'avais une pulsation dans ma tête, et des sentiments mélangés d'euphorie, d'ivresse et de terreur. Cela semblait confus et statique, et très perturbant. Il était devenu aussi devenu difficile de traiter ce qui arrivait autour de moi et de maintenir un sens d'où et qui j'étais. C'était ma première attaque de DP, et j'ai pensé que je devenais fou.* »

—De l'histoire de A.D.

4. Aliénation de l'entourage

La plupart des patients dépersonnalisés décrivent une impression d'être coupé du monde autour d'eux, et l'impression que les choses autour semblent « irréel ». Une telle expérience est fréquemment décrite en termes de métaphores visuelles tels regarder à travers une caméra, un voile ou un brouillard, ou vivre dans une « bulle ». En effet, de nombreux patients affirment que c'est dans le champs visuel que « l'irréalité » est la plus notable. De plus, des observations cliniques suggèrent qu'une incapacité à expérimenter les attributs agréables des choses qui sont perçus est une caractéristique centrale de la déréalisation. Les patients éloquents attribuent fréquemment les sentiments « d'irréalité » à une incapacité à colorer leurs expériences avec des sentiments agréables ou des sentiments de familiarité. La dépersonnalisation et la déréalisation peuvent simplement refléter deux différentes manières de décrire la même expérience.

« *Je me sens soudainement seul à l'intérieur de mon cerveau, seul dans un monde distant et irréel, comme si une glace mince était située entre le monde réel et touchable et ma conscience pure. Comme avoir un casque mis, sentir comme si mon cerveau était à l'intérieur d'une bulle, avec la sensation que vous avez lorsque vous plongez dans l'eau, esprit seul, vous seulement avec votre esprit encapsulé dans votre crane et vivant dans un rêve, un éternel rêve qui ne se termine pas. Et chaque jour vous devez vous dire oui, vous êtes vivant, cette vie est la vôtre, vous vous tenez debout ici dans le monde, que quelque chose vous pousse de l'autre côté, et que cet homme est votre père, cette autre votre frère. Pourquoi semblent-ils si distants ? Pourquoi aussi étrange ?* »

—De l'histoire d'Arturo

Finalement, les résultats de cette Institut de Psychiatrie suggèrent que la dépersonnalisation représente l'expression de plusieurs dimensions sous-jacentes *distinctes*. « Ce résultat est en accord avec l'idée depuis longtemps tenue et couramment négligée que la dépersonnalisation constitue un syndrome, plutôt qu'un symptôme, » affirme Sierra.

L'analyse complexe des données indique aussi que « les composantes différentes de la dépersonnalisation représentent une réponse intégrée, plutôt que la simple coexistence de phénomènes indépendant.

« Une compréhension de la dépersonnalisation en termes de différentes dimensions interagissant a probablement des implications pour la pratique clinique et la recherche. Par exemple, les patients remplissant les critères du trouble de la dépersonnalisation (c.a.d. une dépersonnalisation chronique non explicable par des conditions comorbides) du Diagnostic and Statistical Manual (DSM-IV) ont présenté plus des symptômes de dépersonnalisation sur le Cambridge Scale que les patients ayant des troubles de l'anxiété et une épilepsie du lobe temporel, beaucoup d'entre eux souffrant aussi d'expériences de dépersonnalisation transitoire. Dans une perspective de recherche, les études se focalisant sur des composantes sélectives de la condition comme l'insensibilité émotionnelle et les handicaps visuels se sont avérées des pistes prometteuses de recherche. »

Une mise à jour ultérieure

Un rapport de 2007 de Daphne Simeon et ses collègues[16] a conclu que le DSM-IV, qui utilise un « unique critère de symptôme » pour la dépersonnalisation, ne fait pas justice à la complexité du trouble. Le rapport publié dans *Psychiatry Research* suggère que la dépersonnalisation / déréalisation implique plusieurs dimensions qui ne sont pas fortement reliées chacune à l'autre. Pour reconfirmer le point déjà établi par l'étude de Sierra, une enquête par Internet postée par l'Organisation Nationale pour les Troubles Induits par les Drogues ('National Organisation for Drug-Induced Disorders', NODID en anglais) a considéré les réponses de 394 individus affectés.

Il a été demandé essentiellement aux personnes visitant le site du NODID, via *dpselfhelp.com*, de réaliser un auto-diagnostique via des questions prises du DSM-IV. L'enquête a utilisé le Cambridge Depersonalization Scale comme sa base pour le diagnostic.

L'analyse finale des réponses a indiqué la prévalence de cinq facteurs qui étaient, de manière prévisible, fortement en accord avec l'étude de Sierra. Le premier facteur, appelé « Insensibilité », décrivait l'émoussement des émotions aussi bien que la douleur et les besoins corporels comme la faim et la soif. Ce facteur est concourant avec plusieurs études neurobiologiques du trouble de la dépersonnalisation qui ont démontré des indices émotionnels et autonomiques émoussés, affirme le rapport. Le second facteur, appelé « Irréalité du Moi », capture l'expérience de détachement du corps physique, de l'esprit, des pensées et des actions. Ce facteur rappelle le plus la description courante de la dépersonnalisation du DSM. Le troisième facteur, appelé « Altérations perceptuelles », inclus les distorsions dans les perceptions visuelles, tactiles et de l'images du corps.

« Une augmentation des aberrations perceptuelles a été précédemment démontré dans le Trouble de la Dépersonnalisation et peut être reliées à une activation altérée du cerveau dans les zones corticales d'association sensorielle », annonce l'auteur de l'étude. (Nous examinerons les disconnections corticales dans le Chapitre 7.)

Le quatrième facteur appelé, « Irréalité de l'environnement » correspond à la description de la déréalisation du DSM-IV.

Le cinquième facteur, appelé « Désintégration temporelle », décrit une perturbation dans l'expérience subjective du temps. Les cinq facteurs dans cet échantillon substantiellement large sont assez similaires aux quatre facteurs de l'étude Anglaise qui l'a précédé. La principale différence est que le facteur appelé « Expérience anormale du corps » dans l'étude de Sierra semble avoir été coupé en deux composantes, « Irréalité du Moi » et « Altérations perceptuelles » dans cette étude. Cela peut en partie expliquer pourquoi, dans l'analyse de Sierra, « Expérience anormale du corps » constitue le plus large facteur, suivi par « Insensibilité émotionnel », alors que dans l'analyse de Simeon, « Insensibilité » était le plus large facteur, suivi par « Irréalité du Moi » et « Altérations perceptuelles ».

Bien sûr cette étude apparaît clairement avoir été influencée par celle antérieure. Une étude impliquait des patients TdD sur place et l'autres utilisait des enquêtes Internet. Alors qu'il peut commencer à sembler que les chercheurs coupent les cheveux en quatre, si non simplement se répètent eux-mêmes, le DSM-IV doit être révisé en 2012. Donc clarifier les symptômes maintenant peut mieux les définir pour l'ensemble des médecins qui utilisent le DSM comme leur première référence. Heureusement les résultats similaires de ces études contribueront, dans l'intérim, à une clarification qui aidera à diagnostiquer le TdD plus précisément. La question de savoir exactement où et comment le TdD doit être placé dans les manuels diagnostiques reste une question ouverte.

Désintégration temporelle

Ce terme, mentionné dans l'étude ci-dessus, semble inquiétant, mais il ne veut pas dire que vos lobes temporels se transforment en poussière. Plutôt, cela se réfère aux altérations de la perception du temps qui constituent une large partie de l'expérience de dépersonnalisation. Un récent article dans le *Journal of Trauma & Dissociation* écrit par Daphne Simeon et ses collègues[17], a porté un regard plus approfondi sur l'expérience du temps, qui est une composante essentielle pour un sens cohérent de soi. Cette étude, qui impliqua 52 personnes souffrant de Trouble de la Dépersonnalisation et 30 sujets de contrôles non cliniques (normaux), conclut que la désintégration temporelle chez les patients TdD n'est pas directement relié aux symptômes principaux du TdD lui-même, mais existe lorsque l'expérience de dépersonnalisation implique une « absorption » plus importante.

L'absorption, dans le jargon psychologique, signifie simplement une dévotion à l'action de quelqu'un ou à une activité seulement. Lorsqu'il est impossible d'avoir l'attention d'un enfant fasciné par l'écran de télévision, ou d'un adolescent perdu dans un jeu vidéo, ils sont absorbés dans cela, littéralement. La définition scientifique spécifique est la suivante : « l'utilisation du plein engagement de ressources perceptuelles, motrices, imaginatives et idéationnelles de quelqu'un pour une représentation unifiée d'un objet attentionnel. » Dans l'absorption psychiatrique, la conscience de l'individu est altérée d'une manière que tout, y compris le temps, peut être reconstruit dans un « monde fantaisiste ». En conséquence, les expériences personnelles ne sont plus ancrées dans le temps perçu de la même manière dont les autres personnes le font. L'individu peut revivre le passé comme la réalité, confondre les rêves ou des émissions de télévision avec la réalité, ou simplement regarder au loin dans l'espace. Des études ont généralement montré que l'absorption partage des liens avec l'hypnotisabilité, l'activité d'imagination, et les tendances fantaisistes, tous étant reliés à une propension dissociative. Cependant, une petite étude comparant l'absorption entre les personnes dépersonnalisées et les participants « normaux » ne reporta aucune différence significative dans les expériences absorptives en utilisant un outil de test appelé l'Echelle d'Absorption Tellegen ('Tellegen Absorption Scale' en anglais). Cela suggère que l'absorption joue peut-être un plus petit rôle dans la dépersonnalisation chronique que dans d'autres conditions dissociatives chroniques comme le Trouble Dissociatif de l'Identité ('Dissociative Identity Disorder', DID en anglais). Etant donné que l'absorption, mais non les scores de dépersonnalisation, était hautement prédictif des problématiques de perception du temps, Simeon et ses collègues suggèrent que l'absorption est le principal lien avec la désintégration temporelle dans le TdD. Le trouble de la Dépersonnalisation n'implique pas toujours une absorption élevée, écrit Simeon. Les personnes expérimentant la dépersonnalisation se sentent typiquement détachées et irréelles, mais leur conscience continue d'exister à l'intérieur d'une construction de temps normale. Bien qu'elles ne se sentent *pas normales,* elles peuvent encore être capable de s'ancrer elles même dans le présent. Par contraste avec le Trouble de la Dépersonnalisation chronique, des dépersonnalisations *transitoires* aigues, comme celles survenant dans les études dans lesquelles elles sont induites par le THC ou durant un trauma (dissociation péri traumatique), impliquent clairement une forte composante de désintégration temporelle. Cela peut être cette perturbation dans les process de l'attention, comme celles vues dans l'absorption, qui d'une une certaine manière agit comme le lien entre la dépersonnalisation transitoire et les distorsions temporelles.

Que peut-on dire du vide mental et des autres symptômes ?

Tous les symptômes que j'ai expérimenté alors que j'étais dans les Neuf Cercles, sentiments « d'absence de moi », « Creux », « Vide mental », excessive « auto-observation », ou même « conscience fractionnée » (c.à.d. les voix intérieures moqueuses), ne semblent pas être adéquatement traitées par les recherches qui se focalisent sur les 4 ou 5 symptômes principaux. Le sont-elles ou non ?

    Les gens ne se montrent pas au cabinet de leur psychiatre en disant : « je souffre d'expériences anormales corporelles. » Ils décrivent certaines sensations aussi bien qu'ils le peuvent à travers des métaphores, évoquant les états d'esprit décrits à travers ce livre. Mais ces symptômes, qui souvent défient l'interprétation, émergent apparemment comme des manifestations des symptômes principaux qui ont été identifié par les chercheurs qui ont investigué la dépersonnalisation de manière intensive. L'auto-observation aigue, par exemple, semble être intimement associée avec « les expériences corporelles anormales », selon Mauricio Sierra.

« Les patients la décrivent souvent comme une sorte de fracture de leur conscience subjective en deux esprits : une qui observe alors que l'autre agit machinalement » Sierra écrit.[18]

Le vide mental, la sensation effrayante d'une tête vide ne contenant aucune pensée du tout, est une plainte fréquente qui est suggestive d'un état d'absorption. « Une absorption aigue dans la dépersonnalisation va avoir probablement un caractère sur lui négatif et centré sur le moi, qui peut avoir l'effet de 'geler' l'esprit, rendant non disponibles les ressources attentionnelles et cognitives pour un engagement créatif et ouvert avec le monde, » selon Sierra.

Donc la synthèse des symptômes principaux qui a émergé des plus récentes recherches n'invalide pas les nombreuses observations subjectives et les conclusions faites par les contributeurs de la littérature TdD à travers les décennies. Cela ne diminue pas non plus l'importance de symptômes individuels qui peuvent sembler ne pas être reliés aux définitions clarifiées du trouble. Ce qu'elle fait est d'aiguiller les chercheurs et les cliniciens vers certaines voies spécifiques d'exploration dans l'espoir de trouver des traitements qui, pendant qu'ils traitent les facteurs principaux, parcourent aussi leurs nombreux affluents.

Discussion sur la classification

Un des aspects les plus troublant de la Dépersonnalisation est sa possible relation avec l'anxiété et les troubles paniques. Ce qui est supposé être un mécanisme de défense, distançant l'esprit de l'horreur, trahit son but et présente des propres sensations horribles qui lui sont propres.

Comme indiqué plus tôt, la Classification Internationale des Troubles Mentaux et de Comportement (*'International Classification of Mental and Behavioural Disorders'*, en anglais) dixième révision (ICD-10), place le TdD à l'intérieur de la catégorie des « Autre troubles neurotiques. » (F48.1). Ce listing contraste avec la plus récente édition du Manuel de diagnostic et statistique (*'Diagnostic and Statistical Manual'*, en anglais) (DSM-IV-TR) utilisé aux Etats Unis, qui place le TdD parmi les troubles dissociatifs comme classification (300.6).

Le Dr. Evelyn Hunter et ses collègues à l'Institut de Psychiatrie, Londres, pensent qu'il y a des preuves convaincantes pour lier le TdD aux troubles de l'anxiété, en particulier la panique. Ces preuves sont des arguments pour l'utilisation de thérapie cognito-comportementale comme traitement effectif modelé principalement sur ceux utilisés pour les troubles de l'anxiété. Nous regarderons ces traitements en détail au Chapitre 10.

Hunter suggère que « si les symptômes DP/DR sont mal interprétés et considérés comme indiquant une maladie mentale sévère ou un disfonctionnement du cerveau, un cercle vicieux d'augmentation de l'anxiété, et par conséquence d'augmentation des symptômes DP/DR, en résultera. »

Pour de nombreuses personnes, y compris plusieurs de celles qui ont relayé leurs histoires personnelles dans ce livre, la panique a été l'indésirable et inattendue introduction à la dépersonnalisation chronique dans laquelle l'anxiété n'est pas courante. Pour d'autres, la panique et / ou l'anxiété ne figurent pas dans leur expérience du tout.

Mais clairement, quelqu'un qui se sent détaché de son sens du moi antérieur, ou de son environnement, expérimente la dissociation. Et les arguments établissant le TdD comme un trouble dissociatif sont valides et fermement étayés. Si entendre une voix interne et moqueuse, comme mentionné dans le Dissociative Expériences Scale (DES), signifie que ma dépersonnalisation était dissociative, alors je pencherais personnellement vers cette désignation. Parce que j'ai expérimenté la panique et l'anxiété initialement, et de manière récurrente, je pencherais vers une catégorisation anxieuse également.

Alors qu'Hunter et ses collègues admettent que le détachement subjectif du monde externe et des processus mentaux intimes est dissociatif par nature, ils insistent aussi sur le fait que plusieurs des caractéristiques primaires des autres troubles dissociatifs, comme l'amnésie dissociative, la fugue, et le trouble d'identité dissociative ('Dissociative Identity disorder', DID en anglais), ne sont pas typiques de la dépersonnalisation. Par exemple, les personnes DP n'expérimentent typiquement pas des périodes significatives de perte de mémoire ou de changements d'identité. Bien qu'il puisse y avoir un sentiment de détachement du monde extérieur, il n'y a pas de perte de conscience délibérée du moi ou de l'environnement extérieur dans le TdD. Aussi, à la différence d'autres troubles dissociatifs où il y a typiquement un schéma d'alternance entre états non dissociatifs et dissociatifs, la dépersonnalisation, en tant que trouble à part entière plutôt qu'en tant que symptôme transitoire, est le plus souvent permanente, avec peu de fluctuation en sévérité. Finalement, alors que de récentes recherche ont trouvé que les abus émotionnels de l'enfance sont un prédicteur de TdD, ce n'est pas usuellement du dégrée extrême et du type d'abus mis en évidence dans les cas de trouble d'identité dissociatif.[19]

Dormir, Poursuite du rêve

Dans n'importe quelle discussion sur la dépersonnalisation, peu de métaphores émergent aussi fréquemment que celles relatives au sommeil. TdD est fréquemment décrit comme un état onirique duquel les patients mettent longtemps à se réveiller.

La vie elle-même peut sembler comme peu de chose de plus qu'un rêve. Et l'angoisse mentale ininterrompue que les patients expérimentent peut-être cauchemardesque au mieux.

De nombreuses choses que la plupart des personnes prennent pour acquises peuvent sembler assez étranges pour les personnes dépersonnalisées. Mais regardé objectivement, la notion de sommeil peut sembler plutôt bizarre pour quiconque y pense réellement. Imaginez que vous arriviez juste de Mars et que vous êtes en train d'observer les manières des êtres humains pour la première fois :

« Ces êtres, les humains, tombent dans une sorte de transe chaque jour, ferment leurs yeux et disparaissent mentalement du monde dans lequel ils vivent. A l'intérieur de leur tête ils entrent souvent dans d'autres univers, qui alors qu'ils sont purement imaginaires, sont devenus une grande partie des sujets de leurs prophéties, de leur interprétation d'eux même, et de manière poétique débattent quel état est en réalité vrai – celui dans lequel ils vivent le jour, ou celui dans leurs têtes la nuit. Curieux. »

Les humains ont peu de problème pour s'adapter à ces états de trances essentiellement nocturnes. Souvent, nous tombons juste dedans. Et donc les philosophes ont passé plus de temps à se préoccuper du problème des rêves versus la réalité.

Dans ses « Méditations », René Descartes se demandait s'il pouvait être réellement certain qu'il était réveillé. « Combien souvent, endormi la nuit, suis-je convaincu que je suis ici dans ma robe de chambre, assis près du feu alors qu'en réalité je suis allongé déshabillé dans le lit... Je vois pleinement qu'il n'y a jamais aucun signe sûr grâce auquel être éveillé puisse être distingué d'être endormi. »
Pourtant le sommeil lui-même a rarement été exploré dans les recherches reliées au Trouble de la Dépersonnalisation. Certaines personnes rapportent que la dépersonnalisation est

considérablement pire après la sieste. D'autres se sentent plus dépersonnalisé lorsqu'ils sont privés de sommeil.

A ce jour, les recherches sur le sommeil et les investigations TdD doivent encore se croiser. Les recherches incluant la privation de sommeil comme un traitement possible pour la dépression ont montré qu'environ 60 pourcents des sujets testés montrent un rétablissement immédiat. Le problème est que la plupart d'entre eux rechutent la nuit suivante. Bien que cela ne soit pas relié à la directement dépersonnalisation, cela laisse supposer quelques supports à l'idée théorique selon laquelle les patients dépersonnalisés ont besoin, d'une certaine manière, d'être « réveillés » de leur état semblable au rêve, plutôt qu'encore plus endormis par certains médicaments.

En 2007, une étude publiée dans le *Journal de Psychiatrie anormale* ('Journal of Abnormal Psychiatry[20]', en anglais) a établi ce qui pourrait s'avérer être la première étape vers des futures explorations de la relation entre le sommeil et le TdD Travaillant avec 25 étudiants hollandais sains (15 femmes et 10 hommes), le psychologue Timo Giesbrecht, de l'Université de Maastricht en Hollande et de l'école de Médecine du Mount Sinai (' Sinai School of Medicine en anglais) à New-York, a essayé de déterminer si le manque de sommeil pouvait provoquer de la dissociation chez ses sujets. Le résultat, un article intitulé « Acute Dissociation After One Night Of Sleep Loss » ('Dissociation aigue après une nuit de privation de sommeil' en français), a fourni la première preuve clinique, à travers une série d'échelles de dissociation et de tests de vigilance, que les symptômes dissociatifs s'intensifient en effet après une nuit de privation de sommeil.

« Nos résultats s'accordent parfaitement avec la notion selon laquelle les perturbations dans les rythmes circadiens (le cycle biologique normal de 24 heures) affectent la veille et l'éveil et ont des effets délétères sur le contrôle de la mémoire et de l'attention » conclut Giesbrecht. Ces perturbations dans les rythmes circadiens peuvent avoir quelque chose à faire avec les déficits attentionnels trouvés typiquement chez les patients présentant des troubles dissociatifs. Les études ont montré également que les symptômes de dissociation et de dépersonnalisation sont reliés à des niveaux plus bas de norépinephrine urinaire, un neurotransmetteur régulant l'éveil et la vigilance.

Une conséquence additionnelle des perturbations dans le cycle sommeil-éveil des individus scorant haut sur les échelles de dissociation peut être « l'intrusion de phénomènes liés au sommeil (i.e. les expériences oniriques) dans la conscience éveillée provoquant des sentiments de dépersonnalisation et de déréalisation » ajoute Giesbrecht.

Clairement, les mystères de la dépersonnalisation ont captivé les imaginations et motivé les efforts de nombreux chercheurs. Le temps nous dira où cela nous mènera finalement et ce qui restera dans les manuels de diagnostiques. De nouvelles études émergeront avec de nouvelles interprétations. Certaines d'entre elles peuvent, dans un sens philosophique, non pas questionner l'existence de la dépersonnalisation, mais la voir dans le contexte de comment exactement elle s'insérera dans un monde évoluant rapidement. Est-ce vraiment un trouble, ou un changement grandissant de la conscience humaine, destiné en temps voulu à nous consumer tous ?

Références

1. Ross, CA: Epidemiology of multiple personality disorder and dissociation. Psych Clin N Amer 1991; 14:503-517

2. Aderibigbe, Y.A., Bloch, R.M., & Walker, W.R. (2001). Prevalence of depersonalization and derealization experiences in a rural population. *Social Psychiatry and Psychiatric Epidemiology, 36,* p 63−69

3. Michal, M.,Wiltink, J.,Subic-Wrana, C., et al (2009) Prevalence, correlates and predictors of depersonalization experiences in the German general population. *Journal of Mental Disease*, in press.

4. Simeon, D., Abugel, J (2006) *Feeling Unreal: Depersonalization Disorder and the Loss of the Self.* NewYork: Oxford University Press. p 87

5. Ibid.

6. Sierra, M. (2009) Cambridge: Cambridge University Press. *Depersonalization: A New Look at a Neglected Syndrome,* p 54

7. Ibid.

8. Simeon D, Knutelska M, Nelson D, Guralnik O: Feeling unreal: a depersonalization disorder update of 117 cases. J Clin Psychiatry 2003;64:990

9. Baker, D, Hunter, E., Lawrence, E., et al (2003). Depersonalization disorder: clinical features of 204 cases. *British Journal of Psychiatry*, 182, 428-433.

10. no 5. p 88

11. Ibid.

12. Ibid.

13. Ibid. p 89

14. no.9

15. Sierra, M., Baker, D., Medford, N, David., A.S. (2005) Unpacking the depersonalization syndrome: and exploratory factor analysis on the Cambridge Depersonalization Scale. *Psychological Medicine*, **35**, 1523-1532 *Diagnosing DPD* 137

16. Simeon, D., Kozin, D.S., Segal, K., Lerch, Brenna, Dujour, R., Giesbrecht., T (2008). De-constructing depersonalization: further evidence for symptom clusters. *Psychiatry Research*, **157**, 303-306.

17. Simeon, D., Hwu, B.S., Knutelska, M., (2007). Temporal Disintegratiion in Depersonalization Disorder, *Journal of Trauma and Dissociation*, **8 (1)**, 11-24

18. Sierra, M. (2009). *Depersonalization: A New Look at a Neglected Syndrome.* Cambridge: Cambridge University Press, p. 143.

19. Hunter, E.C. , Phillips, M.L., Chalder, T., Sierra, M., David, A.S. (2003) Depersonalization disorder: a cognitive behavioral conceptualization. *Behaviour Research and Therapy*, **41**, 1451-1467.
20. Giesbrecht, Timo, et al. (2007) Journal of Abnormal Psychology, 116:**3**, p 599-606

7 – La biologie de la dépersonnalisation

A moins que quelqu'un te pourchasse dans la rue avec un couteau, il n'y a aucune raison de s'inquiéter.

—Edward Kay

Les mots *ci-dessus*, prononcés par mon compagnon de chambrée, semblent être essentiellement vrai, de nombreuses années après qu'il les a marmonné. Je n'ai jamais eu *l'impression* qu'ils soient vrais, mais il était si différent. Pourquoi était-il capable d'ingérer toutes les drogues illicites impunément (au moins jusqu'à ce moment), alors que je pleurais sous ma couverture dans ma couchette, dévoré par des peurs sans nom et sans explication ?

Les réponses étaient presqu'impossible à trouver alors, et elles sont tout sauf simples aujourd'hui. Mais lors des dernières décennies, la connaissance du corps humain s'est accrue exponentiellement, et continue de le faire.

Je ne sais pas ce qui est arrivé à Ed. Je ne pense pas qu'il ait pu continuer ses excès indéfiniment. Son attitude insouciante et son immunité apparente à la peur et à l'inquiétude a bien pu continuer tout le long de sa vie. La raison en est la même que la raison pour laquelle ses yeux sont marrons et les miens sont bleus – la génétique. Alors que nous examinons le fonctionnement possible de la dépersonnalisation et des autres états mentaux, le simple fait que des personnes soient génétiquement programmées différemment ne peut pas être écarté. Les choses logées dans nos gènes peuvent être surmontées, mais non niées. L'attitude insouciante d'Ed et mon angoisse perpétuelle ont toutes les deux commencées à se développer de leurs propres manières dans le confort de l'utérus.

Pour comprendre les nombreux systèmes probablement impliqués dans le TdD, et parce que la dépersonnalisation est si souvent une forme de désincarnation (comme si mon cerveau était séparé de mon corps), il est important de regarder l'unité esprit-corps comme une unité intégrée. C'est, après tout, exactement cela. En dépit de l'ancien concept du corps comme le temple de l'esprit, un peu comme un génie vivant dans sa lampe, le cerveau vit une relation symbiotique avec le reste du corps. La dissociation est une perturbation sévère du sens normal de l'intégration à laquelle la plupart des gens ne pensent jamais. Renforcer l'idée d'un esprit et d'un corps comme une entité cohérente peut être un premier pas vers la réintégration mentale.

FIGURE 1 : VOTRE CERVEAU

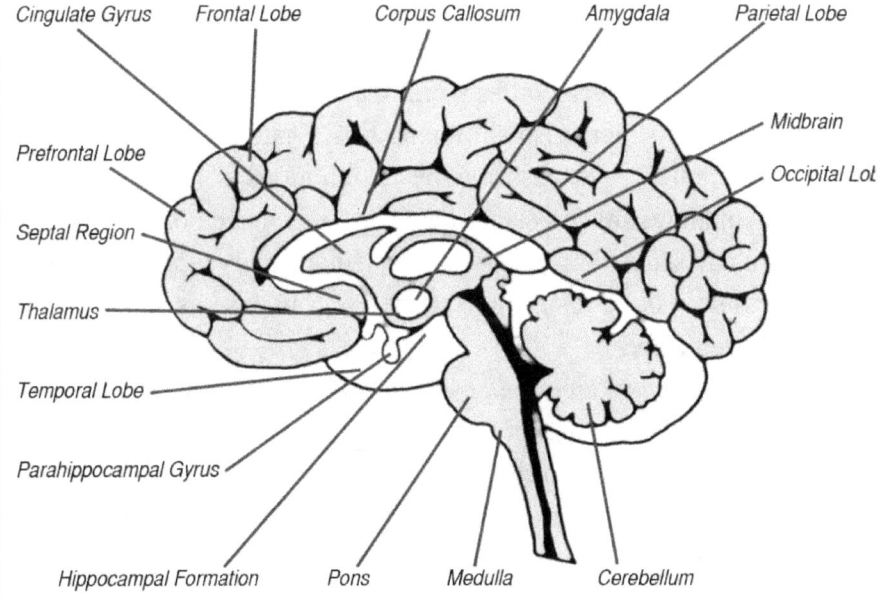

Tous les dessins par Steven Doss

Votre corps, votre esprit

« L'esprit est son propre lieu » est une observation des plus mémorables du poète John Milton. Et, comme il le note, il peut certainement être un enfer au paradis ou un paradis en enfer. L'esprit est une chose. Quelque chose que seul l'individu connait vraiment. Mais le cerveau et le corps ne sont plus perçus par les personnes éduquées comme deux entités séparées. L'esprit peut être son propre lieu, mais il est logé dans un appartement qui nécessite un loyer et des interactions avec ses voisins, qu'il l'aime ou non.

L'être humain ne peut pas fonctionner correctement à moins que toutes les composantes mentales et physiques soient synchronisées. La dépersonnalisation ne sépare pas votre esprit et votre corps – Elle créée l'illusion qu'ils sont quelque part séparés, et il y a des raisons biologiques à cet état de fait.

Quand est-ce la dernière fois que votre cœur a été brisé, ou que vous avez eu des papillons dans l'estomac, ou que vous avait été si terrorisé qu'un frisson a parcouru votre colonne vertébrale ? Ces expressions et émotions sont plus que des métaphores inventées par des gens anciens ne possédant pas de connaissances sur le cerveau. Lorsque le cerveau ressent, ou ne ressent pas, le reste du système cerveau / corps fonctionne en conséquence.

Le système gastro-intestinal, par exemple, possède son propre système nerveux, un esprit à part si on peut dire, appelé le Système Nerveux Entérique (SNE). Le SNE peut opérer en l'absence complète d'entrées venant du cerveau ou même de la moelle épinière. Cet énorme système qui contient des millions de cellules nerveuses fait plus que réguler des enzymes et de gérer de la nourriture. C'est aussi une usine chimique efficace qui créé la plupart des neurotransmetteurs circulant dans le cerveau (95% des neurotransmetteurs bien connus de sérotonine sont fabriqués dans l'intestin avant de monter dans le cerveau).

Un sentiment ressenti dans les « tripes » est plus qu'une figure de style. Le syndrome d'intestin irritable, enduré par des millions d'américains, est corrélé avec un niveau bas de sérotonine, comme la dépression. La médecine reconnait maintenant que les nombreux troubles de l'intestin impliquent des changements dans le Système Nerveux Autonome, qui régule les fonctions basiques du corps comme la respiration, la digestion et la circulation sanguine.

Pendant des milliers d'années, des récits de problèmes spécifiques du cœur, de l'intestin, de la tête et d'autres parties du corps, ainsi que des traitements pour ces affections ont été documenté dans de multiples textes. Des expériences de dépersonnalisation ont aussi été décrits, mais souvent interprétées différemment suivant le contexte spirituel ou culturel. Il est heureux, cependant, que les nombreuses descriptions de ce que nous savons être le Trouble de la Dépersonnalisation soient restées consistantes dans la littérature du siècle passée. En 2001, Mauricio Serra et German E. Berrios ont analysé avec soin 200 cas de dépersonnalisation dans la littérature médicale depuis 1898, les divisant entre avant et après la 2nde guerre mondiale. Ce qu'ils constatèrent fut que « la phénoménologie de la dépersonnalisation est restée stable sur les cent dernières années [1]». Cela nous dit que nous n'avons pas affaire au dernier trouble à la mode, ni que le TdD ('DPD' en anglais) est le dernier acronyme sorti des « rapports de santé ». Cela aide à confirmer la viabilité du Trouble de la Dépersonnalisation en tant que syndrome ancré dans l'organisme consistant et singulier, en dépit des vastes changements de culture et de société.

Les chemins de l'émotion

La dépersonnalisation est souvent décrite comme « penser sans sentiments ». Le manque d'émotions devient synonyme de la perte de son moi authentique.

« Ressentir soi-même est la base de la conscience et précède les plus hautes pensées » note le chercheur sur les émotions Michael Jawer. « Cette affirmation est contraire à ce que de nombreux êtres humains (en particulier ceux présentant un penchant intellectuel) préfèrent croire sur eux même, mais elle devient généralement acceptée. »

« Lorsque les impulsions nerveuses, déclenchées par des mouvements du corps, atteignent les centres [du cerveau inférieur], une personne devient consciente des sentiments. Les impulsions ne s'arrêtent pas à ces centres inférieurs, cependant, mais passent dans les hémisphères cérébraux, où la formation d'images et la pensée symbolique ont lieux.[2] ».

Comme souligné par Mauricio Sierra, certaines personnes attribuent aisément des « sentiments d'irréalité » à un manque de sentiments émotionnels qui normalement colorent les perceptions, y compris de notre propre corps. « L'idée que le 'sentiment de réalité' puisse être défini par les sentiments émotionnels a été suggéré précédemment dans la littérature [3]» dit Sierra, citant des recherches des années 1920 qui annonçaient, en partie : « Le sentiment de réalité attaché à n'importe quelle idée est proportionnelle à notre intérêt émotionnel dans celle-ci. » Par exemple des patients souffrant de dépersonnalisation se plaignent souvent que leurs souvenirs ne leur sont pas réellement arrivés. Pour beaucoup d'entre eux, la mémoire autobiographique retient les aspects factuels mais semble dépourvue du sentiment distinct qui accompagne l'acte de se souvenir.[4]

'idée est que le « sentiment émotionnel » est une expérience centrale, plutôt que juste une réaction à une expérience, a été négligé en neuropsychologie, pense Sierra. Il est probable, cependant, qu'en plus d'un circuit de l'information menant à une reconnaissance intellectuelle, il y a un circuit parallèle en charge d'assigner une signification émotionnelle à ce qui est perçu. Certaines données suggèrent que ces deux fonctions parallèles se déroulent avant la conscience,[5] ce qui pourrait expliquer pourquoi, lorsque la perception devient consciente, elle est déjà « teintée d'émotion ».[6]

Des recherches récentes dans la nature de la réponse émotionnelle ont souvent utilisé une méthode similaire à celle des détecteurs de mensonges. Des techniciens peuvent mesurer une réaction émotionnelle primaire à un visuel ou à d'autres stimuli en observant à quel point le sujet sue. Cela est réalisé avec de simples électrodes qui mesurent la Réponse Galvanique Cutanée ('Galvanic Skin Response', GSR en anglais) aussi connue sous le nom de résistance de la peau. Dans de tels tests, des objets inanimés ne produisent en général rien. Mais des choses provoquant de la peur, une menace, ou une autre émotion, comme voir l'image familière de sa mère, provoquent des changements concrets dans la peau.

Les personnes présentant le trouble appelé *prosopagnosie* sont incapables de reconnaître consciemment des images de proches, mais montrent tout de même des preuves de reconnaissance émotionnelle *implicite* lorsque leurs réponses autonomes sont mesurées.[7]

En conséquence, « les preuves neuropsychologiques sont compatibles avec l'idée selon laquelle les composantes cognitives et émotionnelles de la perception sont indépendantes l'une de l'autre, » [8]annonce Sierra.

D'un autre côté, une impossibilité de présenter des réponses autonomes tout en étant capable de reconnaître des images de proches a été démontré chez les patients présentant le *Syndrome de Capgras*.[9]

La relation possible entre les problèmes observés dans ces troubles et la dépersonnalisation a été souligné par V.S Ramachandran, docteurs en médecine et en philosophie, auteur de certaines recherches sur le syndrome de Capgras.

En discutant de ce qu'il appelait le *délire de Capgras*, Ramachandran fait référence à un cas où le patient ayant une blessure à la tête provenant d'un accident de voiture se révéla neurologiquement intact, mais soudainement commença à percevoir sa mère comme une imposteur.

Chez ce patient, selon Ramachandran, le « fil » qui va des aires visuelles au cœur émotionnel du cerveau – le système limbique et l'amygdale - a été coupé par la blessure. L'aire visuelle dans le cerveau concernée par la reconnaissance faciale n'a pas été endommagé, mais il n'y avait pas d'émotions car le fil qui transfère cette information vers les centres émotionnels est endommagé.

« Si c'est ma mère, comment cela se fait que je n'ai aucune émotion ? » demanda le patient. Il était difficile de reconnaître visuellement la femme sans expérimenter aucun des sentiments qui accompagnaient sa vision tout au long de sa vie.

Afin de tester l'affirmation du patient, Ramachandran avait mesuré les changements dans la résistance cutanée du patient et le résultat a été complètement plat, « supportant l'idée qu'il y avait eu certaines déconnections entre la vision et l'émotion ».

Ramachandran cite un autre syndrome qu'il considère plus étrange même que celui de Capgras – *Le syndrome de Cotard*, dans lequel le patient soutient qu'il est mort :

« Je suggère que c'est un peu comme celui de Capgras excepté que plutôt que d'avoir la vision seule qui est déconnectée des centres émotionnels dans le cerveau, tous les sens, tout, devient déconnectés des centres émotionnels. Rien de ce qu'il regarde dans le monde ne fait sens, n'a de signification émotionnelle, qu'il le voit ou qu'il le touche ou qu'il le regarde. Rien n'a d'impact émotionnel. Et la seule manière dont ce patient peut interpréter cette désolation émotionnelle complète est de dire, 'Je suis mort, docteur'. Quelque bizarre que cela puisse paraître, c'est la seule interprétation qui fait sens pour lui. »

Les syndromes de Capgras et de Cotard sont tous deux des syndromes rares. Mais Ramachandran pense que la dépersonnalisation, qu'il appelle une sorte de « mini Cotards » implique les mêmes circuits. La dépersonnalisation est « plus communément vue dans la pratique clinique … dans l'anxiété aigue, l'attaque de panique, la dépression et d'autres états dissociatifs. Soudainement le monde semble complètement irréel – comme un rêve. Ou vous pouvez avoir l'impression que vous n'êtes pas réel. Docteur, je me sens comme un zombie. Pourquoi cela arrive-t-il ?"

Ramachandran suggère que la déréalisation, la dépersonnalisation et d'autres états dissociatifs sont comparables à « jouer à l'opossum » dans la réalité émotionnelle. L'opossum, lorsqu'il est chassé par un prédateur, soudainement perd tout tonus musculaire et fait le mort. Chaque mouvement encourage le comportement prédateur du carnivore qui ne touchera pas à de la viande morte. Et donc jouer le mort est très adaptatif pour l'opossum.

Les soldats dans les batailles et les femmes qui sont violées quelque fois deviennent détachées de leur environnement comme s'ils regardaient tout cela arrivait. C'est de la pure, classique dissociation. Durant de tels urgences extrêmes, le cortex cingulaire antérieur, une partie des lobes frontaux, devient extrêmement actif. Cela inhibe ou arrête votre amygdale et les autres centres émotionnels limbiques, et donc vous supprimez des émotions potentiellement déstabilisatrices comme l'anxiété et la peur – temporairement. Mais en même temps, le cingulaire antérieur vous rend extrêmement alerte et vigilant pour que vous puissiez prendre une action appropriée.

Dans des situations traumatiques, cette combinaison de coupure émotionnelles et d'hyper vigilance dans le même moment est utile. Elle vous écarte du danger. Il vaut mieux être comme un opossum et ne rien faire que de s'engager dans une sorte de comportement erratique. « Mais que se passe-t-il si le même mécanisme est accidentellement déclenché par des déséquilibres chimiques ou des maladies du cerveau, alors qu'il n'y a pas d'urgence ? » demande Ramachandran. « Vous regardez le monde, et vous êtes intensément en alerte et hyper vigilant, mais cet état est complètement dépourvu de signification émotionnelle car vous avez stoppé votre système limbique. Et il n'y a que deux manières pour vous d'interpréter ce dilemme. Soit vous dites que le monde n'est pas réel – Déréalisation. Ou vous dites, *Je ne suis* pas réel, Je me sens vide – Dépersonnalisation. »[10]

Les patients dépersonnalisés semblent expérimenter une version similaire, non délirante de Capgras, a dit Mauricio Sierra. En fait, une haute prévalence de dépersonnalisation chez les patients présentant le syndrome de Capgras ou la paramnésie réduplicative (dans laquelle les personnes croient qu'un endroit a été physiquement dupliqué) a amené à la suggestion que les états délirants sont en fait une élaboration des expériences de dépersonnalisation.[11]

Sentiment et Connexions

La dépersonnalisation inclut un manque d'émotions, de stress, de peurs, un sentiment d'être vide, de vide mental, et les changements physiologiques internes qui accompagnent ceux-ci et les autres sensations. Le TdD est un maitre du déguisement. Ses symptômes sont si variés, ses comorbidités si étendues, ses actions si contradictoires, sa persistance si consistante qu'il n'est pas étonnant qu'elle soit si souvent mal diagnostiquée.

Certain des observateurs du début du 20ème siècle, comme Mayer-Gross, ont proposé ce qui est largement pensé aujourd'hui, c'est-à-dire que la dépersonnalisation est une partie d'un mécanisme biologique « câblé en dur » - un mécanisme du corps qui est apparu quelque part le long du chemin évolutionniste comme une partie de la réponse à des situations de danger mortel.[12] L'existence des réponses de dissociation chez les différents animaux comme ceux qui s'immobilisent face à une destruction imminente (comme l'opossum) procure des preuves de cette sorte de système dans la nature chaque jour. Mais le mécanisme chez les humains est probablement ce que Mauricio Sierra voit comme une réponse du cerveau « ancestrale » - comme un appendice, il existe encore mais a depuis longtemps outrepassé son but.

Sir Martin Roth a interprété les occurrences fréquentes de la dépersonnalisation dans les états anxieux comme une réponse protective du cerveau modelée par l'évolution, dans laquelle « un état d'excitation accrue et de dissociation des émotions servaient comme un mécanisme adaptatif augmentant les chances de survie face à un danger aigu ». [13]L'autre preuve en faveur d'un mécanisme biologique « câblé en dur » est le fait que les expériences de dépersonnalisation vont souvent main dans la main avec l'épilepsie du lobe temporel ('Temporal Lobe Epilepsy', TLE en anglais).

Maintenant regardons les fonctionnements internes des choses mêmes qui nous rendent humaines. Le « Je pense donc je suis » de Descartes s'est avéré non seulement comme désuet, mais aussi comme une verbalisation du *penser sans émotions*, la chose même qui peut rendre la dépersonnalisation si perturbante. Pour l'animal humain, la vie doit être colorée par les émotions, la mémoire, et l'humeur, mise en évidence **par la familiarité. Penser seul ne rend pas justice à l'expérience humaine.**

Le Cerveau et Ses Tâches

Comme d'autres organes, le cerveau fonctionne différemment sous différentes conditions. Les processus corporels basiques incluant la respiration, la circulation sanguine, les battements de cœur, la digestion, les activités glandulaires, et plus encore sont contrôlés par le Système Nerveux Autonome ('Autonomic Nervous System' en anglais). Le SNA inclus deux branches – le système nerveux parasympathique qui travaille lorsque le corps est au repos, et le système nerveux sympathique qui accélère les processus du corps lorsque nécessaire. Si des menaces surgissent, la branche sympathique se mobilise pour se confronter à la situation à travers l'influence de ses nerfs directement sur les glandes surrénales. Les pupilles dans vos yeux se dilatent, la pression sanguine augmente, et plus d'oxygène est délivré. En même temps, des taches prises en charge par la branche parasympathique – des choses moins essentielles comme la digestion, l'excitation sexuelle, et la constriction des pupilles, sont entravées. Lorsque la menace est terminée, la branche parasympathique reprend ses devoirs. Ces deux branches ne travaillent pas en même temps – l'une ou l'autre assure le travail. Il est intéressant que à sa manière, le système sympathique agit comme s'il *sympathisait* avec votre détresse. Cependant, il s'est aussi montré être moins sympathique, à travers son hyperactivité chez les personnes ayant des troubles de l'anxiété.

Pendant des décennies, les médias ont fait des références aux sensibilités du cerveau gauche ou droit. Les informations sensorielles entrantes vont toujours vers le côté opposé, et donc la main droite envoie des informations à l'hémisphère gauche ; la main gauche les envoie vers l'hémisphère droit. L'analyse, la logique et le langage résident dans l'hémisphère gauche. La reconnaissance faciale, l'appréciation de la musique, et les attitudes holistiques sont logées dans le droit. Les deux hémisphères sont séparés par, et communiquent à travers, un mince banc de cellules nerveuses appelé le corps calleux. Un hémisphère peut être dominant chez un individu, mais tout le monde utilise les deux.

Le cerveau humain n'a pas toujours ressemblé, ou fonctionné, comme il est aujourd'hui. Les structures les plus profondes à son intérieur sont les plus anciennes. Le néocortex, qui réside à la surface, enveloppant et connectant les structures intérieures, s'est développé beaucoup plus récemment. Une partie du cortex est le cortex sensoriel qui est responsable de la réception des informations sensorielles qui viennent des organes sensoriels et de leur déchiffrage en des termes dont nous somme familier – des choses que nous connaissons déjà de notre expérience passée – un gout, un visage, un toucher, etc. Cette information est transmise et traitée via un réseau de cellules du cerveau interagissant entre elles appelées neurones. Les neurones communiquent entre elles via des substances variées qui ensemble sont connues sous le nom de neurotransmetteurs.

L'entrée sensorielle, comme la visuelle (la vue), l'auditive (l'audition), l'olfactive (l'odeur), ou la somatosensorielle (le toucher), est traitée en premier dans les zones sensorielles les plus simples du cortex appelées les cortex sensoriels primaires. Les zones spécifiques du cortex à travers le cerveau reçoivent l'information sensorielle et la relaient alors à la zone corticale sensorielle plus complexe connue sous le nom de cortex associatif unimodale ou secondaire ('secondary unimodal association areas' en anglais). Ainsi les objets perçus nouvellement sont comparés à des modèles préexistants dans des zones variées du cortex. Des modèles appropriés existent pour la vision, l'odeur, le son, le gout et le toucher.

Le cortex associatif multimodal ('polymodal sensory association areas' en anglais) du cerveau intègre toutes les entrées sensorielles venant de ces modalités sensorielles variées. Une de ces tels zones d'association est connue sous le nom de lobule pariétal inférieur, une portion du lobe pariétal composée des gyrus supramarginal et angulaire, stratégiquement située à la jonction du lobe pariétal et des lobes temporal et occipital. (Figure 1.) De manière importante, cette zone du cerveau est aussi critique pour quelque chose d'autre – notre capacité à avoir un schéma corporel bien intégré, c'est-à-dire, un sens du Moi physique intact et unifié.[14]

Les zones d'association sensorielle du cortex sont connectées au cortex préfrontal, qui nous permet d'avoir des pensées sur ce que nous percevons, en se rappelant des perceptions similaires du passé, en les mettant en contexte, et en réagissant en conséquence.

Nos réactions à ce que nous percevons dépendent d'un système mentionné brièvement plus tôt, et un des plus anciens systèmes dans le cerveau – le système limbique. (Figure 2.) Il inclut l'insula, l'hippocampe, et une paire de petite structure bilatérale avec un nom sorti tout droit d'un film de Vincent Price – l'amygdale.

Des recherches neuroscientifiques récentes nous disent que la formation initiale des mémoires émotionnelles implique l'activation de deux petites amygdales de forme similaire à une amande enfouies profondément dans les lobes temporaux. L'amygdale (collectivement connue comme amygdalae) joue un rôle central dans une variété de processus émotionnels gérés instinctivement comme la réponse conditionnée à la peur. (Un exemple de cela est lorsqu'un rat de laboratoire réponds immédiatement à un son seulement parce qu'il a été associé à un petit choc électrique dans le passé.) L'amygdale est aussi impliquée dans la lecture automatique des expressions émotionnelles faciales, et la formation de mémoires émotionnelles explicites.

Le systéme limbique

L'amygdale est une partie importante du circuit de la peur. Nombre de troubles anxieux chez les humains, comme les phobies sociales, le trouble panique, les phobies spécifiques et le Trouble de Stress Posttraumatique, tous caractérisés par un sentiment élevé de peur, semblent être corrélés avec l'hyperactivation de l'amygdale lorsqu'une personne est présentée face à des stimuli menaçants du trouble spécifique.[15]

FIGURE 2 : LE SYSTÉME LIMBIQUE

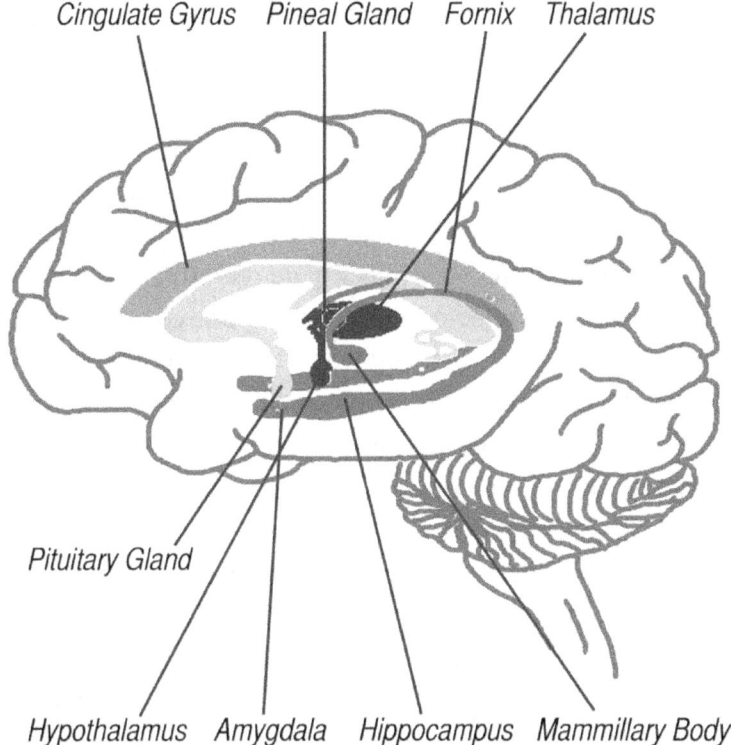

Cingulate Gyrus   Pineal Gland   Fornix   Thalamus

Pituitary Gland

Hypothalamus   Amygdala   Hippocampus   Mammillary Body

En examinant les circuits de traitement de la peur, le neuroscientifique Joseph Ledoux a découvert que deux des douzaines ou plus de divisions distinctes de l'amygdale sont particulièrement importantes. La stimulation du noyau central engendre une grande partie des expressions de peur conditionnée : l'augmentation des battements du cœur, « l'immobilisation » sur place, et ainsi de suite. Une deuxième zone, le noyau latéral, fonctionne comme une station réceptrice des informations venant du cortex et du thalamus, les deux principaux conduits à l'intérieur du cerveau pour les informations venant du monde extérieur. « En conséquence l'amygdale est capable de monitorer le monde extérieur pour traiter le danger » écrit LeDoux. « Si le noyau latéral détecte le danger, cela active le noyau central qui initie l'expression des réponses et changements comportementaux dans la physiologie qui caractérisent les états de peur. »

La peur active l'amygdale pour stimuler l'hypothalamus, menant au relâchement d'hormones et autres produits chimiques. Puisque cela active aussi l'hippocampe et d'autres zones corticales impliquées dans la mémoire, le résultat est une mémoire plus forte et plus durable de la situation dangereuse.

De manière intéressante, LeDoux a découvert que l'amygdale utilise une voie plus rapide ou « route basse » pour la réponse conditionnée à la peur – un petit chemin direct du thalamus à l'amygdale. Un animal de laboratoire entend un son lourd et s'immobilise en raison de ce chemin. Un second chemin, une route haute du thalamus vers le cortex et puis vers l'amygdale permet au cortex d'avoir un temps supplémentaire pour arriver à une explication pour ce son.

La route basse procure ce que LeDoux appelle une réponse « rapide et sale » qui peut sauver votre vie lorsque vous être menacé. Vous sautez hors du chemin d'un bus arrivant grâce à cette route. Alors, quelques secondes plus tard, la route haute donne l'explication et l'analyse de ce qui est arrivé.

L'insula

Une autre structure importante du système limbique est l'insula, qui est responsable de l'enregistrement des sensations corporelles internes, la température et la douleur.

L'insula est une portion du cortex cérébral repliée profondément à l'intérieur d'une fissure entre le lobe temporal et le lobe frontal. Elle est divisée en deux parties : la plus grande insula antérieure et la plus petite insula postérieure. Elles jouent un rôle dans diverses fonctions incluant la perception, le contrôle moteur, la connaissance de soi, le fonctionnement cognitif et l'expérience interpersonnelle.

Des recherches aussi récentes qu'en 2001 ont identifié l'insula antérieure comme étant une région corticale cruciale nécessaire pour l'expérience des sentiments émotionnels. De tels résultats sont à mettre en relation avec l'activation réduite de l'insula trouvée chez les patients présentant un Trouble de la Dépersonnalisation.[16]

Selon Mauricio Sierra, l'insula semble être bien placée pour intégrer les signaux venant d'une variété de sources. Elle reçoit des entrées viscérales, somatosensorielles, visuelles, auditives et gustatives et a des connections réciproques extensives avec l'amygdale, l'hypothalamus, le gyrus cingulaire et le cortex orbitofrontal. Les patients souffrant de ce qui est connu comme l'hypotension orthostatique idiopathique ('Pure Autonomic failure', PAF pour les anglosaxons), incapable de générer des réponses autonomes, ont aussi des problèmes pour expérimenter des sentiments conscients, incluant l'empathie.[17]

Des tests par Imagerie Fonctionnelle par Résonance Magnétique ('Functional Magnetic Resonance Imaging', fMRI en anglais) ont aussi montré que la capacité à expérimenter des sentiments en réponse à une image chargée émotionnellement est reliée directement à l'activité dans l'insula antérieure.

En fait, l'activation de l'insula antérieure apparait être reliée à une large variété de sentiments émotionnels comme le dégout, la tristesse, la peur, les expériences de récompense, la catégorisation des expressions émotionnelles faciales, la fringale et les états de faim et de satiété. Donc de nombreuses activités suggère que l'insula antérieure est impliquée dans la génération d'émotions en général, plutôt que des sentiments spécifiques, suggère Sierra.

On pense aussi que l'insula antérieure est la zone associée avec l'aspect agréable et désagréable des odeurs. L'odeur est certainement un des sens le plus vieux et le plus important. Le « cerveau olfactif » appelé le lobe olfactif, s'est développé en tandem avec le tronc cérébral dans l'évolution précoce et a rempli le but vital de déterminer ce qui était sûr à manger ou ce qui était à éviter, aussi bien que de détecter les odeurs d'ennemis possibles approchant.

Michael Jawer note que l'insula antérieur est aussi impliquée avec nos « plus hautes et plus chères process de pensées – les croyances. » Spécifiquement, dit Jawer, la recherche suggère que les fausses assertions, comme 'la torture est bonne', déclenchent l'activation de l'insula antérieure … Donc lorsqu'une personne réagit à une déclaration en disant, 'cela me semble sûrement louche' ('That sure smells fishy to me', en anglais, littéralement 'Cela sent assurément comme du poisson pour moi'), quelque chose de plus qu'une métaphore est peut-être à l'œuvre. »[18]

De nombreuses personnes ayant le Trouble de la Dépersonnalisation rapportent un sens diminué de l'odeur comme un de leur symptômes. Il est intéressant que certains des chercheurs les plus anciens, comme Krishaber, l'expert Victorien de l'œil, du nez et de la gorge mentionné au Chapitre 3, ont interprété la dépersonnalisation comme un disfonctionnement probable des sens eux même.

L'odeur déclenche les mémoires. Une partie de l'expérience humaine consiste à avoir un souvenir soudain, engendré par de nouvelles informations venant à travers les sens. L'arôme du poulet fris m'amène aux étés dans l'Alabama à la maison de ma grand-mère. Certaines fleurs le printemps évoquent les mémoires de personnes et d'endroits du passé. L'huile de moteur sur une machine brulante me rappelle le vieux MG 1 que j'ai conduit adolescent. Enlevez ces odeurs et les mémoires semblent disparaître avec elles. L'insula antérieur avec le rôle qu'elle tient vis-à-vis de l'odeur semble être pleinement reliée à nos sentiments personnels de nostalgie.

L'insula postérieure et les sentiments d'« incarnation »

Des études de neuroimageries ont aussi identifié un réseau de régions pariétales qui semble jouer un rôle important dans la génération des sentiments d'incarnation et de contrôle : le cortex pariétal inférieur, la jonction temporo-pariétale, et l'insula postérieure. Une étude préalable de Tomographie par Emission de Positron ('Positron Emission Tomography', PET scan) de patients TdD a montré une activation accrue anormale du gyrus angulaire du lobe pariétal droit. Ce résultat était particulièrement important car cela montrait aussi une « haute corrélation positive entre l'activation pariétale et les sentiments subjectifs de dépersonnalisation » [19](De manière intéressante, cette petite zone est quelque fois appelée la zone d'Einstein – dédiée aux pensées métaphoriques et abstraites.)

Les patients expérimentant un manque de contrôle (sensations concernant le mouvement), ou la sensation que les mouvements sont contrôlés par quelque chose en dehors d'eux même, ont montré une activation accrue dans le gyrus angulaire. Des expériences subjectives similaires sont souvent rapportées par des patients dépersonnalisés. Les chercheurs pensent actuellement que le gyrus angulaire droit calcule les écarts entre l'action envisagée et le mouvement expérimenté ensuite. [20] [21]Mauricio Sierrra suggère que la probabilité que l'observation de mouvements qui ne semblent pas émaner de son Moi provoque une « réponse d'orientation attentionnelle » similaire à celle provoquée par des évènements imprévus.

En plus du gyrus angulaire, l'insula postérieure semble jouer une part importante en intégrant les signaux d'entrées reliés à la conscience de soi. Une diminution de l'activité dans cette région correspond à une diminution du sentiment de contrôle du mouvement. Les personnes ayant une activation de l'insula minimale rapportent de telle absence remarquable de sentiments de contrôle qui, lorsqu'elles se déplacent, leur donnent le sentiment qu'elles sont en train de voir les mouvements d'une autre personne. Aussi, des études sur des victimes d'AVC ont montré que des lésions de l'insula postérieure droit sont corrélées à un manque de sentiments de possession concernant l'existence ou l'activité de leur membres gauches. [22]

Ces études se sont focalisées sur les soubassements neurobiologiques d'un des aspects de la TdD – les sentiments de contrôle (être en contrôle de ses actions). Elles indiquent qu'alors que l'activation de l'insula postérieure est corrélée avec le dégrée d'attribution à soi-même du mouvement, le gyrus angulaire dans le cortex pariétal inférieur montre le schéma opposé, et donc que plus le sentiment de contrôle est faible, plus l'activité dans le lobe pariétal inférieur [23] droit est grande. Il a été montré qu'une autre région pariétale relative et partiellement en chevauchement, la jonction temporo-pariétale, joue un rôle important dans l'expérience d'incarnation. Des problèmes dans cette zone, et également sa stimulation électrique, peuvent en fait générer des expériences hors du corps.[24]

L'hippocampe

Une autre partie importante du système limbique est l'hippocampe. L'hippocampe est le siège des mémoires autobiographiques – toutes les mémoires qui composent l'histoire de nos vies – logées suivant le contexte du temps, de l'endroit et des détails de ce qui est arrivé. L'encodage, le stockage et la récupération des mémoires personnelles est un processus hautement complexe impliquant l'hippocampe aussi bien que d'autres réseaux corticaux étendus. Daphne Simeon a noté la croyance parmi certains neuroscientifiques selon laquelle la mémoire autobiographique ne pouvait pas être récupérée si un « noyau » précoce de la mémoire n'était pas activé dans l'hippocampe, qui sert en tant qu'épicentre du réseau de mémoire distribué dans le cerveau. « Bien sûr aucune mémoire autobiographique ne peut être récupérée si elle n'a pas été encodé en premier lieu », dit le Dr Simeon. « Mais il apparait que les difficultés de mémoire expérimentées dans la dépersonnalisation sont plus reliées à des échecs de cet encodage initial de la mémoire. Cela la rend différente des autres conditions dissociatives comme l'amnésie, ou le problème réside plus dans une compartimentalisation dépendante de l'état émotionnel de la mémoire et en conséquence de difficultés dans sa récupération consciente. »[25]

Aussi, de plus petits hippocampes ont été trouvé chez des individus souffrant d'une variété de conditions psychiatriques associées à un stress chronique, comme la dépression et le trouble de stress posttraumatique (TSPT). Le stress apparait avoir un effet toxique sur l'hippocampe.

Sensation sans mémoire

Comme dit plus tôt, l'amygdale et l'hippocampe sont deux très importantes structures subcorticales dans le cerveau. L'amygdale est cruciale pour le traitement initial de la peur et d'autres émotions avant qu'elles ne soient traitées à un niveau supérieur par le cortex. L'amygdale est le siège de la mémoire émotionnelle aussi bien que la source de notre réponse immédiate de type se battre ou s'enfuir. Le but de l'hippocampe est la consolidation de l'information et la retenue des mémoires autobiographiques. Ces deux structures du cerveau opèrent assez indépendamment l'une de l'autre, résultant en la formation de deux types différents de mémoires.

Joseph LeDoux suggère que la connaissance qu'un incident particulier était terrifiant est une mémoire déclarative sur une expérience émotionnelle, arbitrée par l'hippocampe et ses connections. Par contraste, la réponse émotionnelle intense évoquée durant l'évènement (et parfois durant son souvenir plus tard) active le système de mémoire implicite et implique l'amygdale et ses connections. Sous un stress suffisamment intense ou prolongé, l'hippocampe peut s'éteindre à travers la médiation du cortisol, l'hormone du stress. Cela peut amener à des fonctionnements dégradés de la mémoire consciente *explicite*. En même temps, le stress n'interfère pas avec, et peut même augmenter, le fonctionnement de l'amygdale. Selon LeDoux, « il est donc complètement possible qu'une personne puisse avoir une pauvre mémoire consciente d'une expérience traumatique, mais en même temps puisse former de très puissantes mémoires émotionnelles inconscientes implicites. » [26]Cette distinction est cruciale pour comprendre le phénomène de la dissociation. Les stimuli peuvent activer l'amygdale sans activer les mémoires conscientes, provoquant un état émotionnel intense que l'individu ne peut simplement pas comprendre intellectuellement. Le fait que le système implicite oublie et se modifie moins que le système explicite au cours du temps, et aussi mature plus tôt dans la vie, alimente d'autant plus la dissociation juste décrite, spécialement pour des évènements précoces de la vie.

Une autre partie pertinente du cortex est le cortex préfrontal médian, qui est situé à l'intérieur des lobes frontaux. Le cortex préfrontal médian a des connections importantes avec la partie limbique, ou « émotionnelle », du cerveau, jouant un rôle crucial en modulant et atténuant nos réponses émotionnelles. Dans certains troubles psychiatriques caractérisés par des hauts niveaux d'anxiété et d'excitation, il apparait que cette zone du cortex préfrontal est *hypo active* et n'inhibe pas adéquatement la très active amygdale et d'autres structures limbiques. Selon Daphne Simeon, on pourrait prédire que l'hypo émotivité, ou mort émotionnelle du TdD chronique, peut impliquer un schéma inverse : une activité préfrontale accrue avec une plus grande inhibition du système limbique.

Informations Additionnelles sur la Réponse Autonome

Les études des réponses du système nerveux autonome dans la dépersonnalisation ont commencé en fait au milieu des années 1960. Une patiente souffrant d'une attaque de panique a affiché une résistance cutanée typique de l'anxiété lorsque, brusquement, la résistance cutanée devint plate et sans réponses aux stimuli. Son pouls chuta également. Quand elle a été interrogé plus tard, la patiente a décrit se sentir de plus en plus en panique, sur le point d'appeler à l'aide, lorsque l'anxiété soudainement se calma et fut remplacée par un sentiment étrange de détachement. Les sons semblaient distants, la vision était voilée et « swimmy », et la patiente avait l'impression que ses membres ne lui appartenaient pas réellement.[27]

D'autres anciennes études sur des patients souffrant de dépersonnalisation chronique et continue suggérèrent que « l'écart entre les signes subjectifs et objectifs de l'anxiété est la caractéristique fondamentale des patients dépersonnalisés. Sur le plan physiologique, l'anxiété est ressentie mais ne se transforme pas en une réaction d'activation défensive.»[28]

Une étude de 2002 conduite par l'Institut de Psychiatrie en Angleterre essaya de déterminer si les réponses sympathiques du Système Nerveux Autonome étaient diminuées chez les personnes dépersonnalisées lorsqu'elles sont exposées à des stimuli émotionnels. [29]Les réponses de conductance cutanée de 15 patients ayant un trouble de la dépersonnalisation, 15 personnes « normales », et 11 personnes ayant des troubles de l'anxiété, ont été enregistré. Elles ont été exposé à des choses qui normalement produisent une réponse galvanique de la peau, comme un claquement inattendu mains ou un soupir, et également à des images présentant des contenues à la fois inoffensifs et désagréables (Ces images comprenaient par exemple des corps démembrés, des serpents prêts à attaquer, des accidents, des blattes, etc). Les résultats ont indiqué que les patients dépersonnalisés ont montré sélectivement des réponses autonomes réduites à des images déplaisantes, mais non à des images neutres ou plaisantes. Aussi, la réponse à ces stimuli prit significativement plus de temps dans le groupe avec le trouble de la dépersonnalisation. Par contraste, les réponses à des stimuli non spécifiques, (le claquement et le soupir) ont été significativement plus rapide dans les groupes dépersonnalisés et anxieux que dans le groupe de contrôle sain. « Ces résultats ont suggéré la présence de mécanismes à la fois facilitateurs et inhibiteurs sur l'excitation du système nerveux autonome, ce qui pointait vers une perturbation spécifique dans le traitement de l'information émotionnelle plutôt qu'un effet d'atténuation non spécifique sur la réactivité autonome. » conclut Mauricio Sierra. D'une manière quelque part attendue, en dépit de leurs réponses autonomes plus lentes sélectivement face à des images déplaisantes, les patients présentant une dépersonnalisation étaient parfaitement capables d'intellectuellement classer leurs dégrées variées de désagrément.

Une étude plus récente compara les réponses de la conductance cutanée de patients ayant le trouble de la dépersonnalisation avec ceux de patients ayant un trouble de l'anxiété et de personnes d'un groupe de contrôle, tandis qu'ils regardaient des images et des clips vidéo d'expressions faciales de dégout et de joie.[30] Les résultats montrèrent qu'alors que les patients dans le groupe anxieux ont exhibé une augmentation de la réactivité autonome face aux expressions de dégouts, les patients dépersonnalisés ont montré des réponses très similaires à ceux du groupe de contrôle « normal ». Cela était surprenant, nota Sierra, étant donné que les patients dépersonnalisés et les patients anxieux avaient rapporté des niveaux similairement hauts d'anxiété subjective, mesurée par des échelles d'anxiété administrées. En d''autres termes, en dépit du fait qu'ils reconnaissaient qu'ils se *sentaient* hautement anxieux, les réponses autonomes des patients dépersonnalisés ressemblèrent à ceux des personnes saines plutôt que ceux des patients similairement anxieux spécifiquement diagnostiqués avec des troubles anxieux. De tels résultats confirment les conclusions d'autres études selon lesquelles la dépersonnalisation chez les patients anxieux a un effet émoussant et sélectif sur la réactivité *autonome*. Cet émoussement semble aussi être relatif aux niveaux d'anxiété.

Cette idée est supportée par une étude plus récente du Mount Sinai qui compara les niveaux de norépinephrine urinaire chez des patients TdD à ceux de patients « normaux » sains. En accord avec leurs niveaux d'anxiété plus haut, il a été trouvé que les patients dépersonnalisés avaient des niveaux de norépinephrine plus haut que le groupe normal. Cependant, à l'intérieur du groupe dépersonnalisé lui-même, il y avait une réduction remarquable de la norépinephrine en corrélation avec des niveaux accrus de dépersonnalisation.[31] Pour conclure, il semble plausible de suggérer que les réponses autonomes chez les patients dépersonnalisés sont probablement le reflet d'un équilibre entre deux tendances opposées : une excitante déterminée par les niveaux d'anxiété, et une inhibante déterminée par l'intensité de la dépersonnalisation.

Etudes de neuroimageries fonctionnelles

Pendant la dernière décennie plusieurs études utilisant l'imagerie à résonnance magnétique fonctionnelle ('functional magnetic resonance imaging', fMRI en anglais) pour examiner les patients ayant le Trouble de la Dépersonnalisation ont été publié. De telles études n'ont pas seulement commencé à montrer des preuves d'activité dysfonctionnelle du cerveau, mais ont montré aussi comment ces résultats anormaux étaient reliés à des changements du système nerveux autonome déjà discutés.

Une des premières études de neuroimagerie, conduite au Mount Sinai, a utilisé la tomographie à émission de positron (PET scan) pour comparer des schémas d'activation du cerveau de huit patients ayant le trouble de la dépersonnalisation avec des groupes de contrôle normaux lorsqu'ils réalisaient une tâche de mémoire verbale.[32] Bien que les patients aient montré une activité métabolique réduite dans certaines zones d'association comme les gyrus temporal médian et supérieur droit, d'autres zones d'associations dans les lobes pariétal et occipital étaient plus actives que celles des groupes de contrôle. La découverte de schémas d'activation anormaux dans les zones d'association cross modales semble consistante avec la conception tenue de longue date selon laquelle la dépersonnalisation peut résulter d'une défaillance de haut niveau de l'intégration corticale.[33] Les chercheurs ont rapporté une corrélation remarquable entre l'intensité subjective de la dépersonnalisation et le dégrée de l'augmentation de l'activation pariétale.

D'autres études utilisant la neuroimagerie fonctionnelle ont été conçu pour explorer la neurologie de l'insensibilité émotionnelle. La première de ces études a utilisé l'imagerie fonctionnelle par résonance magnétique (fMRI) afin de comparer la réponse neuronales des patients ayant le trouble de la dépersonnalisation avec celle de volontaires en bonne santé et de patients avec des troubles obsessionnels compulsifs (TOC). Les participants ont été analysé alors qu'ils regardaient une série d'images répulsives et neutres. Comme prévu, les patients dépersonnalisés ont déclaré comprendre le contenu des images, mais n'ont pas éprouvé de réponse émotionnelle subjective à celles-ci.[34]

Alors que les participants du groupe de contrôle en bonne santé, et également les patients présentant des TOC, ont montré une activation de l'insula antérieure en réponse à des images déplaisantes et dégoutantes, de telles activations n'ont pas été vu chez les patients dépersonnalisés. D'autres zones du cerveau, comme le cortex occipito-temporal, connu pour être important pour la réponse aux expressions de peur et de dégout, sont aussi sous-activées chez les patients dépersonnalisés, comparés aux deux autres groupes contrôles.

Un résultat plus technique mais important de cette étude a été que les patients dépersonnalisés, mais pas les sujets normaux, ont montré une zone d'activation dans le cortex préfrontal ventrolatéral droit – une région qui semble coupler ses fonctions avec l'insula. Durant la présentation d'images déplaisantes, l'activation préfrontale se produisit seulement en *l'absence* d'activation de l'insula, ce qui apparaît comme être une preuve d'une corrélation inverse. Selon le Dr. Sierra, la zone préfrontale en question a été impliqué dans l'évaluation de l'information négative ou aversive, et en exerçant un contrôle sur à la fois l'expérience émotionnelle et son impact sur la prise de décision. Par exemple, l'activation de cette zone et d'autres régions frontales associées a été observé lorsque des sujets normaux essayent de contrôler leurs réponses émotionnelles à des images négatives en regardant l'image avec un sens du détachement ou en faisant croire que les images étaient en fait plaisantes.[35]

Bien sûr, pour le profane cette recherche peut sembler confuse ou intimidante. Mais il est important de comprendre que ces résultats ne montrent pas un « dommage » au cerveau, mais plutôt, des disfonctionnements subtiles des systèmes existants du cerveau. Ce qui va de travers à un moment donné n'est pas destiné nécessairement à rester comme cela.

Petit à petit les chercheurs ont été capable d'identifier une variété d'aires du cerveau impliquées dans la dépersonnalisation ; le paysage devient plus complèt, et compréhensible, avec chaque nouvelle étude de recherche. Chacune de ces études est une balise, pointant le chemin non seulement vers les choses qui ne vont *pas bien*, mais aussi vers de possible nouvelles manières de les traiter.

Ma réaction personnelle à certaines de ces études qui indiquent des réactions minimales à des images « répulsives » a été la confusion. L'insensibilité est certainement un symptôme de long terme de la TdD pour de nombreuses personnes, mais tel est aussi le cas de beaucoup de sensations qui sont terrifiantes et intolérables. L'uniformité émotionnelle est préférable au sentiment permanent de devenir fou. Il me semblait que les gens qui traversaient les Neufs Cercles, tel que je les connaissais, seraient difficilement affectés par des images de blattes ou d'accidents de voiture. Et il me semblait qu'il pouvait y avoir des facteurs sociologiques impliqués aussi. J'ai grandi dans une banlieue difficile de New York City où les blattes étaient si communes qu'elles étaient presque élevées au statut d'animaux de compagnie. Les réalités répulsives étaient toujours présentes. Donc si je présentais des réponses minimales à des images répulsives, est-ce que c'était parce que j'avais le TdD ou parce que j'avais une meilleure tolérance à tout ce qui est répulsif ou même agressif ?

Finalement, le message qui est relayé réside dans le manque de réponse autonome montré encore et encore par la recherche, aussi bien que dans la manière dont les parties du cerveau « se souviennent » alors que l'individu non, ou vice et versa. Cela fait partie de la dépersonnalisation en général, qu'un individu se sente détaché, fou, terrifié ou endormi. La manière dont ces systèmes internes agissent durant le TdD illustre souvent les nombreuses contradictions qui définissent sa nature.

TdD et Epilepsie

La dépersonnalisation est souvent reliée à l'Epilepsie du Lobe Temporal ('Temporal Lobe Epilepsy', TLE en anglais), une condition qui a été systématiquement étudiée depuis de nombreuses années. L'épilepsie a historiquement été un trouble intriguant, en partie en raison des personnalités qui ont souffert d'elle. Vincent Van Gogh a souffert probablement de crises partielles complexes ('Complex Partial seizures' en anglais). Alexandre le Grand a souffert de crises, qui en son temps étaient considérées comme « la maladie sacrée », et les descriptions de Charles Dickens de sa propre épilepsie servent d'histoires de cas pour les neurologues jusqu'à ce jour. Un des plus intéressant, cependant, a été le grand écrivain russe Fyodor Dostoyevsky, qui a souffert d'une forme rare d'épilepsie appelée « épilepsie extatique ». Quatre des principaux personnages de ses romans étaient épileptiques, le plus notable étant le Prince Mishkin, le protagoniste de *The Idiot*.

Dostoyevksy a souffert de centaines de crises à travers sa vie, et cela lui prenait souvent jusqu'à une semaine pour s'en remettre lorsqu'il expérimentait « lourdeur et même douleur dans sa tête, troubles des nerfs, rire nerveux et 'dépression mystique'. »

Le plus curieux sont les descriptions faites de son expérience de l'épilepsie extatique par l'écrivain :

« *Pendant quelques instants j'expérimente une joie qui est impossible dans un état ordinaire, et de laquelle les autres personnes n'ont pas la conception. Je me sens en totale harmonie avec moi-même et avec le monde entier, et le sentiment est si fort et doux que pendant quelques secondes d'une telle béatitude quelqu'un pourrait abandonner dix années de sa vie, peut être toute sa vie. J'avais l'impression que le paradis descendait sur terre et l'avalait. J'atteignais réellement Dieu et était imprégné de lui. Vous autres personnes en bonne santé ne suspectaient même pas ce que le bonheur est, ce bonheur que nous épileptiques expérimentons pendant une seconde avant une attaque.* »[36]

Clairement, les sentiments extatiques que Dostoyevsky a décrit sont inhabituels. Pourtant la dépersonnalisation, d'une manière qui n'est ni chronique ni particulièrement déplaisante, peut accompagner l'activité épileptique. Environ un siècle après le milieu auquel appartenait l'écrivain russe, le neurologue Wilder G. Penfield a été capable d'induire la dissociation chez des personnes en stimulant des zones spécifiques du cortex temporal, le gyrus temporal supérieur et le gyrus temporal milieu.[37] En conséquence, il proposa « l'hypothèse du lobe temporal » de la dépersonnalisation en 1950, car il croyait avoir été capable d'interrompre le mécanisme qui assimilait les mémoires des expériences sensorielles. Par exemple, les parties stimulantes du lobe temporal peuvent interférer avec l'association de la main avec le corps d'une personne – la personne n'aurait plus l'impression que la main appartienne à son corps. Son hypothèse a été appuyé plus tard par une autre recherche qui trouva que la dépersonnalisation était un symptôme commun parmi les personnes ayant l'Epilepsie du Lobe Temporal ('Temporal Lobe Epilepsy' en anglais).[38]

En essayant de comprendre les descriptions vivantes de détachement, ou « très loin et excentré de ce monde », de ses patients, Penfield interpréta ce qu'il était en train de se passer comme une altération des mécanismes usuels qui comparent les perceptions sensorielles immédiates des enregistrements de la mémoire existante. Ces mécanismes du cerveau imprègnent nos perceptions avec un sentiment de pertinence et une coloration émotionnelle. Les perceptions à la foi du Moi et des choses autour de nous doivent sembler familiers, mais dans la dépersonnalisation ils ne le sont souvent pas. Notre sentiment de familiarité est diminué car ces perceptions ne sont pas étiquetées émotionnellement comme « connues » par rapport aux souvenirs existants.La recherche sur la relation entre la dépersonnalisation et l'épilepsie est en cours, s'intéressant couramment à si oui ou non la dépersonnalisation survient dans d'autre activité épileptique en dehors de l'Epilepsie du Lobe Temporal. De manière intéressante, certains médicaments utilisés traditionnellement pour traiter les crises ont été utilisé avec succès pour traiter la dépersonnalisation. Nous verrons cela de manière plus approfondie au chapitre 9.

La dépersonnalisation et la migraine

La nature précise de l'association entre la migraine et la dépersonnalisation est inconnue actuellement. Le neurotransmetteur sérotonine, qui apparait souvent dans la discussion sur le TdD, semble jouer quelques rôles dans les migraines également.

Des symptômes similaires à la dépersonnalisation peuvent survenir en tant que composante de l'aura de la migraine,[39] ou peuvent arriver dans l'intervalle entre la fin de l'aura et le début du mal de tête (voir ci-dessous). Les auras sont des phénomènes sensoriels qui peuvent survenir avant la migraine. Les auras visuelles peuvent inclure des lumières de type flash, des schémas géométriques ou une vision distordue. Certaines personnes peuvent avoir des auras sonores impliquants des sons (habituellement des bourdonnements), des auras olfactives impliquant des odeurs qui ne sont en fait pas présentes, ou des auras tactiles qui se présentent comme une sensation physique. Certaines auras, connues sous le nom d'auras de migraine *somesthésique*, sont caractérisées par des distorsions importantes de l'expérience corporelle, comme des grossissements de parties du corps. Celles-là peuvent être accompagnées par de la dépersonnalisation. Un exemple frappant de cela est le syndrome *d'Alice aux pays des Merveilles ('Alice in Wonderland syndrome' en anglais)*, la plupart du temps reporté chez les enfants. Ce syndrome est caractérisé par l'occurrence d'aura somesthésique accompagnées par de la dépersonnalisation, des illusions visuelles, et des distorsions dans la perception du temps.[40] Certains types de migraines comme la migraine basilaire semblent particulièrement sujettes à des états altérés de conscience, qui peuvent en temps voulu éclipser d'autres caractéristiques cliniques plus communes : « On doit considérer le diagnostic possible de migraine atypique lorsque les changements périodiques et paroxysmaux des états mentaux sont vus chez un enfant ou un adolescent ayant une histoire familiale positive de migraine. »[41]

En plus de son occurrence en tant qu'aura de migraine, la dépersonnalisation peut aussi arriver durant l'intervalle entre la fin d'une aura et le début du mal de tête. Une telle période de temps peut durer de quelques minutes à quelques heures et est connue comme « l'intervalle libre ». Une étude procurant des descriptions cliniques détaillées sur « l'intervalle libre » de 25 patients migraineux expérimentant des auras visuelles a trouvé que 88% d'entre eux expérimentaient des symptômes suggérant la dépersonnalisation. La plupart d'entre eux avaient du mal à décrire leurs sensations, en utilisant des termes comme « irréel », « retiré de l'environnement », etc.

En 1946, le psychiatre bien connu Hyam Shorvon observa fréquemment cela, le début de la dépersonnalisation chez un souffrant de migraine semblait coïncider avec une fréquence diminuée, ou même une cessation des épisodes de mal de têtes.[42] Il a aussi été suggéré que certains cas de trouble de la dépersonnalisation pouvaient représenter des cas non diagnostiqués de migraine avec des aura prolongées, mais étant donné la durée que peut avoir une dépersonnalisation, les experts d'aujourd'hui considèrent cela comme très peu probable.

L'axe HPA

Deux systèmes esprit-corps sont impliqués dans la réponse d'un individu au stress. Un, que nous avons mentionné plus tôt, le système nerveux sympathique, relie le cerveau aux autres organes internes et régule des fonctions comme la respiration, le battement cardiaque et la digestion. Dans des situations très stressantes, ce système dévie du sang de la peau vers les muscles, procure de l'oxygène additionnel pour la respiration et vous provoque des sueurs, dans le but de rester frais à l'intérieur.

Le déclencheur de ces réactions dans le cerveau durant le stress est l'hypothalamus, qui stimule les glandes surrénales (situées au-dessus de chaque rein) leur faisant déclencher la libération d'hormones noradrénaline et adrénaline. Les personnes qui souffrent de stress chroniques enregistrent des niveaux élevés de chacune de ces hormones, souvent avec des effets secondaires comme une pression artérielle haute, des problèmes gastrointestinaux, un cholestérol haut et des maux de têtes.

Un second système impliqué dans la gestion du stress, et probablement dans la dépersonnalisation, est connu sous le nom d'axe hypothalamique-pituito-surrénalien ('hypothalamic-pituitary-adrenal', HPA en anglais). Ce système implique l'hypothalamus, la glande pituitaire et la glande surrénale. En période de stress, ou de perception d'une menace, l'axe HPA entre en vigueur. En premier, l'hypothalamus envoie la corticolibérine ('corticotropin-releasing hormone', CRH en anglais) à la glande pituitaire située juste en dessous. La glande pituitaire relâche alors une seconde substance, l'hormone corticotrope ('adrenocorticotropic hormone', ACTH en anglais) qui voyage dans le flux sanguin jusqu'aux glandes surrénales. Elles, en retour, relâchent une série d'autres hormones, dont le cortisol. Le cortisol demande au foie de relâcher le glucose, qui aide à recruter l'énergie requise à travers le corps pour répondre à la menace perçue. Tout est préprogrammé pour gérer quelque chose de mauvais qui vous arriverez (comme quelqu'un avec un couteau).

Le stress n'est pas le seul fait qui relâche la corticolibérine de l'hypothalamus. Le cycle sommeil / éveil le fait également. Chez les personnes en bonne santé, le cortisol augmente rapidement après le réveil, atteignant un pic en 30 à 45 minutes. Il descend alors graduellement dans la journée, atteignant un point bas durant le milieu de la nuit. Les connections anatomiques entre les zones du cerveau comme l'amygdale, l'hippocampe et l'hypothalamus, facilitent l'activation de l'axe HPA. Le cortisol agit à travers de nombreuses parties du corps et du cerveau via les récepteurs glucocorticoïdes, déclenchant une réponse immédiate au stress qui mobilise effectivement les réponses nécessaires du corps et du cerveau tout en désactivant les réponses couteuses en énergies qui sont un luxe en présence d'un stress aigu.

Les glucocorticoïdes ont de nombreuses fonctions importantes, incluant la modulation des réactions de stress. Mais en excès, ils peuvent être néfastes. L'atrophie de l'hippocampe chez les humains et les animaux exposés à des stress sévères est probablement causée par une exposition prolongée à des hautes concentrations de glucocorticoïdes. Des déficiences de l'hippocampe peuvent réduire la ressource disponible en mémoire pour aider un corps à formuler des réactions appropriées au stress.

Finalement, la même hormone du stress, le cortisol, fonctionne pour désactiver la réponse au stress aigue en inhibant les actions de la glande pituitaire et de l'hypothalamus via un « feedback négatif ». Chez un individu normal, c'est la manière dont l'axe HPA fait son travail en tant que système de réponse au stress autonome et auto-régulé. Comme un ventilateur électrique dans le compartiment du moteur d'une voiture, il doit se déclencher lorsque la situation devient trop chaude, puis s'arrêter lorsque la situation revient à la normale. Mais quelque fois il ne le fait pas.

Dans certaines conditions psychiatriques liées à des stress dans l'enfance, ou à des stress extrêmes ou prolongés, l'axe HPA peut se détraquer, faisant obstacle à la capacité de l'individu à monter une réponse efficace au stress en un temps limité. Des tests conduits sur des animaux de laboratoire ont montré qu'un stress précoce dans la vie pouvait avoir pour conséquence une réponse au stress perturbée de manière permanente. Cela vous rappelle quelque chose? De toute évidence, cela évoque l'explication du « mécanisme de défense défaillant » si souvent attribuée à la dépersonnalisation. Des problèmes de l'axe HPA ont été extensivement documentés chez des individus présentant un Trouble de Stress Posttraumatique (TSPT) ('Posttraumatic Stress Disorder', PTSD en anglais). Est-ce que les personnes TdD exhibent le même disfonctionnement ? Les chercheurs du Mount Sinai ont spéculé que les troubles dissociatifs peuvent en fait montrer une sorte de dérégularisassions différente de l'axe HPA que ce qui est vu dans le TSPT. [43]Une étude comparant des niveaux de cortisol de base a montré que le cortisol à 24 heures dans les urines était plus haut chez les personnes avec un TdD que chez les individus normaux – l'exact opposé de ce qui est trouvé dans le TSPT. Cela montre que ces deux troubles sont en fait assez différents l'un de l'autre, en dépit de la tentation de les regrouper ensemble en raison de leurs similarités superficielles.

Cette étude a aussi utilisé un test de provocation connu sous le nom de « test de freinage à faible dose de la dexaméthasone » qui est fréquemment utilisé dans les études psychiatriques de l'axe HPA. Dans ce test, on a donné aux personnes une faible dose d'un médicament assez proche du cortisol. Cela a temporairement supprimé la production corporelle du cortisol chez les individus normaux. Les personnes qui souffrent de dépression et de TSPT exhibent des dégrées différents de suppression de la dexaméthasone que les individus normaux. Cette étude a montré que cela était vrai aussi pour les patients TdD. Les patients TdD ont moins réduit leur propre production de cortisol en réponse à la prise de dexaméthasone. Ce schéma était similaire que celui vu pour les dépressions sévères, mais les personnes souffrant de dépression étaient exclues de l'étude. Des études qui ont suivi ont confirmé le même schéma d'un cortisol restant élevé et d'une plus grande résistance à la dexaméthasone dans le TdD.

En 2006, des résultats d'une autre étude conduite par le groupe du Dr. Simeon au Mount Sinai a montré des niveaux de

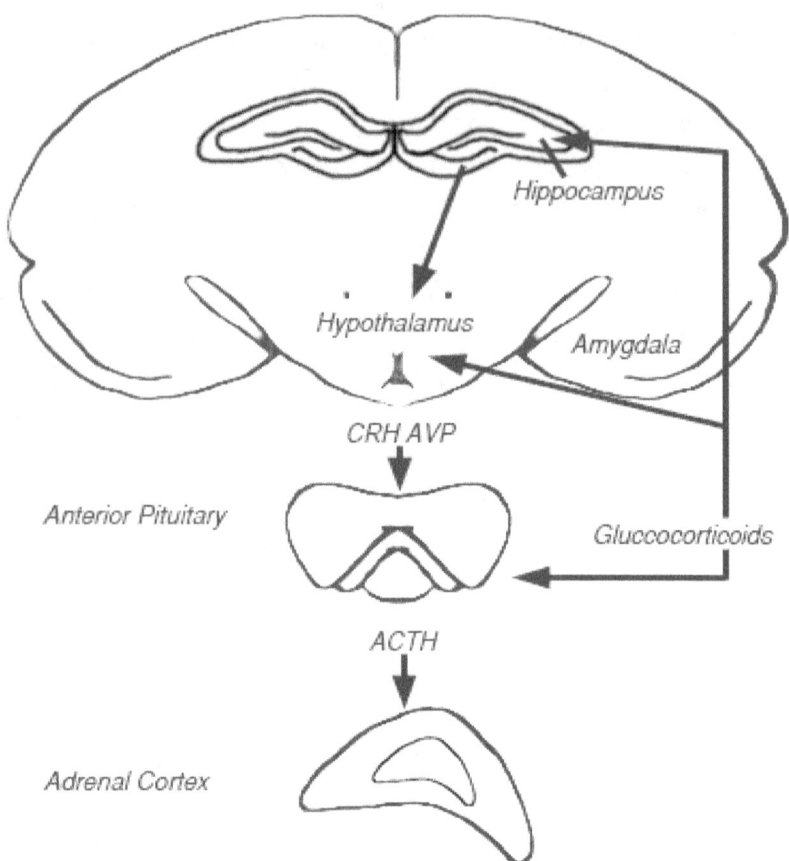

FIGURE 3 : l'axe HPA

cortisol similaires chez les sujets de comparaison en bonne santé et chez les patients ayant un trouble de stress posttraumatique, alors que le groupe de sujets dissociés a montré des niveaux de cortisol urinaires significativement élevés. Cela démontre un schéma différent de dérégularisassions de l'axe HAP pour les patients en dissociation ou dépersonnalisation qui nécessite d'être exploré de manière plus approfondie.[44]

Neurotransmetteurs, Obsession et le « Moi » Fabriqué

Lorsque des nouveaux traitements possibles pour le TdD ont été sérieusement examiné dans les années 1990, la nouvelle classe de médicaments, les inhibiteurs sélectifs de la recapture de la sérotonine (ISRS) ('Selective Serotonin Reuptake Inhibitors', SSRIs en anglais) étaient les candidats naturels à considérer. Ces soi-disant « nouveaux produits de synthèse » ont été spécifiquement conçu pour inhiber la recapture de la sérotonine dans la cellule présynaptique, augmentant les niveaux de sérotonine disponible pour engager le récepteur postsynaptique (Nous verrons comment tout cela fonctionne au Chapitre 9). Puisque des substances comme le LSD et le joint, les deux affectent la transmission de la sérotonine, déclenchent le TdD, et parce que le trouble présente souvent des symptômes qui incluent l'anxiété et les pensées obsessionnelles, les effets positifs des ISRS sur la sérotonine semblaient prometteurs. Parce qu'ils ont été conçu pour agir sur un système, les ISRS étaient plus prédictibles et plus sûrs que certains des anciens médicaments, comme les inhibiteurs de la monoamine oxydase (IMAO) ('Monoamine oxidase inhibitors', MAOIs en anglais), qui agissaient sur plusieurs systèmes de neurotransmetteurs à la fois dans une approche plus ou moins à l'aveugle. La sérotonine semble jouer un rôle clé dans la dépression, et également dans l'anxiété ; la norépinephrine semble être plus reliée au plaisir – répétant une activité en raison de la récompense qu'elle a apporté dans le passé. L'efficacité pour combattre la dépression en boostant les niveaux de sérotonine a été largement vantée dans le bestseller de 1993 de Peter Kramer *Listening to Prozac*.

« La plupart des antidépresseurs agissent sur de multiples sites du même neurone », écrit Kramer. « Ils peuvent augmenter la production de sérotonine à un bout du neurone, mais aussi diminuer la norépinephrine ou la production de sérotonine via des effets ordinairement moins marqués à des récepteurs ailleurs sur la même cellule. Peut-être que la spécificité extrême du Prozac est insurmontable pour le neurone ; la cellule répond sur un site, dans une direction, et ne peut pas, à travers des mécanismes qui autrement permettent aux neurones de 'compenser' des changements d'état, retourner à un niveau précédent de fonctionnement. »[45]

Vous ne pouvez pas prendre de la sérotonine directement dans l'espoir d'augmenter les niveaux de sérotonines dans le cerveau parce qu'elle ne traversera pas avec succès la barrière sang-cerveau et n'aura aucun effet sur le fonctionnement du cerveau. Aussi, une sérotonine prise directement activerait tous les synapses qu'elle atteindrait, alors que les ISRS *augmentent seulement un signal* qui est déjà présent, mais trop faible pour traverser.

Les ISRS ont montré leur efficacité non seulement contre la dépression, mais aussi contre les troubles obsessionnels compulsifs. Eric Hollander, docteur en médecine, a commencé à traiter des patients atteints de TOC avec succès au Mount Sinai au début des années 1990. Puisque les ruminations obsessionnelles jouent un large rôle dans la dépersonnalisation chez beaucoup de personne, il semblait logique que ces médicaments soient efficaces contre le TdD, au moins chez ceux des patients qui exhibaient des symptômes obsessionnels. Lorsque Daphne Simeon débuta sa carrière, une partie de son travail consistait à chercher la viabilité de ces médicaments pour traiter la dépersonnalisation. Alors que certains des essais et expériences initiaux sur des patients individuels ont montré des promesses avec la fluoxétine et la buspirone, il n'a pas fallu longtemps pour voir que les ISRS n'étaient pas efficaces contre des Troubles de Dépersonnalisation résistants, même s'ils pouvaient aider les symptômes obsessionnels chez de nombreux patients. Ils peuvent aussi procurer certains bénéficies lorsqu'ils sont combinés avec d'autres médications.

Toutefois, l'échec total des ISRS pour traiter la dépersonnalisation est curieux car, comme mentionné plus tôt, de nombreux indicateurs pointaient vers certains aspects sérotoninergiques du trouble. Par exemple, le TdD peut être déclenché ou aggravé par le LSD, qui est une drogue active d'un point de vue sérotoninergique (appelée en anglais un '5-HT2-serotonin type 2 receptor agonist'). De même, la kétamine inhibe la synthèse et le métabolisme de la sérotonine.

Une étude de Simeon et Hollander examina un groupe varié de patients ne souffrant pas de TdD. Le groupe était un mélange de « personnes normales », de patients phobiques sociaux, de patients ayant des TOC et de patients ayant un trouble de personnalité borderline. L'étude compara les réponses à l'incitation à la dépersonnalisation et à toutes sortes d'autres symptômes transitoires lorsqu'on donnait aux personnes une dose unique soit de *méta*-chlorophenylpiperazine (mCPP, un agoniste de la sérotonine utilisé pour des études de ce type), soit d'un placébo. Il a été trouvé que le mCPP engendrait un taux bien plus grand de dépersonnalisation dans ce groupe divers que ce que faisait le placébo, bien que de manière importante, il induisait aussi plus d'anxiété, plus de panique et plus de dysphorie également. La constatation de la présence d'anxiété, de panique et de dysphorie est cohérente avec ce qui est présent dans la littérature des Drs Roth, Torch, et d'autres qui décrivent des patients TdD pour qui ces symptômes spécifiques constituent une partie majeure de leur expérience de dépersonnalisation.[46] Mais le rôle spécifique de la sérotonine en relation avec la dépersonnalisation reste quelque peu un mystère.

La dépersonnalisation, à travers l'observation de soi, la rumination existentielle, et l'analyse de ce qui ne va pas, peut souvent ressembler à une sorte de *variante* du trouble obsessionnel compulsif (TOC). Alors que les patients dépersonnalisés ne s'engagent pas dans des comportements typiques de TOC comme des lavages de mains répétés ou d'autres rituels, ils sont souvent pris dans des pensées obsessionnelles, incapable de *sortir* d'eux même. Que cela provienne finalement d'une « expérience corporelle anormale », de sentiments d'irréalités, ou d'une comorbidité non identifiée, plus de 125 histoires sur les 174 postées sur *depersonalization.info* reflètent cet aspect de l'expérience de dépersonnalisation.

Quelquefois, comme nous l'avons vu, ce type de pensée peut survenir aux premières étapes de la condition et peuvent même être une tentative défensive pour comprendre et donner un sens à l'expérience d'irréalité, qui plus tard s'atténue dans une mort émotionnelle et un sentiment d'acceptation « d'absence de moi ».

L'obsession a souvent fait partie de mon expérience personnelle de dépersonnalisation, comme cela a été le cas pour Harris Goldberg et des centaines d'autres avec qui j'ai communiqué à travers les années. L'objet de cette pensée obsessionnelle peut changer de temps en temps, mais au cœur de celle-ci il y a habituellement la question de savoir si oui ou non vous allez devenir fou, des pensées sur ce qui ne va pas, et finalement, des pensées sur les pensées. L'acte même de pensée devient fatigant, même douloureux – l'endroit sensible que l'esprit, se cherchant soi-même, ne peut pas s'empêcher de tester. Certains l'ont lié à une musique ennuyeuse que vous ne pouvez pas vous enlevez de la tête, ou le bruit sans fin d'une radio pris entre deux stations. Les pensées tournent en rond et n'atterrissent nulle part.

Les aspects obsessionnels de la dépersonnalisation exhibées par tant de personnes peuvent sembler émaner de la sensation globale initiale d'étrangeté, et de l'inquiétude sur le maintien de sa santé mentale qui en résulte chez la personne. Mais de nombreuses personnes tombent dans le type d'état observé par Evan Torch, docteur en médecine, qui synthétisa ce qui est connu comme « le syndrome de dépersonnalisation intellectuel obsessionnel ». La différence que j'ai observé chez moi-même est que lorsque la dépersonnalisation s'allège, ou disparait complètement, la tendance a obséder sur quelque chose d'autre continue. L'esprit peut être comme un hélicoptère perçant les allées sombres d'une cité avec un projecteur. A la fin quelque chose sur quoi se focaliser se dévoile.

Quelquefois, lorsque l'étrangeté de l'existence même a momentanément diminué, j'obsédais sur un projet au boulot, ou sur quelqu'un qui avait heurté mes sentiments, ou une œuvre de littérature à compléter dans le futur. Cette dernière obsession a révélé une personnalité difficile et perfectionniste comme celle de Frederic Amiel, le diariste suisse qui a passé sa vie « à pratiquer ses gammes », mais en ne composant jamais la symphonie de ses rêves.

A moment donné, cette tendance à obséder a pu se centrer sur une relation, particulièrement lorsque les choses n'allaient pas ou je voulais qu'elles aillent. Mais quand, sur le moment, ces obsessions se résolvaient d'elles même, et qu'il n'y avait plus rien de particulier sur lequel obséder, je réalisais le temps qui avait été gâché sur mes problèmes mentaux. Dans un effort pour regagner une partie de ce que les autres personnes appréciaient, je faisais tout en excès, comme s'il fallait profiter le plus possible des périodes normales quand elles arrivaient. Alors, inévitablement, peut être en partie à cause de ces mêmes excès, mon esprit retournait en lui-même de nouveau. La dépersonnalisation remontrait sa tête de nouveau, seulement cette fois je questionnais nombre des choses que j'avais faite durant mes périodes plus « normales ». Chaque expression d'une personnalité, chaque argument, chaque blague, chaque défi lancé à mes pairs ou à mon boss, chaque expression de croyance ou de pensée qui étaient d'une manière ou d'une autre une déviation de l'ordinaire semblaient extrêmes, finissant avec la question : « A quoi pensais-je donc ? » Réduit une fois de plus à un sentiment diminué de mon moi, je questionnais chaque action du « moi » que j'avais exhibé durant le temps de pleine participation à la vie. C'était très similaires à se réveiller après une nuit de boisson durant laquelle vous avez eu une aventure avec la femme d'un ami. Vous vous sentez honteux, humilié et vous voulez vous excuser. Les gens autour de moi, cependant, pensaient que j'étais amusant, ou intelligent et perspicace en raison de ma flagrante honnêteté ou mon manque d'intérêt pour le politiquement correct. Les gens me disaient que je devrais faire comédien de stand up. Et pourtant, lorsque cela arrivait, lorsqu'une personnalité réelle émergeait de moi-même, j'avais peur de me retrouver sur un terrain dangereux, et inévitablement je me retranchais en moi-même.

J'ai entendu d'autres gens relayaient des scénarios très similaires. A la fin, je suspecte que ces épisodes étaient une élaboration sur le sentiment d'irréalité du moi, couplées avec des tendances obsessionnelles. Dans mon cas, le chemin de l'excès a pris plus que la durée d'une vie pour atteindre le palace de la sagesse, comme William Blake l'avait prédit. Plus souvent, et plus fréquemment, cela ramenait simplement à un de ces cycles que les personnes trouvent dans la dépersonnalisation. La sagesse, si cela peut être définie en tant que telle, pouvait être trouvée dans un attribut commun à de nombreuses personnes dépersonnalisés – la capacité non seulement de voir à travers nos propres façades, mais à travers les illusions maintenues par ceux qui se considèrent eux même comme « normaux ».

Le rôle du Glutamate et des opioïdes

Un neurotransmetteur final qui semble être impliqué dans la dépersonnalisation est l'acide glutamique. Le cerveau contient un outil moléculaire appelé « le récepteur NMDA (acide N-methyl-D-aspartic, 'N-methyl-D-aspartic acid' en anglais) » qui est largement distribué dans le cortex, aussi bien dans l'hippocampe que dans l'amygdale. Son but est d'agir comme un récepteur pour le glutamate, qui se lie à la cellule pour déclencher une réponse. Dans ce cas il est impliqué dans le processus de la mémoire.

Quand quelqu'un prend de la Kétamine, ses effets sont probablement une libération excessive de glutamate, qui apparemment provoque des sentiments de détachement et d'insensibilisation émotionnelle. Cette libération dépasse les actions sérotoninergiques de la Kétamine et est directement reliée à un moyen possible de traiter le TdD. Nous examinerons cela en détail dans le chapitre 9.

Un système additionnel qui peut être relié à la dépersonnalisation est le système opioïde endogène. Comme le nom l'indique, les opioïdes sont des substances naturelles similaires à l'opium, dans le sens où ils sont relâchés dans le corps en réponse à la douleur. Les endorphines, les plus connus d'entre eux, amènent la « foncedé du runner » qui motive de nombreuses personnes à se pousser à leurs limites physiques. Les études montrent que le système opioïde endogène est impliqué dans la régulation des réponses émotionnelles et comportementales au stress. Lorsque ce système est déclenché, les personnes peuvent endurer un plus grand niveau de douleur, et leurs émotions peuvent être supprimées.[47] Le dérèglement de ce système est suspecté d'être une source possible de l'insensibilisation émotionnelle qui peut être présente dans la dépersonnalisation chronique.

En plus de l'activation par le stress du système opioïde, il y a aussi des preuves que des conditions chroniques comme la dépression et les troubles anxieux peuvent engendrés une dérégulation du système opioïde. Des patients ayant un trouble panique ont des niveaux anormalement élevés d'opioïdes endogènes dans le fluide cérébrospinal, qui augmentent après l'induction d'une attaque de panique par le lactate, un produit chimique impliqué dans l'exploitation naturelle de l'énergie durant l'effort physique. Cette libération d'opioïdes endogènes induite par la panique est potentiellement significative pour la dépersonnalisation, puisque la panique et la dépersonnalisation sont si souvent liées.[48] Il sera examiné dans le chapitre 9 comment la re-régulation du système opioïde peut jouer un rôle dans le traitement.

Assurément, le Trouble de la Dépersonnalisation n'a pas été ignoré par les plus éminents psychiatres, psychologues et cliniciens, même s'il reste hautement inconnu de la communauté médicale ainsi que par les médias. La recherche clinique est clairement limitée, et les lectures sur les réponses de conductance cutanée et la sous-activation de l'insula ne sont pas d'une grande aide pour les personnes souffrant de TdD maintenant, chaque minute de chaque jour. Qu'est-ce que tout cela veut dire, se demandent-ils ? Si peu de chose est connu sur la manière de résoudre tous ces disfonctionnements.

Mais le fait qu'il n'y a pas de balle magique pour combattre toutes ces manifestations de ce trouble singulier ne veut pas dire qu'il ne peut pas être géré ou soigné. Les anomalies discutées dans ce chapitre changent avec les traitements.

En traitant certaines de ces anomalies spécifiques, la multitude de manifestations du trouble est souvent traitée aussi. Dans le chapitre 9 nous examinerons en détail ce qui fonctionne et ce qui ne fonctionne pas.

Références

1. Sierra, M., & Berrios, G.E (2001). The phenomenological stability of depersonalization: comparing the old with the new. *Journal of Nervous and Mental Disease,* 189, 629−636.
2. Jawer, M. A., Micozzi, M.S. (2009) The Spiritual Anatomy of Emotion, Park Street Press, Rochester, N.Y., p.40.
3. MacCurdy, J.T. (1925) *Psychology of Emotions: Morbid and Normal.* London: Kegan Paul. P. 126.
4. Sharot, T., Delgado, M.R., Phelps, E.A. (2004). How emotion enhances the feeling of remembering. *Nature Neuroscience,* 7, 1376-1380.

5. Halgren, E., Marinkovic, K. (1994). Neurophysiological networks integrating human emotions. In Gazzaniga, M. (ed.) *The Cognitive Neurosciences*. pp. 1137-1151. Cambridge, MA: MIT Press.

6. Sierra, M. (2009). Depersonalization: A New Look at a Neglected Syndrome. Cambridge: Cambridge University Press, p. 143.

7. Trandl, D., Damasio, A.R. (1985) Knowledge without awareness: an autonomic index of facial recognition by prosopagnosics. *Science*, **8**. 1453-1454.

8. Sierra, M. (no 6) p. 143.

9. Hirstein, W., Ramachandran, V.S. (1997). Capgras syndrome: a novel probe for understanding the neural representation of the identity and familiarity of persons. *Proceedings Biological Sciences*, **264**, 437-444.

10. Ramachandran, V.S., A Brief Tour of Human Consciousness: BBC Reich Lectures (2004) Pi Press, pp. 90-93.

11. Christodoulou, G. N. (1986). Role of depersonalization-derealization phenomenon in the delusional misidentification syndromes. *Bibliotheca Psychiatrica*. **164**, 99-104.

12. Mayer-Gross, W. (1935). On depersonalization. *British Journal of Medicine and Psychology, 15,* 103−126.

13. Roth, M., Argyle, N. (1988) Anxiety panic and phobic disorder: An overview. *Journal of Psychiatric Research*, **22** (suppl 1), 33-54.

14. Simeon, D., Abugel, J. (2006) Feeling Unreal: Depersonalization Disorder and the Loss of the Self. Oxford: Oxford University Press, p. 106-107.

15. Restak, R., (2004) Poe's Heart and the Mountain Climber: Exploring the Effect of Anxiety on Our Brains and Our Culture. Three Rivers Press. N.Y., pp. 78-82.

16. Phillips, M.L., et al. (2001). Depersonalization disorder: thinking without feeling. *Psychiatry Research Neuroimaging*, **108,** 145−160.

17. Sierra, M. (no 6.) p.145.

18. Jawer, M. A., Micozzi, M.S (no. 2) p. 47.

19. Simeon, D. et al. (2000). Feeling unreal: a PET study of depersonalization disorder. American Journal of Psychiatry, 157, 1782−1788.

20. Farrer, C., Franck, N., Frith, C. D. et al. (2004). Neural correlates of action attribution in schizophrenia. Psychiatry Research, 131, 31-44.

21. Farrer, C., Frey, S. H., Van Hom, J. D. et al. (2008). The angular gyrus computes action awareness representations. *Cerebral Cortex*, **18**, 254-261.

22. Sierra, M. (no. 6) pp. 145-146.

23. Farrer, C. (no. 20).

24. Sierra, M. (no.6) p.146.

25. Simeon, D., Abugel, J. (no 14). P.109.

26. Ibid.

27. Sierra, M., (no.6) p. 132.

28. Kelly, D.H.W., Walter, C.J.S. (1968). The relationship between clinical diagnosis and anxiety, assessed by forearm blood flow and other measurements. British Journal Of Psychiatry, 114, p. 611- 626.

29. Sierra M., Senior C., Dalton J., et al. (2002) Autonomic response in depersonalization disorder. Archives of General Psychiatry, **59**, p.833-838.

30. Sierra, M., Senior, C., Phillips, M. L., David, A. S. (2006). Autonomic response in the perception of disgust and happiness in depersonalization disorder. *Psychiatry Research*, **145**, p. 225-231.

31. Simeon, D., Guralnik, 0., Knutelska, M., Yehuda, R., Schmeidler, J. (2003). Basal norepinephrine in depersonalization disorder. *Psychiatry Research,* 121, 93-97.

32. Simeon, D. et al. (2000). Feeling unreal: a PET study of depersonalization disorder. *American Journal of Psychiatry*, **157**, 1782–1788.

33. Ackner B., 1954. Depersonalization: I. Etiology and phenomenology. II. Clinical Syndromes. *J Ment Sci,***100**, p.838-872.

34. Phillips, M.L., et al. (2001). Depersonalization disorder: thinking without feeling. *Psychiatry Research Neuroimaging,* **108**, p. 145–160.

35. Beer, J. S., Knight R. T., D'Espolito, M. (2006). Controlling the integration of emotion and cognition. The role of frontal cortex in distinguishing helpful from hurtful emotional information. *Psychological Science*, **17**, p. 448-453.

36. Frank, Joseph. (1990) Dostoyevsky: The Years of Ordeal, 1850-1859. Princeton: Princeton University Press. p. 195-196.
37. Penfield, W., & Rasmussen, T. (1950). *The cerebral cortex of man: a clinical study of localization of function*. New York. MacMillan, p. 157-181.
38. Roth, M., Harper, M. (1962) Temporal lobe epilepsy and the phobic anxiety depersonalisation syndome. *Comprehensive psychiatry*, **3**, 215-226.
39. Sacks, O. (1992) Migraine, 2nd edn. Reading, Berkshire: Picador, Cox & Wyman Ltd.
40. Todd, J. (1963) The syndrome of Alice in Wonderland. *Canadian Medical Association Journal*, **73**, 701-704.
41. Pelletier, G., Legendre-Roberge, J., Boileau, B., Geoffroy, G., Leveille, J. (1995). Case study: dreamy state and temporal lobe dysfunction in a migrainous adolescent. *Journal of the American Academy of Child and Adolescent Psychiatry,* **34**, 297-301.
42. Shorvon, H.J. (1946) The depersonalization syndrome. *Proceedings of the Royal Society of Medicine,* **39**, 779-792.
43. Simeon, D., Guralnik, O., Knutelska, M., et al. (2001). Hypothalamic-pituitary-adrenal axis dysregulation in depersonalization disorder. *Neuropsychopharmacology*, **25**(5), p 793–795.
44. Simeon, D., Knutelska, M., et al. (2007) Hypothalamic-Pituitary-Adrenal Axis function in dissociative disorders, post-traumatic stress disorder, and healthy volunteers. *Biol Psychiatry,* **61**, p 966-973.
45. Kramer, P.D. (1993) Listening to Prozac. New York, N.Y. Penguin Books. p 181
46. Simeon, D., Abugel, J., (no.14) p. 119
47. Cohen, M. R., Pickar, D., Dubois, M. (1983). The role of the endogenous opioid system in the human stress response. *The Psychiatric Clinics of North America*, **6**, p 457-471.
    Sierra, M. (no.6) p.115-119.

8 – Les joints, la panique et le TdD

Je ne prends pas des drogues, je suis une drogue.

—Salvador Dali

Les attaques de panique, l'anxiété, les drogues et la dépersonnalisation apparaissent régulièrement dans les histoires postées sur les sites WEB dédiés à la dépersonnalisation et dans la littérature médicale. Cette connexion claire fait partie de ce qui alimente le débat sur la meilleure classification à donner à la dépersonnalisation. Selon les experts de l'institut de Londres de psychiatrie : « il y a des preuves convaincantes liant le TdD aux troubles anxieux, en particulier les troubles paniques ».[1]

Quelles drogues déclenchent la dépersonnalisation ? Qu'est-ce qui déclenche la panique ? Est-ce que la dépersonnalisation causée par les drogues est différente de celle causée par l'hérédité, le stress ou les abus ? Ces questions ont été sérieusement étudié lors des récentes années et les conclusions ne sont non seulement pas fascinantes, mais vont bien au-delà des présupposés de la culture pop actuelle sur les drogues récréatives en général.

En dépit d'expériences personnelles négatives, je ne me considère pas comme un activiste anti-drogue. Depuis le début de la civilisation, aucune société n'a été libre de substances altérants le psychisme. Aucune. Les psychédéliques, en tant que sujet de recherche ou d'utilisation dans des rituels culturels, font partie des expériences humaines diverses – possiblement aussi essentielles que la technologie, la religion ou la politique. Le problème vient lorsque ces substances deviennent récréatives et sont vues avec la légèreté d'un apéritif.

La marijuana, le haschich, l'ecstasy, le LSD, la kétamine et d'autres substances illicites ne sont pas des manières bénignes de faire la fête. Elles portent des risques inhérents que la science démontre maintenant via une somme de données qui grandit chaque année – des données qui sont largement ignorées par les médias. Ces dangers peuvent affecter n'importe qui, mais sont particulièrement dangereux pour les personnes ayant des prédispositions cachées à certains troubles, la dépersonnalisation en tête.

La nature des attaques de panique

Le mot « panique » vient du demi-dieu grec Pan, qui est censé habiter les étendues sauvages qui séparaient les anciennes cités-états grecques. Une des diversions favorites de Pan était de tourmenter les voyageurs qui arpentaient les chemins passant à travers les forêts. En les terrifiant en faisant bruisser les genêts, il installait une appréhension tout le long de leurs voyages jusqu'à ce qu'ils soient consumés par la peur, un état proche de la « panique » au moment où ils émergeaient de la forêt. De nombreuses choses peuvent faire paniquer les gens, mais une peur intense de l'inconnu, comme celle instillé à ces voyageurs, se détache comme l'un des plus primaires de ces moyens.

Wilhem Mayer-Gross notait : « La dépersonnalisation et la déréalisation apparaissent souvent soudainement … un patient assis tranquillement lisant au coin du feu est envahi par tout son souffle accompagné d'une attaque d'anxiété aigue. Dans certain cas, elle disparaît pendant une courte période, seulement pour réapparaître de nouveau et finalement persister. Ce début violent est ce qui est le plus terrifiant pour le patient ».[2]

« Le plus terrifiant » est peut-être en dessous de la réalité. Cela décrit précisément ma propre expérience, ainsi que celles de beaucoup d'autres, peu de temps après avoir fumé de la marijuana. La terreur est au-delà de la description.

Des années avant les observations de Mayer-Gross faites en 1935, le psychologue William Jales a offert un compte rendu vivant d'un début de panique similaire dans son œuvre classique, *The Variétés of Religious Expériences*, publié en 1902. Dans le chapitre intitulé « The Sick Soul », James relais les mots d'un écrivain français qui a capturé l'essence de la sorte de panique que de nombreuses personnes ont vécu comme l'évènement déclencheur de leur propre dépersonnalisation chronique :

J'allais un soir dans le dressing-room dans la pénombre pour me procurer certains articles qui étaient là, lorsque soudainement cela tomba sur moi sans aucun avertissement, comme si cela surgissait du néant, une peur horrible de ma propre existence. Simultanément l'image d'un patient épileptique que j'avais vu dans un asile s'imposa dans mon esprit, un jeune homme aux cheveux noirs à la peau verdâtre, un idiot complet qui avait l'habitude de s'assoir toute la journée sur un des bancs, ou plutôt s'abriter contre le mur, avec ses genoux resserrés contre son menton, et le grossier jupon gris, qui était son seul habillement, était étiré sur eux enveloppant son visage en entier... cette image et ma peur entrèrent dans une sorte de combinaison l'un avec l'autre. Je pouvais être cette forme, potentiellement. Rien de ce que je possédais ne pouvait me défendre contre ce sort, si l'heure était venue pour que ce qui l'avait frappé me frappe aussi. Il y avait une telle horreur de lui, et une telle identification de la perception de ma propre anomalie momentanée avec lui, que c'était comme si quelque chose qui était jusque-là solide au sein de ma poitrine se libérait entièrement, et je devins une masse de peur tremblante. Après cela l'univers fut complètement changé pour moi.[3]

Pour certaines personnes, ce narrateur décrit avec une étrange précision le moment qui marqua le début de leur propre dépersonnalisation. Il a été également suggéré que c'était le récit de la propre expérience de la panique de James. Les sensations inexplicables que l'auteur expliquent si graphiquement vont bien au-delà des images clichées de mains moites et d'accélération des battements de cœur associées spontanément de nos jours aux attaques de panique ou d'anxiété. La certitude d'une démence imminente, qui inconnue de la victime est imposée par l'attaque, est au cœur de cette expérience. L'image mentale d'hommes en manteaux blancs fut une des premières images qui me vint durant ma propre expérience.

De manière intéressante James a inclus ce paragraphe dans un chapitre intitulé « The Sick Soul ». Les personnes dépersonnalisées, qui parfois disent qu'elles « ont perdu leur esprit », peuvent bien se rappeler d'un tel épisode comme le moment même où leur esprit est parti. Bien sûr, d'autres personnes peuvent expérimenter ce type d'incident une fois, ou de manière répétée, sans que le résultat final soit une dépersonnalisation chronique. Les attaques de panique, ou le stress d'attaques imminentes, peuvent au final mener aux sensations d'insensibilité du Trouble de la Dépersonnalisation. Il semble que la panique, qu'elle soit spontanée comme après avoir fumé de la marijuana, ou provenant d'une excessive et intense focalisation sur le moi, peut être le stress déclencheur du TdD.

Dans son autre travail bien connu *Psychology*, William James, écrivant sur le moi, décrit un excellent récit de première main spécifiquement sur la dépersonnalisation :

« J'étais seul, et déjà une proie pour des troubles visuels permanents, lorsque je fus soudainement sujet à un trouble visuel infiniment plus prononcé. Les objets devenaient petits reculaient jusqu'à des distances infinies – aussi bien les personnes que les choses. Je me sentais moi-même incommensurablement éloigné. Je me regardais avec terreur et stupeur : *le monde s'échappait de moi …* je remarquais au même moment que ma voix était extrêmement loin de moi, qu'elle ne sonnait plus comme la mienne ... En plus d'être si distant, les objets m'apparaissaient *plats*. Lorsque je parle avec quelqu'un, je le vois comme une image sans relief sortie d'un papier ... De manière constante, j'avais l'impression que mes jambes ne m'appartenaient pas. C'était presque aussi grave avec mes bras. Comme pour ma tête, elle ne semblait plus exister ... J'avais l'impression d'agir de manière automatique, par une impulsion étrangère à moi-même ... J'avais un ardent désir de voir de nouveau mon ancien monde, de revenir à mon ancien moi. Ce désir m'empêcha de me suicider. »[4]

D'un autre côté, la dépersonnalisation peut, à moment donné, provoquer aussi la panique. Dans un moment d'étrangeté ou « de vide mental » l'esprit peut soudainement se focaliser sur lui-même, devenir de manière envahissante conscient de lui-même, et alors, venant de nulle part, la panique arrive, souvent dans des situations sur lesquelles l'individu a peu ou aucun contrôle. Le *besoin* de panique se réveille, et la perte de connexion avec les choses autour de vous ou en vous (comme une conscience normale et forte du moi) fait peu pour l'empêcher.

Certaines personnes montrent un désir ardant de « se penser » soi-même compulsivement dans un état anxieux, et même dans une attaque de panique. C'est très similaire au fait de jouer avec une dent douloureuse avec votre langue, ou gratter sans cesse une croute. Vous faites cela, un peu comme un enfant, pour voir ce qui va arriver. Et vous le faites parce que vous le pouvez. L'égo fragile, la perte d'un moi qui vous empêcherait de faire des actes autodestructeurs, vous autorise à suivre mentalement des voies que des personnes normales, rationnelles n'emprunteraient même pas. Cela peut devenir votre pire ennemi, attraper obsessionnellement des étrangetés internes qui semblent considérablement plus terrifiantes que toutes les menaces présentes dans le monde extérieur.

Définir les attaques de paniques

La panique signifie des choses différentes suivant les personnes. Comme la dépression ou l'anxiété, les mots eux-mêmes ont été dilué par leur assimilation par la culture populaire. Certaines personnes expérimentent des palpitations et des mains moites pendant quelques minutes, ont peur d'avoir une attaque cardiaque, et puis plus tard appelle l'expérience une attaque de panique. D'autres, comme ceux qui ont enduré des terreurs absolues après avoir ingéré certaines substances, racontent une expérience qui est primairement *mentale* dans sa présentation, suivie par des sensations physiques plus compréhensibles. Pour ces personnes, un envahissant sentiment de peurs et le besoin intense de fuir défini une attaque de panique.

« L'attaque de panique est un évènement subjectif hautement stressant qui cause des intenses épisodes de peur non provoqué, » affirme Robert G. Sacco, l'auteur de *Mystical Expérience : A Psychological Perspective.* Approchant l'étude de la panique via un paradigme de science naturelle, les chercheurs se sont focalisés exclusivement sur les caractéristiques objectives », dit Sacco. La panique est étudiée en termes de sa prévalence, de son lien avec le système nerveux central, des stimuli environnementaux qui provoquent son déclenchement et des ramifications qui le suivent.

« Alors que les résultats fournis par ces études ont élargi notre compréhension du phénomène, les recherches continuent de négliger la dimension *interne* de la panique expérimentée par les sujets, limitant notre compréhension de la signification de l'attaque de panique », dit Sacco.

Le DSM-IV contient une catégorie séparée pour les attaques de paniques basées sur la reconnaissance que ces épisodes peuvent survenir dans plusieurs diagnostiques psychiatriques, et pas seulement dans le trouble panique. Une différentiation de l'attaque de panique faite de longue date basée sur les symptômes psychologiques versus les symptômes physiques est apparue dans la littérature psychiatrique.

Citant la littérature récente, Sacco souligne que la panique exhibe deux principaux ensembles de symptômes : respiratoire et cognitif.[5] Le premier ensemble est relié aussi bien aux théories de la panique hyper-ventilatoire ou de l'alarme de suffocation. Par contraste, l'ensemble des symptômes cognitifs est caractérisé par des sentiments intenses de détresse ou de peur, associé à des symptômes cognitifs.

Mon observation personnelle est que trois types d'attaques de panique semblent persister chez les gens qui finissent par expérimenter la dépersonnalisation. L'une est spontanée, venant de nulle part, comme celles décrites par James et Mayer-Gross. La seconde est la variété cognitive, de vigilance sur soi-même, avec une focalisation soit sur l'esprit, soit sur le processus de pensée, ou soit sur la possibilité d'une attaque de panique, ce qui mènera de fait à la panique, bien que d'une moindre intensité. La troisième est situationnelle, qui apparait seulement sous certaines circonstances redoutées comme voler, être hors de contrôle d'une situation, ou les situations souvent citées par les agoraphobes (les chapitres 9 et 10 examineront des manières efficaces de lutter contre ces derniers types de panique). Les deux derniers types sont reliés, et proviennent d'un manque d'un sentiment clairement défini du moi qui fait face au monde avec une identité interne intacte et sûre.

La psychologue Alicia Meuret et ses collègues ont identifié trois sous-types d'attaques de panique, le dernier correspondant avec ma propre expérience : un *type cardio-respiratoire* (palpitations, souffle court, étouffement, douleur à la poitrine, engourdissement, peur de mourir), un *type somatique mixte* (sueur, tremblement, nausée, peurs soudaines et vertige) et un *sous-type cognitif* (sentiment d'irréalité, peur de devenir fou et peur de perdre le contrôle).[6]

Sacco souligne que le sous-type « cognitif » inclut la dépersonnalisation et la déréalisation, ainsi que la « peur de perdre le contrôle » et la « peur de devenir fou » —les symptômes qui sont le plus souvent associés aux expériences de dépersonnalisation dans les attaques de paniques.[7] Un résultat intéressant est que la peur de mourir forme la dimension proéminente dans le sous-type cardio-respiratoire, mais non nécessairement dans le sous-type cognitif (en se basant sur le type d'attaque que j'ai personnellement connu, mourir est perçu comme la manière la plus rapide de sortir de la panique, préférable à la sensation de panique elle-même).

Lorsque la panique et la dépersonnalisation ne sont pas les premiers coupables, l'anxiété flottante l'est souvent. « L'anxiété, c'est avoir peur lorsqu'il n'y a rien pour faire peur » dit le philosophe James Park. « Nous luttons avec quelque chose dans le noir mais nous ne savons pas ce que c'est ».[8] Cette sorte de forme d'inquiétude vague et sans objet est souvent connue sous le terme *d'angoisse* ('angst' en anglais), ce que le philosophe Kierkegaard utilisait pour décrire l'anxiété qui n'a pas d'objet spécifique.

« Dans l'angoisse, nous nous confrontons à la précarité fondamentale de l'existence, notre être nous apparaît comme incroyablement fragile et précaire » ajoute Park. « Et lorsque nous brisons la barrière protective dans laquelle nous essayons de l'encapsuler, notre appréhension anxieuse nous rend impuissant ». Feu Oscar Janiger désignera plus tard cette angoisse existentielle « le Coup du Vide » ('The Blow of the Void' en anglais) - un changement fondamental dans la conscience qui nous force à nous focaliser sur ces choses que la plupart des gens écartent de manière permanente et sûre dans l'arrière de leur conscience.

Bien sûr la panique et l'anxiété reposent sur des changements physiologiques dans le cerveau. Les neuroscientifiques savent maintenant qu'au moins trois neurotransmetteurs sont impliqués dans la panique – la noradrénaline, la sérotine et l'acide γ-aminobutyrique (GABA, 'gama-aminobutyric' en anglais).

Plus d'information sur le cannabis

En 2008, 25.8 millions d'Américains âgés de 12 ans ou plus ont consommé de la marijuana au moins une fois dans l'année précédant l'enquête.[9] L'étude de 2008 « Monitoring the Future Study » financée par le National Institute on Drug Abuse (NIDA, 'Institut National sur les Abus de Drogues' en français), montra que 10.9% des élèves du 8ème grade (système de classes américains, correspond aux 13-14 ans), 23.9% des élèves du 10ème grade (15-16 ans) et 32.4% des élèves du 12ème grade (17-18 ans) avaient consommé de la marijuana au moins une fois dans l'année avant l'enquête. Le cannabis n'est pas que lié au passé hippie, il fait aussi partie de l'adolescence d'aujourd'hui. En parallèle de cela existe une incidence toujours plus grande de Trouble de la Dépersonnalisation.

Relativement peu de personne de nos jours ont entendu parler de nos jours du Trouble de la Dépersonnalisation comparé aux nombres de ceux qui sont maintenant familiers avec le THC, l'ingrédient actif du cannabis. Bien que le chanvre, ou la marijuana, ait été utilisé depuis 4000 ans, le principal ingrédient psychoactif du plan de marijuana ne fut pas isolé avant 1964 par les biochimistes israéliens R. Mechoulam et Y.Gaoni : le delta-9-tetrahydrocannabinol (THC).

Le delta-9-THC est la substance de la plante qui provoque le « high », l'effet que les utilisateurs recherche. Le plan de marijuana contient plus de 400 composés chimiques, 60 d'entre eux étant des cannabinoïdes – des composés psychoactifs qui peuvent être extraits de la plante de cannabis, ou produits dans le corps après ingestion et métabolisation du cannabis.

Le dérivé le plus puissant de la marijuana est issu de la résine pure extraite des feuilles et de la tige. Ce dérivé est connu sous le nom de hashish. Sa concentration de delta-9-THC est d'environ 8 à 14%. Ensuite vient la ganja, qui est communément fumée aux Etats Unis. La ganja est produite à partir de parties de plantes séchées prises seulement sur le haut des plantes femelles non pollinisées. Connue sous le nom de sinsemilla, cette version de la marijuana a un pourcentage de THC compris entre 4 et 12% (en Hollande, il existe des variétés de cannabis en vente avec des niveaux de delta-9-THC d'environ 20%, ce qui a engendré des inquiétudes à propos de son haut potentiel et de sa psychoactivité associée).

Cibler le cerveau

Le cannabis, comme la nicotine, est normalement inhalé, et a en conséquence a un accès rapide au système sanguin. Le THC et ses métabolites sont solubles dans le gras et pénètrent facilement la barrière entre le sang et le cerveau qui contrôle le passage de nombreuses substances dans le cerveau. Après s'être métabolisé dans les poumons et le foie, le THC se déplace rapidement vers les tissus riches en lipide du corps, y compris le cerveau.

Parce que le THC et ses métabolites sont solubles dans le gras, ils peuvent rester longtemps dans les tissues graisseux du corps. Ils sont relâchés plus tard dans le flux sanguin. Il y a des variabilités humaines substantielles dans le métabolisme du cannabis, mais il est maintenant prouvé que les individus qui consomment du cannabis tous les jours sont plus à risque que les utilisateurs non réguliers de déclencher une schizophrénie, une dépression ou une dépersonnalisation en raison de la lente diffusion du THC. Le temps nécessaire pour nettoyer la moitié d'une dose administrée de THC diffère entre les utilisations expérimentées ou non expérimentées, les utilisateurs expérimentés accumulant plus de THC dans leurs systèmes. Il a été prouvé que le composant delta-9-THC de la plante produisait de nombreux déficits cognitifs caractéristiques à la fois chez les humains et chez les animaux. Il détériore le fonctionnement du cerveau, particulièrement s'il est utilisé chroniquement. Des nombreuses investigations ont montré que les plus importantes détériorations étaient une réduction de la mémoire à court terme, des problèmes de locomotion, un sens du temps altéré, de la paranoïa, une fragmentation de la pensée et de la léthargie.[10]

La persistance du THC dans le cerveau étaye la théorie selon laquelle à un certain moment, une réaction sévère de panique peut survenir après avoir fumé, en dépit du fait que la personne peut avoir fumé du cannabis sans présenter de problèmes plusieurs fois auparavant. Si dans les faits le THC s'accumule, il finira par atteindre un seuil chez certains individus, déclenchant une réaction sévère qui n'était jamais arrivée avant et qui n'avait jamais été anticipé. J'ai rencontré de nombreuses personnes qui ont expérimenté une panique sévère après avoir fumé un unique joint, et d'autres qui souffrent uniquement de panique qu'après avoir fumé plusieurs fois, habituellement sur une échelle de temps de seulement quelques jours ou quelques semaines. Dans la plupart des cas, cependant, cela n'a pas pour conséquence un Trouble de la Dépersonnalisation chronique.

La recherche sur la marijuana est dans une nouvelle phase exploratoire et les scientifiques explorent comment la consommation de cannabis altère spécifiquement le fonctionnement physique de l'hippocampe, du cortex, de la glande hypophyse et des noyaux gris centraux (autrement appelés ganglions de la base ou noyaux de la base).

Il est connu, cependant, que la marijuana affecte le système nerveux central en s'attachant aux neurones du cerveau et en interférant avec la communication normale entre les neurones. Comme annoncé plus tôt, parmi les 400 produits chimiques de la plante de marijuana, 60 sont des cannabinoïdes

– des composés psychoactifs qui sont produits dans le corps après que le cannabis soit métabolisé ou soit extrait de la plante de cannabis. Le Tetrahydrocannibol (THC), le cannabinoïde le plus psychoactif produisant le plus grand impact sur le cerveau, se raccroche et active des récepteurs spécifiques, connus sous le terme de récepteurs cannabinoïdes. Ces récepteurs contrôlent la mémoire, la pensée, la concentration, le temps et la profondeur, et le mouvement coordonné. Le THC affecte aussi la production, la libération et la recapture (un mécanisme de régulation) de neurotransmetteurs variés, les molécules messagères chimiques qui transportent les signaux entre les neurones. Certains de ces effets consistent en des perturbations de la personnalité, de la dépression et de l'anxiété chronique.

La marijuana affecte aussi les émotions. Lorsqu'il fume de la marijuana, l'utilisateur peut rire de manière incontrôlée une minute et devenir paranoïaque ou paniquer la suivante. Ce changement instantané des émotions est dû à la manière dont le THC affecte le système limbique du cerveau et les amygdales, qui, comme montré au chapitre 7, font parties du circuit de l'émotion humaine la plus basique – la peur.

Le fait que certaines drogues spécifiques puissent déclencher des dépersonnalisations chroniques alors que d'autres non, mène inévitablement à des spéculations sur les systèmes neurochimiques sous-jacents qui sont impliqués. Les expérimentations ont montré que le cannabis pouvait induire la dépersonnalisation, avec un large niveau de désintégration temporelle (des perturbations de la perception du temps) chez les volontaires sains.[11] Les sensations du type dépersonnalisation surviennent durant la durée de l'intoxication, et sont reliées directement au potentiel du cannabis utilisé. Les sensations ont présenté un pic 30 minutes après avoir fumé et disparaissent typiquement après deux heures.

En plus d'agir comme un agoniste partiel de certains récepteurs cannabinoïdes, inhibant la transmission du neurotransmetteur acide gamma-Aminobutyrique (GABA), ainsi qu'affectant négativement la transmission de dopamine,[12] les cannabinoïdes bloquent les récepteurs de glutamate comme le NMDA sur des sites distincts des autres antagonistes du NMDA.[13] En conséquence, l'effet dissociatif peut partiellement survenir via l'agoniste du NMDA (le glutamate).

Les hallucinogènes agissent aussi comme agonistes sur des récepteurs sérotonines spécifiques, et des études expérimentales sur la méta-chlorophénylpipérazine (m-CPP), un agoniste de la sérotonine, ont démontré l'induction de dépersonnalisation dans un groupe mixte de participants ayant des phobies sociales, des patients borderline et des participants présentant des troubles obsessionnels compulsifs.[14] La m-CPP a aussi provoqué des flashbacks et des symptômes dissociatifs dans un sous-groupe de patients avec un trouble de stress posttraumatique,[15] ainsi que de la dissociation chez des volontaires sains.[16]

A ce jour, les cliniques de recherche insistent sur le fait qu'aucun dommage permanent du cerveau n'est visible lorsqu'une personne a une attaque de panique sévère ou lorsqu'une dépersonnalisation chronique est provoquée. C'est quelque chose qui a toujours provoqué des inquiétudes les souffrants que j'ai interviewé au fil des années. Mais je pense qu'il y a un malentendu sur le terme même de « dommage au cerveau ». Ce que les experts déclarent en fait est qu'il n'y a usuellement pas de preuve d'un dommage organique du cerveau, comme celui qu'on pourrait constater sur un patient présentant une tumeur au cerveau ou d'autres irrégularités organiques. Ce qu'il se passe, cependant, est une dérégulation de certains systèmes du cerveau. Ici repose à la fois le problème et le mystère. Les systèmes du cerveau se dérèglent *vraiment* et les patients luttent au milieu d'une jungle de médicaments et de thérapies dans leurs tentatives de revenir à un fonctionnement normal. Nous examinerons certains de ces systèmes et les déviations qui surviennent chez les personnes dépersonnalisées au chapitre 9.

Réduction de la panique

Il y a très peu de doutes sur le fait que le nombre de cas de Trouble de la Dépersonnalisation a augmenté lors des récentes décennies en raison de l'effet déclencheur des drogues, en particulier le cannabis, l'ecstasy, la kétamine ou les hallucinogènes. Les recherches conduites par le Dr. Simeon et ses collègues[17] montrent que la dépersonnalisation fait souvent suite à une mauvaise expérience avec la drogue. Pour la plupart des personnes, cette dernière pilule ou ce dernier joint est le dernier qu'elles prendront de leur vie, et beaucoup ont l'impression que « ce produit de trop » les a envoyé dans un lieu duquel elles ne reviendront jamais.

Ma propre expérience, relayée par de nombreuses autres, a consisté en une attaque de panique initiale terrifiante, suivie par un jour de normalité complète, suivie par des attaques répétées, sans causes apparentes, lors des nuits suivantes. Après cela, la panique a diminué, mais une dépersonnalisation chronique de longue durée, avec ses symptômes plus insidieux, s'installa. Pour d'autres, le dernier bad trip prit la forme de la dépersonnalisation elle-même, qui a pu diminuer, puis est finalement revenue pour de bon.

Comment l'épisode déclencheur peut-il se répéter sans cause apparente ? Certaines personnes reportent une attaque de panique initiale ou un bad trip après avoir pris des drogues suivi par une période de rémission et de normalité. Puis, venant de nulle part, une réplique de l'expérience initiale survient apparemment sans raison. Même si le cannabis reste dans le système jusqu'à ce qu'il soit excrété (sous quelques semaines) l'évènement déclencheur peut se répéter bien après.

La meilleure explication offerte à ce jour se base sur le concept familier de « flashbacks ».

Les théories initiales de flashbacks provoquées par les drogues reposaient sur l'hypothèse de la présence de molécules de drogue stockées dans les tissues. Mais Mauricio Sierra souligne qu'il n'y a jamais eu de preuves pour supporter cette idée. Plus probablement, certains auteurs ont suggéré que les flashbacks sont des manifestations d'un processus d'apprentissage « dépendant de l'état émotionnel ». Ils peuvent, en fait, correspondent à des mémoires sensorielles implicites dont le rappel prend la forme d'une ré-expérience réelle de l'état original altéré de conscience, « un peu de la manière dont certains amputés ayant des douleurs fantômes réexpérimentent souvent la qualité exacte de la douleur expérimentée précédemment avant l'amputation ».[18] C'est juste un fait qui nous rappelle que plus nous connaissons, plus nous réalisons ce qu'il reste à étudier.

La dépersonnalisation provoquée par les drogues est-elle différente ?

Si les mécanismes précis du TdD étaient connus et compris, il serait plus facile de comprendre comment le THC peut la déclencher. De la même manière, si le THC était la seule substance qui déclenchait la Dépersonnalisation, cela serait plus facile de déterminer ses mécanismes. Mais le cannabis n'est pas le seul déclencheur impliqué. L'ecstasy (MDMA), la Kétamine, le LSD et d'autres hallucinogènes comme la psilocybine (trouvée dans les « champignons magiques ») déclenchent le TdD chez certaines personnes. Le cannabis, l'ecstasy et le LSD ont des effets profonds sur les fonctions de la sérotonine dans le cerveau. La kétamine est l'antagoniste de la NMDA ou du glutamate, ce qui est quelque chose que nous examinerons au Chapitre 9. Le fait que des drogues très différentes, et des circonstances stressantes très individualisées peuvent déclencher le TdD, alimentent l'idée que la dépersonnalisation est un phénomène en lui-même. C'est quelque chose qui est mis en place par certaines circonstances ou certaines substances, et non pas quelque chose inhérent à une situation ou une substance.

Beaucoup d'entre nous, pour qui le cannabis a été sans conteste le déclencheur, se sont longuement demandé si nous aurions été les mêmes si nous n'avions jamais fumé. Et, juste aussi souvent, nous nous sommes demandé si ce qui a été appelé TdD était le même pour les personnes qui pouvaient tracer le début de leur trouble à des formes de négligences, d'abus, ou de traumas relativement mineurs. Comment fumer un joint (et dans certain cas une seule fois) peut provoquer le même terrible trouble que des années de mauvais traitements pendant la petite enfance entre les mains de parents insensibles ou de fratries ou amis abusifs ?

Les experts tendent à penser que chez certaines personnes, si le cannabis ne réveille pas une prédisposition au Trouble de la Dépersonnalisation, quelque chose d'autres le fera certainement. Nous n'en sommes pas tous convaincu à 100% cependant. Harris Goldberg et moi-même avons vécu des névroses modérées pendant l'enfance, mais elles étaient passagères. Il est dur d'imaginer que n'importe quel des stress de vie que nous avons connu depuis aurait pu être aussi dévastateur que le résultat de notre joint. Pourtant, à ce jour, les preuves semblent supporter ce point de vue.

Pour explorer plus en profondeur les différences entre les TdD déclenchés par la marijuana et les débuts n'impliquant pas de drogues, Daphne Simeon et ses collègues ont étudié attentivement les expériences de 196 cas de dépersonnalisation chronique provoquée par des drogues, comparé à 198 cas pour lesquels la drogue n'est pas en jeu. Les sujets ont été évalué via des interviews sur internet postés sur le site internet de l'Organisation Nationale des Troubles Provoqués par les Drogues ('National Organization for Drug-Induced Disorders', en anglais) de septembre 2005 à janvier 2006.

Le consensus, publié en 2009, était conforme à ce qui était attendu. Il n'y avait pas de différences significatives concernant la phénoménologie, l'évolution de la maladie, les niveaux d'handicap, les tendances suicidaires ou la réponse au traitement.[19] Comme dans certaines études antérieures, les drogues les plus communément problématiques étaient le cannabis et les hallucinogènes, suivies par l'Ecstasy et la Kétamine.

Une conclusion intéressante qui donne une lueur d'espoir aux personnes qui peuvent tracer le début de leur trouble à une consommation de drogues est le fait que ce groupe présente des améliorations plus rapides au cours du temps, non nécessairement liées à un traitement.

« Si une substance est responsable des manifestations d'une prédisposition sous-jacente, une abstinence future peut augmenter la probabilité de rémission. D'un autre côté les stresseurs psychologiques peuvent être chroniques et moins contrôlables et, même s'ils ne sont plus présents, leur impact sur le psychisme peut persister, » déclara Simeon.

La kétamine et la salvia sont moins souvent considérés comme des déclencheurs mais ils sont aussi moins souvent consommés. De manière intéressante, il n'a jamais été reporté que les opioïdes, la cocaïne et les stimulants étaient des déclencheurs, selon l'étude.

La vaste majorité (87%) du groupe pour lequel la drogue a été le déclencheur a cité un « bad trip » et Simeon pense que cela suggère que la qualité subjective de l'expérience d'intoxication peut aussi contribuer à déclencher la dissociation, en particulier si le « bad trip » a été perçu comme terrifiant ou potentiellement mortel. L'étude a révélé que la majorité des individus ne retouche plus à la drogue en question de nouveau, pour des raisons évidentes. Si la drogue est réessayée de nouveau, l'étude a montré que l'impact négatif sur la dépersonnalisation est prévisible et probable. Aussi, la durée pendant laquelle la drogue a été consommé avant le déclenchement de la maladie est limitée. Par exemple, presque 40% des cas déclenchés par le cannabis ont déclaré avoir fumé moins de 10 fois.

Le déclenchement d'une dépersonnalisation chronique par la salvia chez quelques individus est une nouvelle découverte de l'étude du Dr. Simeon pour la raison que peu de choses avait été publié sur la salvia auparavant. La salvia est connue pour engendrer une dépersonnalisation aigue chez certains individus, et elle devient une drogue récréative de plus en plus populaire.

Une étude de la composition des participants de l'étude indique une prépondérance des participants de sexe masculin et jeunes dans le groupe lié à la drogue, ce qui peut être attribué à la démographie de l'utilisation des substances. Le groupe qui n'est pas lié à la drogue présente un âge de début du trouble plus jeune de deux ans, ce qui peut être attribué à des stresseurs psychologiques présents dans l'enfance ou dans l'adolescence. La durée plus longue du syndrome parmi le groupe qui n'est pas lié à la drogue peut juste refléter un déclenchement plus précoce combiné avec un âge moyen de participation à l'étude plus important.

Si les résultats de cette étude en fait corrects, ils constituent un argument fort en faveur de l'idée selon laquelle certaines personnes sont en effet prédisposées au TdD et que tout ce qu'il faut est un déclencheur qui peut être la drogue, le stress ou quelque chose qui restera incertain pour toujours. D'un côté, cela peut être un soulagement pour les personnes qui ont toujours pensé qu'elles avaient endommagé leur cerveau. Mais d'un autre côté, si elles n'avaient pas pris cette drogue, est-ce que le trouble serait apparu quand même ? Et si oui, quand et pour quelle raison ? Ces questions tourmentent de nombreuses personnes qui peuvent relier leur début à des drogues simplement parce que les autres déclencheurs ne ressemblent souvent à rien de ce qu'elles ont rencontré, en particulier si elles se considéraient comme raisonnablement heureuses et bien équilibrées jusqu'à ce que le TdD ne vienne. Mais il est aussi probable qu'à un certain niveau, les personnes qui se considéraient comme normales jusqu'à ce qu'elles deviennent dépersonnalisées en raison de consommation de drogue n'aiment pas être catégorisées avec les « victimes » d'évènements de vie qui ont engendré le même trouble, pas plus qu'elles n'aiment être considérées comme « mentalement malade ».

Cependant, les différences entre les groupes liés ou non à la drogue ne peuvent pas être ignorées. Par exemple, il s'avère qu'il y a une plus grande prévalence « d'insensibilité émotionnel » dans le groupe non lié à la drogue (qui, déclare Simeon, n'était plus présent lorsque le sexe était pris en compte). Une des explications possibles de cette conclusion peut être la plus grande proportion de femmes dans le groupe non lié à la drogue, avec possiblement plus de présence d'histoires de stress traumatique ou de dépression et leur insensibilité émotionnelle associée. Cependant, cela pourrait en réalité représenter une « vrai » différence entre les deux groupes, l'insensibilité émotionnelle étant peut être une part intégrale du syndrome de dépersonnalisation chronique relié à des stresseurs psychologiques (les histoires personnelles postées sur *depersonalization.info* montrent un niveau plus important de panique ou d'anxiété dans les récits des cas liés à la drogue et plus de vide émotionnel lorsque le TdD apparaît plus jeune, et souvent sans raison apparente). Cette différence entre les groupes dans l'étude, pourra se révéler possiblement dans un temps futur être une différence importante. Le « vide » émotionnel peut probablement être la moins perturbante des voies que la dépersonnalisation prend et, selon moi, être « vide » seulement ne reflète pas adéquatement la riche perversité de la condition en général.

De manière importante, cette étude met fin à certaines spéculations. Il a souvent été suggéré par les patients et les cliniciens pareillement que la dépersonnalisation provoquée par la drogue peut engendrer plus de symptômes perceptuels, en particulier visuels, et plus de déréalisation que de dépersonnalisation. Il a aussi été suggéré, en utilisant sur un raisonnement de sens commun, que parce que les cas provoqués par la drogue sont peut-être moins pilotés « psychologiquement » et plus pilotés « chimiquement », ils peuvent moins probablement endommager le cœur du sens de l'identité et ses manifestations symptomatiques correspondantes (c'est-à-dire l'irréalité du moi). Cette étude a utilisé des évaluations détaillées des symptômes et n'a clairement montré aucune différence dans la phénoménologie entre les deux groupes quelques soit le domaine, ce qui est un argument supportant fortement l'unité du syndrome.

Finalement, la nature des récepteurs de cannabinoïde eux-mêmes a été étudié au cours des années récentes également. Est-ce que ces récepteurs sont différents chez les individus présentant une prédisposition au trouble par rapport aux autres personnes ? Si oui, les scientifiques pourront-ils prédire qui expérimentera une expérience négative liée à la drogue menant au TdD et qui n'en aura pas ? Bien que les investigations courantes se sont révélées infructueuses, cette perspective pourrait devenir une réalité dans un futur pas si éloigné.

Toutes les recherches et les conclusions présentées ici démontrent un certain nombre de point. Premièrement, le TdD n'est pas ignoré, bien que sa nature énigmatique continue de mettre au défit certains des esprits les plus vifs du monde médical. Deuxièmement, la biologie sous-jacente à la dépersonnalisation est extrêmement complexe, menant souvent les chercheurs vers plusieurs voies en même temps. Dans une période où tout paraît technologiquement possible, le TdD ne rend pas seulement humble ceux qui en souffrent mais aussi ceux qui travaillent dur à le comprendre. Est-ce quelque chose de si unique qu'il ne puisse pas être compris ? Peut-être. Mais cela ne veut pas dire qu'il ne puisse pas être traité avec succès, et le prochain chapitre explorera les nombreuses options disponibles, grâce à la persistance de docteurs, cliniciens et patients dévoués.

Références

1. Hunter, E.C. , Phillips, M.L., Chalder, T., Sierra, M., David, A.S. (2003) Depersonalization disorder: a cognitive behavioral conceptualization. *Behaviour Research and Therapy*, **41**, 1451-1467
2. Mayer-Gross, W. (1935). On depersonalization. *British Journal of Medicine and Psychology, 15,* 103–126
3. James, W. (1902/1961). *The varieties of religious experience.* New York: MacMillan, p. 138.
4. James, W. (1950) *Psychology,* Vol. I, Dover Publications, New York, pp 377-378.
5. Meuret, A.E., White, K.S., Ritz, W.T. Roth, Hofmann, S.G., & Brown, T.A. (2006). Panic attack symptom dimensions and their relationship to illness characteristics in panic disorder. *Journal of Psychiatric Research*, **40**, 520–527.
6. Ibid.
7. Segui, J., Marquez, M., Garcia, L., Canet, J., Salvador-Carulla, L., & Ortiz, M. (2000). Depersonalization in Panic Disorder: A Clinical Study. *Comprehensive Psychiatry.* **41***,* 172–178.
8. Restak, R., (2004) Poe's Heart and the Mountain Climber: Exploring the effects of anxiety on our brains and culture. New York. Three Rivers Press. p 36.

9. National Survey on Drug Use and Health (Substance Abuse and Mental Health Administration.

10. Steinherz, K., Vissing, T., (1997) The Medical Effects of Marijuana on the Brain,. 21st Century Science and Technology, Vol 10, No.4.

11. Simeon, D., Kozin, D., Segal, K., Lerch, B. (2008) Is Depersonalization Disorder Initiated by Illicit Drug Use Any Different? A Survey of 394 Adults. *J Clinical Psychiatry* **70:**1358-1364

12. D'Souza DC, Abi-Saab WM, Madonick S, et al. Delta-9-tetrahydrocannabinol effects in schizophrenia: implications for cognition, psychosis, and addiction. *Biol Psychiatry.* 2005;**57**(6):594–608.

13. Feigenbaum JJ, Bergmann F, Richmond SA, et al. Nonpsychotropic cannabinoid acts as a functional N-methyl-d-aspartate receptor blocker. *Proc Natl Acad Sci USA.* 1989;**86**:9584–9587.

14. Simeon D, Hollander E, Stein DJ, et al. Induction of depersonalization by the serotonin agonist meta-chlorophenylpiperazine. *Psychiatry Res.* 1995;58(2):161–164.

15. Southwick SM, Krystal JH, Bremner JD, et al. Noradrenergic and serotonergic function in posttraumatic stress disorder. *Arch Gen Psychiatry.* 1997;54:749–758.

16. D'Souza DC, Gil RB, Zuzarte E, et al. Gamma-aminobutyric acid-serotonin interactions in healthy men: implications for network models of psychosis and dissociation. *Biol Psychiatry.* 2006;59(2):128–137.

17. Simeon, D. (no. 11)

18. Sierra, M. (2009) Depersonalization: A New Look at a Neglected Syndrome, Cambridge University Press. p. 64

19. Simeon, D. (no. 11)

9 – Vivre dans l'irréalité : Réajustement Chimique

La vie commence de l'autre côté du désespoir.

— Jean-Paul Sartre

Comment gérez-vous un sentiment du moi modifié, des
perceptions altérées, ou une modification complète Même si le
cannabis reste dans le système jusqu'à ce qu'il soit excrété (sous
quelques semaines) l'évènement déclencheur peut se répéter
bien après.
de la conscience ? Est-ce que c'est quelque chose qui peut être
traité ? Ou doit-il être accepté ?

Il n'y a pas de remèdes magiques pour « soigner » la
dépersonnalisation. En fait, à la différence des nombreux autres
mauvais choses qui peuvent affecter votre corps sans que vous
l'ayez demandé, la dépersonnalisation requiert un large dégrée
de compréhension et de patience de la part de sa victime. Vous
n'avez pas besoin de lire des livres sur les infections pour être
soigné avec de la pénicilline. Mais le TdD, qui semble vous
privez de tellement de choses, demande un certain
investissement intellectuel avant qu'il ne vous rende quelque
chose.

À la fin, la manière dont vous gérez la dépersonnalisation
dépend largement de comment vous l'interprétez. Bien que
souvent décrit comme l'Enfer lui-même, le TdD est plus
adéquatement décrit comme une sorte de purgatoire—un terrain
inconfortable au milieu de votre ancien Moi et votre nouveau
Moi. Le plus souvent, les personnes veulent simplement
retourner à leur ancien Moi mais ont des difficultés à faire face

au fait que cela n'est ni probable ni nécessairement désirable. Le TdD est une expérience qui change votre vie, de manière comparable à la mort d'un parent ou d'une épouse, ou même le fait de gagner à la loterie. Le but est de retrouver les émotions positives d'être humain qui étaient accessibles avant son déclenchement et de les incorporer dans un nouveau et meilleur Moi qui a été façonné, non en vivant avec le TdD, mais en allant *à travers* lui, émergeant en entier avec un sens clair du vrai moi, sans les fragiles illusions qui tenaient précédemment l'ego construit intact.

De nombreuses personnes visitant aujourd'hui les sites web consacrés à la dépersonnalisation reflètent une tendance regrettable – quelque chose qui n'était pas si apparent il y a une décennie. Ils sont de plus en plus jeunes et ont rencontré le TdD, ou pensent l'avoir rencontré, rapidement, souvent comme le résultat de quelques drogues illicites. La plupart d'entre eux cherchent un moyen rapide de s'en sortir, une manière d'aller mieux pour qu'ils puissent revenir à leurs anciennes vies sans perdre de temps.

Heureusement, pour beaucoup d'entre eux le TdD se retire quelques fois de lui-même s'ils restent à l'abri des déclencheurs qui l'a précipité. Malheureusement, s'il ne s'en va pas, cela requiert du temps et des réflexions qu'ils n'ont simplement pas la volonté d'investir. Choisissant la voie de moindre résistance, ces personnes grandissent dans le monde adulte en se sentant perdu, recourant souvent à n'importe quelles substances qui les aident à affronter le quotidien.

Le TdD a été banalisé par des sites web et des organes de presse variés qui tendent à le voir exclusivement comme une sous-catégorie de dissociation, ou une variation du Trouble de Stress Posttraumatique (TSPT). Les gens ont des difficultés à croire que le TdD est présent depuis si longtemps et qu'il n'ait pas été considéré comme une chose en tant que telle. Il semble que les traumas sévères comme le viol ou les blessures de guerre, et les réactions dissociatives qui en résultent comme les expériences de sortie du corps ou de fugues, soient plus compréhensibles qu'un trouble déclenché par des traumas ou des drogues moins sévères qui place la nature même de la perception et de l'existence au premier plan.

Le TdD n'est ni un arrêt sur le chemin de la folie, ni une sentence de mort. Les sites web sur la dépersonnalisation sont remplis de récits personnels sur le déclenchement du trouble et la souffrance en résultant. Mais des histoires sur des améliorations ou des thérapies sont rares. Pourquoi ?

Malheureusement, le TdD s'est avéré être un phénomène du « chacun pour soi ».. Les personnes interagissent sur les sites web, mais lorsque la vie s'améliore, la plupart choisissent de placer autant de distance entre eux même et la communauté de la dépersonnalisation que possible. La maladie mentale est aussi difficile à confesser qu'elle est à endurer. Souvent les personnes demandent que leurs histoires personnelles soient retirées une fois qu'elles vont mieux et qu'elles recommencent leurs vies dans le monde « réel ».

Ma propre histoire est peut-être une aberration, non seulement parce que des niveaux variés d'anxiété et de dépression clinique, suivant les périodes, ont succédé à mon TdD, mais parce que je me suis trouvé à retourner dans les eaux de la dépersonnalisation intentionnellement, pour en apprendre sur la condition et sur moi-même. L'étudier peut vous amener à vous embourber dedans, obscurcir vos opinions à son propos, et créer des biais qui vous éloignent de la science. Le fait que la plupart des chercheurs ne vivent pas dans un état constant de dépersonnalisation peut s'avérer être un avantage, leur objectivité restant indemne. Les symptômes même de la condition rendent confus le patient, et déconcertent son docteur, spécialement lorsque les sensations de détachement résistent à la description. La haute incidence de comorbidité avec d'autres troubles, et la prévalence d'un symptôme sur un autre suivant les périodes rendent le TdD extrêmement difficile à diagnostiquer à moins que ses manifestations les plus constantes soient abordées en détail avec un psychiatre compétent. Dans mon propre cas, à part d'être chroniquement *pas normal*, je n'avais aucune idée sur ce qui n'allait pas ni sur quelles sortes de dommage j'avais infligé à mon cerveau. Mais la connaissance que je m'étais infligé cela à moi-même était à moment donné insupportable.

Après onze années par intermittence dans les Neufs Cercles j'étais conscient de son imprédictibilité et j'ai réalisé que je ne pouvais jamais vraiment faire confiance à mon esprit pour engendrer le sentiment consistent d'une Moi. En dépit d'être capable de travailler, voyager, et fonctionner à un haut niveau durant des années, un large assortissement de stress interminables a finalement convergé au début des années 1980 pour déclencher la « triple peine » en moi – la dépersonnalisation, l'anxiété, et un curieux type de dépression qui n'était pas marqué par la tristesse – juste ce que William Styron avait appelé le « naufrage de l'esprit ». Comme l'anxiété, la pensée fragmentée, et un sentiment d'étrangeté me menaient vers un dénouement insupportable, j'ai essayé de le maîtriser avec un qui m'avait aidé considérablement quelques années plus tôt, le combo antidépresseur tricyclique / tranquillisant appelé Triavil. Lorsque cela échoua, j'ai essayé le Valium, l'Activan et l'Adapin, sans aucun succès. Pour la première fois dans ma vie j'ai considéré le suicide, non parce que j'étais malheureux, mais parce que je pouvais sentir mon esprit se morceler en des éclats de miroirs cassés d'un moi. La conscience elle-même était insupportable, l'existence n'était rien d'autre qu'une douleur insupportable teintée de peur et de confusion mentale. Je me rappelle escalader une petite colline à Manhattan Beach dans ma petite Fiat convertible lorsque l'idée de finir avec tout cela a émergé pour la première fois. La journée était parfaite, ensoleillée avec une faible humidité. Le son des vagues frappant les rives remontant du bas de la colline où des pêcheurs tiraient impatiemment sur leurs lignes sur la jetée. Tout était parfait, plein de vie et de potentialité et d'espoir. Mais tout ce qui existait était le désir d'en finir avec cette horrible conscience qui ne présentait aucune mémoire, aucun espoir, aucunes perceptive, rien. Rien sauf la douleur et le besoin désespéré d'y mettre fin.

Des situations comme celle-là présagent souvent d'un changement à venir, pour le meilleur ou pour le pire. Il est facile d'attribuer la bonne fortune, la chance, ou la main intercédante de quelque chose de plus large à la pensée magique. Quel qu'en soit la raison, ma vie était en effet sur le point de changer.

Je savais qu'un ami proche avait vu un célèbre psychiatre pendant plusieurs années. J'étais méfiant envers les professionnels de la santé mentale. Des années d'analyse n'allaient pas m'aider. Mais lorsqu'elle m'assura que l'expertise de ce docteur résidait dans la chimie du cerveau, plutôt que dans des méandres de décodages psychologiques, j'ai accepté de prendre un rendez-vous avec le Dr. Oscar Janiger.

Janiger était bien connu à Los Angeles dans les années 1950 et 1960 comme « le psychiatre des stars ». Alors que sa liste de patients était un bottin de célébrités d'Hollywood, il était plus connu pour ses recherches révolutionnaires sur le LSD et la créativité, conduites bien avant que l'acide ne devienne un paria et qu'il fut finalement banni. La combinaison de LSD et de psychothérapie avait en fait aidé un certain nombre de stars, notamment Cary Grant, dans le développement personnel et la connaissance de leurs propres psychés. Lenny Bruce, Jack Kerouac et le jeune Jack Nicholson étaient aussi parmi ses patients, certains recommandés par le fameux cousin de Janiger, le poète de la beat génération Allen Ginsberg. Anais Nin même écrivit sur Janiger et son expérience du LSD dans son journal.

Pourtant en dépit de cette proche relation avec à la fois le génie et les faiblesses des célébrités, Janiger ne faisait pas de discriminations quand il fallait voir des personnes qui avaient besoin d'aide. J'étais un inconnu d'un peu plus d'une vingtaine d'année, présenté sur recommandation. Le fait que j'étais désespéré était tout ce qui comptait. Janiger était une figure paternelle que tout le monde appelé « Oz », bien avant que d'autres voulant projeter quelque suggestion d'une science de la magie utilisèrent le sobriquet. Le nom de « Oz » reflétait pour certain sa large expérience des psychédéliques, mais pour la plupart c'était simplement un diminutif pour « Oscar », rien de plus.

Alors que j'étais anxieusement assis dans la petite salle d'attente à l'extérieur du cabinet de Janiger situé à Beverly Hills, une fameuse actrice d'âge moyen était en train de planifier son prochain rendez-vous au bureau de la secrétaire. Je sus qui elle était immédiatement. Je l'avais vu dans un film populaire quelques mois plus tôt. Elle me regarda avec un petit sourire comme si je faisais partie d'un certain cercle intime unifié non par la célébrité, mais par la douleur. Elle semblait me dire quelque part, « Vous êtes venu au bon endroit. Ça va aller maintenant. »

Pendant un moment, j'ai pensé à Demien, le romain de Hermann Hesse, et à ses personnages qui reconnaissaient discrètement ceux qui étaient différent, ceux qui, comme eux même, portaient ce que Hesse avait fait allusion sous le nom de « Marque de Cain ».

Mon ami ne m'avait rien dit sur la notoriété de Janiger ou sur sa réputation. J'attendais un entretien avec ma notion préconçue d'un psy – barbu, scolaire, peut être pompeux et enseveli sous des murs de livres écrit par des prédécesseurs de la même école de pensée. L'homme que j'allais rencontrer m'appris à ne plus jamais sauter à la conclusion. Janiger était plus petit que moi-même mais visuellement impressionnant, âgé mais robuste, un pont entre un scientifique au yeux fatigué et le Picasso de ses dernières années. Son large sourire suintait la chaleur et l'humanisme et une voix râpeuse portait les traces d'un accent New Yorkais, qui semblait plaisamment familier.

Son bureau ressemblait à n'importe quelle autre installation médicale. Un mur de verre regardait une fenêtre pleine de plantes méditerranéennes, des livres de tout type et des objets d'art éparpillés. De manière plus notable, et plus imposante, une grande et ancienne poupée Kachina trônait protégée par une boite en verre sur une table. Ce serait quelque part le point central, non seulement du bureau, mais aussi de chaque souvenir de ce jour-là. C'était mon dernier arrêt, la dernière oasis d'espoir ; elle était *destinée* à ce que je m'en souvienne.

Après avoir échangé des plaisanteries à propos de l'ami qui m'avait recommandé, je me suis assis sur une chaise directement en face du docteur, sans rien entre nous. Après une courte pause il demanda tranquillement :

« Donc dites-moi. Qu'y a-t-il à ce point de votre vie pour vous amener voir un psychiatre ? »

Lentement, délibérément, clairement, je lui dis tout sur la nuit dans le dortoir onze ans plus tôt, les Neufs Cercles, les périodes flottantes de « normalité », les descentes dans la dépression ou l'anxiété, la rumination existentielle, l'étrangeté de tout ce qu'il y avait dedans et dehors – comme si j'avais finalement rencontré mon créateur je lui dis tout ce que j'avais enduré pendant plus d'une décennie. »

Pendant la majeure partie de mon témoignage, les yeux de Janiger étaient clos tandis qu'il frottait son front. Est-ce que je l'ennuyais ? Était-il endormi ? Non, parce que le moment d'après il louchait comme s'il endurait ma douleur, ou secouait sa tête légèrement comme pour me répondre avec compassion, ou avec quelque compréhension.

Je pensai pendant un moment, et après avoir tout déposé, je conclus tranquillement : 'Même lui ne peut pas m'aider. » Janiger commença alors à parler de manière animée, comme s'il se réveillait soudainement.

« Vous savez, j'ai entendu une centaine de fois chaque chose que vous venez de décrire » dit-il. « Et cela me stupéfie totalement que pour chaque cas c'est *exactement* la même chose. Je savais ce que vous alliez dire avant même de commencer. Cela ne cesse jamais de m'étonner de constater combien ces descriptions sont similaires. »

« Vous avez ce qui est connu comme le Syndrome de Dépersonnalisation, » continua Janiger. « Et vous savez quoi ? C'*était* le cannabis. »

La conversation continua pendant un certain temps. Il parla de neurotransmetteurs, de drogues, et de sensibilités chez certaines personnes. La dépersonnalisation était comme l'océan dit-t-il, un incroyable et merveilleux phénomène. Mais pas si vous vous y noyez, comme c'était mon cas. Toutes les ramifications de la dépersonnalisation pourraient être abordées plus tard, si je le voulais. La première étape était de me sortir des eaux terrifiantes, et me remonter sur le bateau.

Le docteur Janiger me donna une prescription pour un médicament qui s'était avéré un succès pour certain de ses patients par le passé. Si cela ne marchait pas, il y avait d'autres options.

Pour le moment, les détails ne sont pas importants. Des douzaines de médicaments efficaces accessibles aujourd'hui n'existaient même pas à ce moment-là. Ce qui *est* important est que les sensations, ultérieurement, et tout le long des jours et semaines qui suivirent, suivirent l'évolution de celles pour lesquelles la reconnaissance d'un vrai trouble et les médicaments appropriés apportent une amélioration substantielle et même rapide.

Le changement sur la manière dont vous vous sentez lorsque le médicament fait effet en pénétrant la barrière entre le sang et le cerveau peut être subtil. Sur une période de quelques jours, puis de quelques semaines, vous commencez à vous sentir d'une certaine manière plus intégrée mentalement. Le fait de savoir qu'un médicament travaille contre les sensations horribles que vous avez connu depuis si longtemps semble stimuler cette action. Vous commencez à ressentir de l'espoir d'une manière que vous n'avez pas ressenti depuis très longtemps. Vous pouvez constater que les souvenirs et les émotions commencent à retrouver certaines de leurs anciennes vivacités et couleurs. Des émotions de nostalgie ou des sentiments réapparaissent comme par exemple un intérêt dans la sexualité ou la toilette. Bientôt vous constatez que vous avez besoin de moins de sommeil et vous vous réveillez le matin sans l'inquiétude du jour à venir. Lorsque tout cela arrive, vous savez que les médicaments fonctionnent. Le danger réside dans le fait de s'observer si intensément que vous devenez insatisfait des améliorations graduelles et mineures. Vouloir être exactement comme vous l'étiez avant le déclenchement de n'importe quelle maladie mentale n'est pas raisonnable ni réaliste, tel un papillon voulant retourner dans la sécurité de son cocon.

Que votre psychiatre soit pleinement familier avec le TdD, ou qu'il attribue incorrectement vos descriptions à une dépression atypique, ou trouble bipolaire, un Trouble Panique ou quelque chose d'autre, les outils à sa disposition sont les mêmes. Certains patients répondent aux antidépresseurs les plus fréquemment prescrits comme certain ISRS. D'autres patients ont besoin d'un « cocktail » qui peut inclure un ISRS ou un antidépresseur tricyclique couplé avec des benzodiazépines comme le Xanax (alprazolam). Certaines nouvelles et intéressantes possibilités de traitement sont apparues aussi. Examinons les différentes classes de médicaments disponibles.

Inhibiteurs sélectifs de la recapture de la Sérotonine

Ces médicaments ont été conçu dans les années 1980 comme une alternative sure et spécifique aux anciens antidépresseurs tricycliques et inhibiteurs de monoamine oxydase (IMAOs, 'monoamine oxidase inhibitors', MAOIs en anglais). Ils étaient étiquetés comme des drogues de synthèse très tôt, non parce qu'ils ont été en vogue rapidement, mais parce qu'ils étaient désignés spécifiquement pour agir sur la sérotonine. Les ISRS comme le Prozac, le Celexa, le Zoloft, le Luvox et d'autres fonctionnent en augmentant le niveau de sérotonine à la jonction entre les cellules nerveuses en empêchant sa recapture, ou réabsorption, dans la cellule nerveuse émettrice, ainsi que à ses subséquent ... L'augmentation de quantité de sérotonine entre les cellules nerveuses influence en retour l'activité des neurones du cerveau.

Depuis de début, les ISRS ont été commercialisé comme des antidépresseurs et ils ont prouvé leur efficacité contre les Troubles Obsessionnels Compulsifs (TOC). Puisque les pensées obsessionnelles sont apparues si souvent dans la constellation des plaintes du Trouble de la Dépersonnalisation, le médecin Eric Hollander, chaire de psychiatrie au Centre Médical du Mount Sinai ('Mount Sinai Medical Center' en anglais) à New York, a estimé qu'ils pouvaient être efficace contre le TdD. La médecin Daphne Simeon, a pris ensuite la tête de l'Unité de Recherche sur la Dépersonnalisation du centre et des sérieuses recherches cliniques sur la dépersonnalisation commencèrent dans ce pays pour la première fois.[1]

Initialement, les ISRS ont semblé prometteurs pour combattre le TdD suivant les résultats d'essais préliminaires avec des placébos utilisés pour comparaison. En 2004, cependant, une étude définitive publiée dans le *British Journal of Psychiatry* n'a pas montré des avantages avec la fluoxetine (Prozac).

Dans cette étude, 25 individus TdD ont été assigné aléatoirement à un traitement par la fluoxetine et 25 à un traitement placebo. Les patients n'étaient pas autorisés à prendre d'autres médicaments. Le traitement a duré 10 semaines, et les participants montèrent jusqu'à une dose plutôt haute de fluoxetine, presque 50 milligrammes par jours. L'étude a trouvé que les personnes prenant de la fluoxetine ont montré une amélioration *globale* significative de leur dépersonnalisation, comparées à celles prenant le placébo. Cependant, lorsque ces améliorations étaient « corrigées » des changements survenus sur l'anxiété et de la dépression, la fluoxetine n'apparaissait plus meilleur que le placebo. De plus, l'amélioration globale de la dépersonnalisation sous fluoxetine était en moyenne évaluée comme « minimale », ce qui montrait que l'effet n'était pas assez puissant pour être considéré cliniquement utile selon les standards usuels de la recherche sur la réponse des symptômes au traitement. Finalement, les symptômes réels de dépersonnalisation des participants des deux groupes étaient évalués par une échelle administrée par un clinicien et par une échelle auto administrée, et les deux échelles n'ont montré aucune différence entre la fluoxétine et le placebo.

A l'intérieur du groupe traité par la fluoxetine, les participants TdD qui ont expérimenté quelques améliorations avaient plus de probabilité d'avoir aussi montré des améliorations des troubles communs de l'anxiété, en addition de leur TdD. Il semble donc plausible que ces patients ayant une anxiété majeure qui répond à la fluoxetine peuvent aussi montrer quelques améliorations de leurs expériences spécifiques de dépersonnalisation.

Puisque les ISRS agissent comme des *faibles* inhibiteurs de la recapture des neurotransmetteurs non sérotoninergiques comme la norépinephrine, mais agissent comme des *forts* inhibiteurs de la recapture de la sérotonine, ils sont considérés comme « sélectifs ». Cela explique pourquoi ils sont usuellement moins efficaces contre les symptômes qui ne sont pas simplement reliés à la sérotonine. La sélectivité explique aussi des plus faibles effets secondaires.

Les inhibiteurs de la recapture de la sérotonine noradrénaline (IRSNa) constituent une autre classe de médicaments antidépresseurs utilisées pour des troubles de l'humeur. Ils sont quelquefois aussi utilisés pour traiter des troubles de l'anxiété, des troubles obsessionnels compulsifs

(TOC), des troubles déficit de l'Attention / Hyperactivité (TDAH) et même des syndromes fibromyalgiques ('fibromyalgia syndrome', FMS en anglais). Les IRSNa agissent sur et augmentent les niveaux de deux neurotransmetteurs dans le cerveau qui sont connus pour jouer un rôle important dans l'humeur – la sérotonine et la norépinephrine. De manière anecdotique, les IRSNa reflètent les résultats des ISRS, avec l'Effexor souvent cité comme procurant quelque soulagement lorsque l'anxiété et l'obsession sont en jeu. Théoriquement, puisque les spécificités du TdD reste relativement méconnues, n'importe quels médicaments qui affectent des systèmes additionnels de neurotransmetteurs d'une manière positive augmentent la possibilité d'affecter ceux qui peuvent jouer certain rôle caché dans le TdD.

Benzodiazépines

Souvent prescrit en tant que première ligne de défense contre ce qui apparait être un trouble de l'anxiété, les benzodiazépines, familiarisés sous le terme de benzos, constituent une amélioration considérable par rapport à leurs prédécesseurs tranquillisants, les barbituriques. Les benzos sont devenus un remède favori pour les personnes souffrant d'anxiété et d'attaques de panique et, pour beaucoup de patients, ils ont rendu la dépersonnalisation plus tolérable. Ils peuvent aussi être utilisé en combinaison avec de nombreux autres antidépresseurs et font fréquemment parties du cocktail que les psychiatres prescrivent dans leurs tentatives pour combattre tous les divers symptômes de TdD. Leurs noms sont familiers : Alprazolam (Xanax), Clonazepam (Klonopin, Rivotril), Diazepam (Valium), Lorazepam (Atavin), Triazolam (Halcion), aussi bien que des douzaines d'autres.

Les benzodiazépines améliorent l'effet du neurotransmetteur acide y-aminobutyrique (GABA) ce qui engendrent des effets sédatives et hypnotiques (induction du sommeil), anxiolytiques (anti-anxiété), anticonvulsivants et relaxants musculaires. Les benzodiazépines sont catégorisés comme à action soit courte, intermédiaire ou longue. Les benzodiazépines à action courte et intermédiaire sont préférés pour le traitement de l'insomnie ; les benzodiazépines à action longue sont recommandés pour le traitement de l'anxiété.

En général, les benzodiazépines sont sûrs et efficaces sur le court terme, mais vous pouvez développer une tolérance à eux et vous pouvez avoir besoin d'une augmentation de dose pour atteindre le même effet. Ils peuvent être difficile à arrêter si vous les prenez depuis une longue durée.

L'autre problème avec les benzos est qu'ils sont le parfait exemple d'une solution de fortune, une correction temporaire, lorsqu'une condition requiert d'être traitée d'une manière plus permanente. Vous pouvez vous trouver vous-même « chassant » votre anxiété, lorsque les effets du médicament se dissipent. Par contraste, les antidépresseurs d'aujourd'hui restent dans votre système plus longtemps et font davantage pour construire un « niveau » durable de stabilité mentale. Vous devez encore les prendre à intervalle régulier, mais le chemin est moins cahoteux avec une substance qui réarrange votre neurotransmission plutôt qu'en les supprimant avec des correctifs temporaires.

Antidépresseurs tricycliques

Les antidépresseurs tricycliques (ATC, 'Tricyclic antidepressants', TCAs en anglais) ont été en premier développé au début des années 1950 et introduit ensuite plus tard dans la décennie. Ils sont nommés d'après leur structure chimique, qui contient trois rangés d'atomes. Les antidépresseurs tétracycliques ('Tetracyclic antidepressants', TeCAs en anglais), qui contiennent quatre rangés d'atomes, constituent un groupe étroitement apparenté de composés antidépresseurs.

Les ATC ne sont pas aussi populaires que ce qu'ils étaient autrefois, simplement parce que la plupart des médecins préfèrent prescrire des ISRS. Les raisons pour cela ne semblent pas être justifiables par autre chose que le fait que les ISRS apparaissent être plus largement tolérés par les personnes ayant une dépression mineure et des problématiques d'anxiété, créent moins de problèmes si une overdose arrive, et par le simple fait que « nouveau » est souvent mal interprété comme « meilleur ».

Les antidépresseurs tricycliques fonctionnent en augmentant les niveaux des neurotransmetteurs sérotonine et norépinéphrine dans le cerveau en ralentissant le taux de recapture (réabsorption) par les cellules nerveuses. Les ACT agissent comme un fort inhibiteur de la recapture de la norépinéphrine et de la sérotonine. Les ACT bloquent aussi certains autres sites récepteurs ce qui peut entrainer des effets secondaires non désirés comme un gain de poids, une bouche sèche, de la constipation, de la somnolence, et des vertiges, tout cela signifiant très peu pour un patient en crise mentale. Les noms de beaucoup de tricycliques sont bien connus – clomipramine (Anafranil), amitriotyline (Elavil) et imipramine (Tofranil).

Une petite étude préliminaire du Dr Simeon au Mount Sinai a montré le début de promesse pour la clomipramine, qui contrairement à la plupart des tricycliques, agit aussi comme un inhibiteur puissant de la recapture de la sérotonine. A la fin des années 1990, Simeon et ses collègues ont conduit une petite étude évaluant la clomipramine versus la désipramine comme traitement de la TdD (la désipramine est un autre antidépresseur tricyclique qui n'a pas de fortes propriétés sérotoninergiques).[2] Le petit nombre de sujets dans l'étude ne permettait pas de comparaison statistique entre les deux médicaments, mais l'étude trouva que parmi les quatre sujets traités avec la clomipramine, deux avaient montré une amélioration significative du TdD. Un de ces deux patients a montré une rémission presque complète pendant des années suivantes tant qu'il prenait encore la clomipramine, et a souffert de rechutes lorsqu'il arrêtait de la prendre ou la remplaçait par d'autres médicaments comme des ISRS.

De manière intéressante, les médicaments conçus pour aider la dépression agissent aussi sur l'axe hypothalamique-pituitaire-adrenal, que nous avons regardé au chapitre 7. L'axe HPA est souvent hyperactif chez les patients déprimés, mais il apparaît que les augmentations induites par les antidépresseurs dans les récepteurs corticostéroïdes cellulaires rendent le système HPA plus susceptible d'inhibition (*) de retour par le cortisol. C'est une bonne chose. Et le point important est que cette re-régulation de l'axe HPA peut en fait être une des raisons pour lesquelles les antidépresseurs fonctionnent, en plus de leur augmentation des niveaux de neurotransmetteurs variés.

Inhibiteur de monoamine oxydase (IMAO)

L'acronyme IMAO ('Monoamine oxidase Inhibitors', MAOIs en anglais) s'est très probablement retrouvé dans votre champ de vision ou a atteint vos oreilles de nombreuses fois sans attirer votre attention. De nombreux produits sans ordonnance déclarent en petits caractères : *Ne pas utiliser si vous prenez un IMAO.* Vous entendrez le même avertissement dans virtuellement chaque publicité commerciale ventant de nouveaux antidépresseurs (avec des avertissements ad nauseum). Quels sont donc ces choses appelées IMAO ?

Les inhibiteurs de monoamine oxydase (IMAO) font partis des plus vieux et des plus puissants antidépresseurs disponibles. La plupart des plus jeunes médecins n'envisagent même pas de les prescrire. Pourquoi ? Parce qu'il y a beaucoup de nouveaux médicaments, spécifiquement les ISRS, qui sont réputés plus sûr, bien que peu ne peuvent être considérés comme plus efficaces. Et, de manière peut être plus réaliste, les médecins pressentent qu'ils pourraient avoir une faute professionnelle cachée quelque part dans les petits caractères des longs avertissements d'un IMAO. Il y a eu des cas, plus tôt dans son histoire, où l'IMAO a causé des augmentations de pression sanguine, soulevant la possibilité d'une attaque ou d'un décès. Cette réaction mortelle peut survenir si vous prenez certains autres médicaments en parallèle d'un IMAO, ou en mangeant certaine nourriture contenant de la tyramine. Pourtant, les IMAO ont été prescrit pendant des décennies, souvent et de manière sûre.

Les IMAO sont un cas classique où la science a découvert par hasard une utilisation à un nouveau médicament originellement destiné pour quelque chose d'autre. L'Iproniazide, le premier IMAO, était initialement créé pour traiter la tuberculose. Mais lorsque l'humeur du patient et les niveaux d'activités s'améliorèrent de manière impressionnante, il était devenu clair que la science avait par inadvertance donner naissance à quelque chose d'imprévu – un antidépresseur efficace.

Une enzyme appelée monoamine oxydase décompose les neurotransmetteurs norépinephrine, sérotonine et dopamine dans le cerveau. Les IMAO inhibent les actions de la monoamine oxydase, ce qui rend un plus grand nombre de ces neurotransmetteurs disponibles. Comme la plupart des antidépresseurs, il faut quelques semaines pour qu'ils agissent effectivement, mais certaines personnes notent des améliorations en l'espace de quelques jours. De plus, il est bien possible que de nombreux antidépresseurs, notamment les IMAO, ont une action plus importante que de s'attaquer aux neurotransmetteurs spécifiques mentionnés au-dessus. Leur effet général sur les autres systèmes du cerveau reste quelque part mystérieux, et pourtant cela peut aussi impacter positivement le dégrée d'amélioration chez beaucoup de patients.

Depuis leur création, les IMAO se sont avérés efficaces contre la dépression, les attaques de panique, l'anxiété, « la dépression atypique » (résistante au traitement et autres médicaments), l'agoraphobie, et pour certaines personnes, le Trouble de la Dépersonnalisation.

Depuis leurs inventions, les IMAO ont parfois été en vogue et à d'autres moments non et jusqu'à très récemment ils ont été jugé comme obsolètes par beaucoup de médecins convaincus par les vertus des médicaments nouvellement conçus. Les restrictions alimentaires ont toujours rendu certains médecins et patients nerveux, et en conséquence le médicament a pu être aisément dénigré comme une vielle chose. Les personnes prenant des IMAO doivent éviter les nourritures contenants le composant monoamine produit naturellement connu sous le nom de tyramine. Cela inclut des vieux vins et fromages, des fèves, et quelque chose dont je ne peux personnellement pas me passer, des harengs marinés. Ces nourritures sont connues pour causer des crises hypertensives dans de rares cas. (Rappelez-vous la raillerie de Hannibal Lecter à propos de manger le foie, des fèves, et un bon Chianti ? Certains disent que c'était une blague « d'initié » intentionnelle à propos d'un psychiatre violant toutes les règles alimentaires des IMAO.)

St. John's Wort, un des suppléments « naturels » que les personnes prennent souvent pour la dépression semble fonctionner d'une manière similaire aux IMAO. Pour cette raison, il est aussi sur la liste des substances strictement tabous des IMAO.

L'Institut de Psychiatrie de Mauricio Sierra a écrit récemment qu'alors qu'ils n'existaient pas d'études systématiques sur les effets des IMAO sur le Trouble de la Dépersonnalisation, ils se sont avérés utiles « dans le traitement d'un type de dépression caractérisée par de la dépersonnalisation et de l'anxiété. »[3]

De manière intéressante, Sierra ajoute que cet effet peut avoir quelque chose à voir avec la sérotonine puisqu'il a été observé que « le prétraitement avec des IMAO peut atténuer [affaiblir] ou abolir les effets du LSD. Ce dernier est connu pour agir principalement sur le système de sérotonine et pour engendrer des symptômes de dépersonnalisation. »[4]
Si certaines personnes ressentent des sensations similaires à la dissociation et à la dépersonnalisation lors d'un trip sous LSD, il est possible que les IMAO puissent inverser ces sensations lorsqu'elles persistent bien après la fin de l'intoxication. (Ce raisonnement sera plus tard appliqué à plusieurs médicaments utilisés expérimentalement pour traiter la dépersonnalisation.)

Le Dr Janiger faisait partie des quelques experts mondiaux sur le LSD. Il connaissait ces choses bien avant qu'elles atteignent les publications médicales. Donc le médicament qu'il prescrivit pour moi fut un IMAO portant le nom impressionnant de Isocarboxazid, et le nom commercial de Marplan.

D'autres patients, appris-je plus tard, ont bien répondu à un IMAO différent appelé Parnate (Tranylcypromine) et quelques-uns ont atteint un certain succès avec un IMAO plus connu appelé Nardil (phénelzine).

De nombreuses années plus tard, j'ai appris qu'ils y avaient d'autres raisons pour lesquelles le Dr. Janiger m'avait prescrit cela. Il partageait avec moi ses propres expériences de dépersonnalisation, qui survint des décennies plus tôt sous la forme d'un changement soudain de la conscience alors qu'il donnait une lecture devant une large assemblée de ses pairs. Une dépersonnalisation chronique et constante persista pendant des mois. Reconnaissant des symptômes, il contacta Sir Martin Roth en Angleterre, qui était déjà bien connu dans le monde psychiatrique pour ses articles sur le syndrome d'anxiété-dépersonnalisation.

Oz Janiger visita Roth en Angleterre. Leurs échanges aboutirent à une prescription de quelque chose de nouveau à ce moment-là, quelque chose qui semblait avoir un potentiel énorme pour traiter les dépressions atypiques, la panique, et les sentiments étranges d'irréalité expérimentés par une variété de patients. Roth prescrit un IMAO.

Janiger me révéla que sur plusieurs années, environ la moitié de ses patients dépersonnalisés répondirent aux IMAO. Depuis que j'ai fondé le site web *depersonalization.info* en 2000, j'ai communiqué avec des centaines de personnes souffrant de dépersonnalisation. A l'occasion j'ai suggéré gentiment des IMAO spécifiques comme traitement possible. Dans la plupart des cas, leurs médecins ont suivis mes conseils. Dans la plupart des cas, ils avaient essayé chacun des autres antidépresseurs sans succès. (Quelques fois, des publicités pour des produits comme l'Abilify ont joué sur le fait que de nombreux antidépresseurs n'aidaient pas assez les patients, ou simplement ne fonctionnaient pas du tout.) Malheureusement, la majorité des personnes à qui j'ai recommandé les IMAO n'ont pas eu de réponses positives. Dans de nombreux cas, ils n'ont senti aucunes différences du tout dans comment ils se sentaient.

Il est vrai que cela me rendit perplexe. Comment quelque chose qui avait marché si bien sur moi avait pu échouer si misérablement sur d'autres ?

Le problème est que la dépersonnalisation est unique. Bien que les symptômes restent constants, et l'ont été à travers un siècle de documentation médicale, et sont vraisemblablement causés par des disfonctionnements identifiables dans plusieurs régions du cerveau, l'expérience individuelle du TdD peut s'avérer être aussi unique qu'une empreinte digitale. La dépersonnalisation attaque le cœur de l'individu, et bien qu'ils soient tous humains, faits du même matériau, les manifestations de la dépersonnalisation peuvent inclurent des différences subtiles auxquelles on peut répondre par des différences également subtiles dans la médicamentation. Les recherches ont montré que les IMAO sont meilleurs contre un type de dépression qui est marqué par l'anxiété, la panique, des pensées fragmentées, et de la dépersonnalisation. Plus souvent que le contraire, les personnes à qui j'ai suggéré les IMAO ont été pris dans une expérience « pure » DP de dissociation et de détachement physique/mental : ces autres symptômes étaient secondaires si ce n'est complètement absent.

Les essais préliminaires d'IMAO parmi d'autres médicaments ont montré qu'ils étaient inefficaces pour traiter le TdD.[5] En conséquence, ils ont pu être prématurément ignoré, et ce de manière injuste. Les compositions chimiques de chacun des IMAO diffèrent légèrement. Cela explique pourquoi le Parnate ou le Marplan peuvent fonctionner pour une personne alors qu'un autre échoue misérablement. Les tests cliniques au Mount Sinai, cependant, inclurent seulement un IMAO. De mon expérience personnelle je peux dire que chaque IMAO peut avoir des résultats différents. (Le Marplan a fonctionné subtilement, tranquillement pour moi, alors que le Nardil a rendu les choses trop brillantes, trop réelles, trop tranchantes, trop rapides). Mais une classe entière de médicaments a été éliminée comme options de traitement en se basant sur l'échec d'un unique produit lors d'essais préliminaires. Ces variations existent aussi parmi les tricycliques et les ISRS, ce qui est la raison pour laquelle les personnes ont souvent à essayer plusieurs médicaments avant de tomber sur celui qui offre le plus d'amélioration.

Finalement, je ne peux pas recommander un IMAO par rapport à un autre médicament disponible. Je peux seulement relayer mon expérience personnelle et des anecdotes d'autres personnes. Pourtant, la lune de miel des psychiatres avec le Prozac et les autres ISRS peut arriver à une fin. Les IMAO et d'autres médicaments éprouvés par le temps jouissent d'un retour en grâce dans les cercles les plus savants, et des variantes sont en train d'émerger entièrement libre de restrictions alimentaires. Peut-être que le plus prometteur est le fait que d'autres médicaments affectant différents systèmes cerveau-corps entièrement commencent à montrer de la fiabilité en tant que traitement pour le TdD.

Lamotrigine

Dans les précédents chapitres nous avons regardé les possibles liens entre la dépersonnalisation et le neurotransmetteur glutamate. Un médicament qui a montré des promesses dans le traitement du TdD chez certains patients est le médicament anti convulsant connu sous le nom de Lamotrigine (Lamictal), qui inhibe la libération du glutamate. Cette possibilité apparaît une fois encore à travers une approche de « contournement ». La Lamotrigine a été créé pour traiter certaines formes d'épilepsie, et les sensations de type dépersonnalisation qui peuvent accompagner l'épilepsie du lobe temporal sont bien documenté. Le fait que la Lamotrigine puisse bloquer les actions de la Kétamine, un anesthésique dissociatif connu, rentre aussi en jeu. Et donc juste comme l'IMAO pouvait bloquer les effets du LSD, et théoriquement aider à renverser la chimie impliquée dans la dépersonnalisation, la logique est que la Lamotrigine, en raison de ses effets sur la Kétamine, pouvait faire pareil. Les études conduites en Angleterre ont montré que la Lamotrigine bénéficiait à environ la moitié des patients TdD traités par elle.[6] Ce chiffre monte à environ 70%, cependant, lorsque la Lamotrigine est combinée avec un antidépresseur comme le citalopram, un ISRS connu sous le nom de Celexa. Pourtant, la question reste ouverte lorsqu'il s'agit de la Lamotrigine comme première ligne de défense contre le TdD. De nombreux experts suggèrent qu'il est un bon ajout possible à l'un des antidépresseurs efficaces plutôt que l'inverse.

Quelquefois, les nombreuses allusions au sommeil et au rêve ont amené les psychiatres à considérer que les patients TdD avaient besoin quelque part d'être « réveillé », spécialement lorsque les symptômes penchent de manière prédominante vers le manque d'émotion et de vie. La perceptive de prescrire un médicament de type amphétamine n'a pas été exploré. Le psychiatre d'Atlanta Evan Torch, dont les articles bien connus se focalisent sur les aspects obsessionnels du trouble, utilise une combinaison d'un ISRS et de la modafinil (Provigil), un stimulant léger quelques fois utilisé pour traiter la narcolepsie. Certains traitements comme les IMAO peuvent aussi engendrer une augmentation de la vigilance chez les patients qui ont tendance finalement à moins dormir et, à l'occasion, penchent vers des comportements maniaques s'ils prennent trop de médicaments.

La Dépersonnalisation et le système opioïde

N'importe qu'elles substances naturelles, comme une endorphine, relâchées dans le corps en réponse à la douleur est appelée opioïde. Le terme vient du mot opium, qui dans les variations latines du Greek signifie « jus de pavot ». Les composés synthétiques qui présentent des similarités avec les alcaloïdes de l'opium qui apparaissent dans la nature tombent aussi dans ce groupe.

Des années de recherche ont montré très clairement que notre système opioïde endogène est impliqué dans la régulation des réponses émotionnelles et comportementales au stress.

Il a été montré que l'activation de ce système menait à un seuil de la douleur plus haut, à des expériences émotionnelles atténuées et à la répression des états affectifs négatifs, note Mauricio Sierra de l'Institut de Psychiatrie de Londres.[7]

L'activation engendrée par le stress du système opioïde aide des personnes à gérer des situations adverses grâce à l'émoussement de leurs émotions, en particulier de la peur. Dans l'intérêt de l'auto-préservation, cela leur permet d'aborder une situation négative avec un plus grand calme et plus de lucidité.

De plus, il existe aussi des preuves que des conditions chroniques comme la dépression et les troubles anxieux peuvent engendrer une dérégulation du système opioïde. Par exemple, les patients ayant un trouble panique montrent des niveaux élevés anormaux d'opioïdes endogènes dans le fluide cérébrospinal,[8] et la concentration d'opioïde augmente après que des attaques de panique soient induites avec le lactate. Plusieurs études ont examiné la relation entre la panique et le lactate.

Dans une étude de 1988 menée par McGrath et al.,[9] 47 patients déprimés en consultation externe ont reçu une perfusion de lactate de sodium afin d'explorer la relation entre les antécédents de crises de panique et la panique induite par le lactate. La panique induite par le lactate a été évaluée sans connaissance des antécédents de panique. Quinze des 29 patients (52 %) ayant des antécédents de panique spontanée ont présenté des crises de panique en réponse au lactate. Seul un patient sur 18 (6 %) sans antécédents de panique spontanée a présenté une crise de panique induite par le lactate, ce qui représente une différence hautement significative. La probabilité de panique induite par le lactate était liée à la fréquence des crises de panique spontanées.

La libération produite par la panique d'opioïdes endogènes est potentiellement pertinente pour la dépersonnalisation, puisque cette dernière est un symptôme fréquent des attaques de panique.[10] De plus, des résultats récents suggèrent que l'expérience de panique est en effet un mécanisme de médiation capable de déclencher des réponses dissociatives durant un trauma aigu.

Une caractéristique de la dépersonnalisation, qui peut indiquer une suractivation du système opioïde, est le fait que les patients ayant une dépersonnalisation chronique apparaissent montrer des seuils plus hauts de détection de la douleur.[11] Le système opioïde endogène supprime les douleurs émotionnelles et physiologiques des situations liées au stress. Il est donc possible que cela soit relié à un tel « émoussement » dans la dépersonnalisation. En 2001, des chercheurs Russes ont testé l'hypothèse que la dépersonnalisation de longue durée venait d'une dé-régularisation du système opioïde.[12] Ils ont mené un essai unique à l'aveugle, contrôlé par placébo avec de la Naloxone sur 14 patients souffrant de dépersonnalisation de longue durée d'un à 16 ans. Six de leurs patients remplissaient les critères du DSM-IV du trouble de la dépersonnalisation sans conditions comorbides, alors que, chez huit patients la dépersonnalisation existait en parallèle d'une dépression.

La Naloxone est un médicament utilisé pour contrer les effets d'une overdose d'opioïde. Des opioïdes familiers comme la morphine ou l'héroïne peuvent dangereusement enfoncer le système nerveux central ou le système respiratoire, ce qui conduit souvent à la mort. La Naloxone contre cette réaction négative.

Dans cet essai, la Naloxone a été administré de manière intraveineuse à une dose unique de 1.6-4mg chez 11 patients. Il a été administré à trois patients qui n'ont pas montré de réponses initiales des doses postérieures jusqu'à un maximum de 10 mg. Les auteurs ont rapporté que trois patients avaient une rémission complète et durable de la dépersonnalisation, alors que sept autres avaient expérimenté une amélioration significative (une réduction de 50% des symptômes sur une échelle de la dépersonnalisation). Seulement un patient a montré une amélioration modérée, alors que chez deux d'entre eux l'amélioration a été minimale et de faible durée. Seulement un patient n'a eu aucun type d'amélioration de symptôme. En résumé, 71% de ces patients ont expérimenté une réduction significative dans l'intensité de la dépersonnalisation. De manière surprenante, dans la plupart des cas, il a été reporté une amélioration des symptômes durant les 20 à 40 minutes suivant l'administration de Naloxone. En gardant en tête l'hypothèse que la dépersonnalisation représente un effet suppressif piloté par les opioïdes sur la réponse au stress, il a été trouvé que les patients avaient des niveaux plus bas de cortisol plasmatique basal, qui ensuite ont augmenté après l'administration de Naloxone.

Pour examiner plus en détail la relation entre les opioïdes et la dépersonnalisation, les Drs Simeon et Knutelska[13] ont mené un essai ouvert avec de la Naltrexone sur 14 sujets ayant le TdD. Alors que sept sujets ont reçu une dose maximale de 100 mg/jour pendant 6 semaines, les autres sept ont continué à recevoir 250 mg/jour pendant 10 semaines. Trois patients ont rapporté une amélioration significative, avec plus de 70% de réduction dans les symptômes. La réduction de l'intensité moyenne pour l'ensemble de l'échantillon a été de 30% (comme mesuré par trois échelles de dissociation). Bien que ces résultats soient bien moins impressionnants que ceux reportés par l'étude Russe faite par Nuller et al., la manière même dont fonctionne la Naltrexone a affecté certainement les résultats. La Naltrexone est deux fois plus puissante que la Naloxone et a une demi-vie considérablement plus longue, mais sa « disponibilité biologique » est moins sûre. En d'autres termes seulement cinq à douze pourcents d'une dose atteint l'objectif de circulation systémique.[14]

Il est curieux que depuis il n'y a pas eu d'études complémentaires publiées sur l'utilisation de la Naloxone dans le traitement du TdD. Il y a des rapports anecdotiques d'individus qui ont été capable d'amener leur médecin à le prescrire. Ces patients ont de la Naloxone auto injectée dans le même dosage que dans l'étude Russe, affirment-ils, avec peu si ce n'est aucun effet. Cette situation, succès dans un contexte clinique et échec lors des premiers essais, n'est pas inhabituelle. La problématique de savoir si les individus prenant le médicament suggéré souffraient réellement de TdD reste ouverte. Et également de savoir si oui ou non le médicament a été administré correctement. (Une femme a injecté de manière répétée la Naxolone dans sa jambe, en dépit des instructions spécifiant une injection intraveineuse). Finalement c'est une zone d'exploration qui a besoin d'être examiné de manière plus approfondie.

La cure type « Cocktail »

A ce jour, certains patients n'ont pas obtenu de soulagement grâce à une simple médicamentation, mais plutôt une combinaison de médicaments adaptés à leurs symptômes. Ces dernières années, l'Abilify, promu comme l'antidépresseur qui peut fonctionner lorsque d'autres non, a rejoint le mix possible. Un article de 2010 dans *Current Psychiatry* a rapporté une étude de cas dans laquelle l'Abilify avait été utilisé avec d'autres médicaments pour traiter spécifiquement la dépersonnalisation.[15]

Le patient en question décrivait une histoire d'anxiété, d'attaques de panique, et également le trauma d'une agression sexuelle à l'âge de 18 ans. Selon ses docteurs, ses symptômes, qui comportaient des sentiments persistants de détachement et d'émoussement émotionnel, remplissaient les critères pour le TdD décrits dans le DSM-IV, aussi bien que dans les échelles d'évaluation de la dépersonnalisation.

Divers ISRS et IRSN se sont avérés inefficaces comme traitement, bien que le Luvox (fluvoxamine) a soulagé son anxiété. Les psychiatres allièrent le Luvox avec 2.5mg d'Abilify (Aripiprazole) par jour. Après cinq semaines, ses symptômes de dépersonnalisation diminuèrent de 10 à 6 sur une échelle auto-administrée en 10 points.

Cherchant davantage d'améliorations, les psychiatres cessèrent le Luvox et ajoutèrent l'amantadine (un médicament utilisé pour traiter la maladie de Parkinson) dans une tentative pour augmenter les niveaux de dopamine. Après une période d'amélioration, les symptômes de dépersonnalisation du patient s'aggravèrent. Après de plus amples expérimentations, un régime de 50mg de Clomipramine (Anafranil) au levé, 10mg de Diazépam (Valium) au couché, et 2/5 mg d'Abilify par jour aboutit à une rémission complète des symptômes de dépersonnalisation après une période de quatre mois.

Est-ce que ce « cocktail » est le traitement du TdD ? Peut-être pour certaine personne, comme cela a été le cas pour cette patiente. Mais les auteurs de l'article l'admettent : « Nous ne sommes pas certain de savoir si sa réponse a été causé par l'Aripiprazole, par une réaction retardée de la Clomipramine, ou par une rémission spontanée. » Cependant, l'addition de l'Abilify au début du traitement, et à la fin, sembla produire le plus d'effets positifs pour ce patient particulier. Seuls des tests cliniques plus poussés révèleront les effets de l'Abilify sur un large nombre de patients dépersonnalisés. Mais un petit nombre de visiteurs du site *depersonalization.info* et d'autres sites internet ont rapporté quelques succès avec l'Abilify, comme ils l'ont fait avec le Naloxone et la Naltrexone.

En dernière analyse, les divers médicaments couverts ici peuvent contrôler les symptômes variés du TdD. De temps en temps des personnes rapportent des améliorations sur des sites web comme *depersonalization.info* et d'autres. Les évaluations individuelles d'amélioration varient de 15 à 20 pour cent à 80 à 85 pour cent. Mais à ce jour, à moins que le TdD s'en aille simplement de lui-même, personne ne peut affirmer détenir un vrai traitement pharmaceutique, que ce soit à travers un simple médicament ou via un cocktail de plusieurs adaptés personnellement. Heureusement, le TdD peut disparaître de lui-même, mais personne ne peut prédire quand, ou pourquoi. En plus des médicaments qui peuvent être assez aidant, de nouvelles thérapies font beaucoup pour accélérer l'apprentissage de la vie avec le TdD, ou même pour le surmonter complètement. Nous allons examiner ensuite les types de thérapies qui ont été particulièrement efficaces.

Références

1. Simeon, D., Guralnik, 0., Schmeidler, J., Knutelska, M. (2004). Fluoxetine therapy in depersonalisation disorder: randomised controlled trial. *The British Journal of Psychiatry*, **185**, 31-36.
2. Simeon, D., Stein, D, clomipramine. *Biological Psychiatry*, **44**, 302-303.
3. Davidson, J.R, Woodbury, M.A., Zisook, S., Giller, E.R Jr. (1989). Classification of depression by grade of membership: a confirmation study. *Psychological Medicine*, **19**,987-998.
4. Sierra, M. (2009). Depersonalization: A New Look at a Neglected Syndrome. Cambridge: Cambridge University Press, p. 143
5. Simeon, D., Abugel, J. (2006) Feeling Unreal: Depersonalization Disorder and the Loss of the Self. Oxford: Oxford U Press, p 160.
6. Sierra, M. (no 4) p. 116.
7. Ibid. p 117.
8. Eriksson, E., Westberg, P., Thuresson, K, Modigh, K, Ekman, R, Widerliiv, E. (1989). IIncreased cerebrospinal fluid of endorphin immunoreactivity in panic disorder. *Neuropsychopharmacology*, **2**, 225-228.
9. Patrick J. McGrath et al, Lactate provocation of panic attacks in depressed outpatients, *Psychiatry Research*,Vol. 25, Issue 1, 1988, pp. 41-47.
10. Ball, S., Robinson, A., Shekhar, A., Walsh, K (1997). Dissociative symptoms in panic disorder. *Journal of Nervous and Mental Disease*, **185,** 755-760.
11. Ibid. p.118.
12. Nuller, Y. L., Morozova, M. G., Kushnir, O. N., Hamper, N. (2001). Effect of Naloxone therapy on depersonalization: a pilot study. *Journal of Psychopharmacology*, **15**, 93-95.

13. Simeon, D., Knutelska, M. (2005). An open trial of Naltrexone in the treatment of depersonalization disorder. *Clinical Journal of Psychopharmacology*, **25**, 267-270.
14. Sierra, M. (no 4) p. 119.
15. Janjua, A., et al. (2010) *The woman who wasn't there*. Current Psychiatry, **4**, 10.

10 – Thérapies efficaces

Ecrire est une forme de thérapie ; quelques fois je me demande comment tout ceux qui n'écrivent pas, ne composent ou ne peignent pas peuvent arriver à s'échapper de leur folie, de leur mélancolie, de la panique et de la peur qui sont inhérentes aux situations humaines.

—Graham Greene

Lorsque pour la première fois j'ai essayé d'explorer les traitements pour mon problème, qui était clairement un problème psychologique, les perspectives étaient décourageantes. Un docteur à une clinique psychiatrique me recommanda la psychanalyse, ce qui aurait pris des années, et ni lui ni moi n'avaient la moindre idée de ce que nous devions traiter. Je savais que mes problèmes étaient psychologiques, et après 11 ans, un diagnostic correct, des médicaments appropriés et une compréhension de ce qu'il s'était passé me ramenèrent finalement en bonne santé.

Aujourd'hui, les traitements ne se résument pas seulement une variété de médicaments aidants, mais comportent aussi de nouvelles formes de thérapies qui court-circuitent les longues, intéressantes mais de toute évidence datées psychanalyses. Vous pouvez souffrir de dépersonnalisation et la surmonter sans jamais étudier les théories de Freud, Jung ou Adler.

De nombreuses personnes qui souffrent de dépression, d'anxiété ou de dépersonnalisation sont initialement résistantes aux thérapies fondées sur la parole, avec de bonnes raisons. Si

vous avez été un jour « normal » et que maintenant vous vous
sentez mentalement fragmenté, vide, anxieux et effrayé à l'idée
de devenir fou, vous savez que *quelque chose* a changé. Quelque
chose à l'intérieur *ne fonctionne pas* comme il faut. Les
dommages causés par la drogue ou les évènements qui les
engendrèrent doivent d'une manière ou d'une autre être
renversés. L'intervention pharmaceutique peut prendre
beaucoup de temps avant de rééquilibrer la chimie, en particulier
lors des premières étapes. Mais le Trouble de la
Dépersonnalisation évolue à travers différentes étapes avec des
clusters de symptômes différents mais cohérents. Lorsque la
panique et l'anxiété diminuent (en supposant qu'elles étaient
présentes au début), et que les ruminations sans fins, la perte
d'émotions et autres inconforts chroniques comme des
sentiments de détachements de votre corps ou de votre vie
s'installent, les thérapies qui aident à vous « ancrer », contrôler
l'inquiétude, et changer vos habitudes de pensées peuvent aussi
assurer une guérison rapide ou, au moins, un confortable
ajustement à une manière différente de percevoir la vie.

Deux types de thérapies sont utilisés couramment, avec
des niveaux variés de succès, pour traiter le trouble. Pour
ressortir des vieux clichés, l'une, la thérapie cognitivo-
comportementale implique largement le concept « d'esprit sur la
matière », alors que l'autre, la thérapie de l'acceptation et de
l'engagement est un nouvel avatar de la philosophie « Se laisser
porter par le courant ».

La thérapie cognitivo-comportementale (TCC)

Ce type de thérapies a été utilisé efficacement pour aider les
personnes à gérer les désordres anxieux et la panique. Développé
par le psychiatre Aaron T. Beck dans les années 1960, les TCC
('Cognitive Behavior Therapy', CBT en anglais) sont basés sur
le postulat que des pensées spécifiques, ou des schémas de
pensées influencent notre comportement, notre humeur et nos

réactions avec le monde extérieur. Si vous pouvez contrôler et guider vos pensées loin d'hypothèses catastrophiques, de la négativité sur vous-même, des généralisations et des exagérations, vous pouvez au final changer vos perspectives ainsi que la chimie sous-jacente. En raison de la fréquente connexion entre l'anxiété, la panique et la dépersonnalisation, les principaux chercheurs de l'institut de psychiatrie de Londres, y compris les Drs Hunter, Sierra et Phillips, proposèrent les TCC comme un traitement possible de la dépersonnalisation dans un article de 2005 du journal *Behaviour Research and Therapy.*[1] Depuis lors, les thérapies TCC ou des variantes de ses principes de bases ont été employé efficacement par des centaines de médecins sur des personnes dépersonnalisées.

Au cœur de l'argument en faveur des TCC réside l'idée que nous avons évoqué au chapitre 6. A part être dissociative dans le sens où l'esprit et le corps semblent être séparés ou détachés, la dépersonnalisation a peu de chose en commun avec les autres troubles dissociatifs. Sa présence fréquente en parallèle des attaques de panique a alimenté l'hypothèse que de telles thérapies pouvaient affectées positivement les pensées et les attitudes des personnes dépersonnalisées.

Un élément clef de l'application des TCC à la dépersonnalisation est de connaître la condition – ce qu'elle est et ce qu'elle n'est pas. Malheureusement, de nombreuses personnes n'arrivent même pas à ce point de départ.

Des symptômes transitoires de dépersonnalisation ne sont pas inhabituels dans la population générale. L'anxiété non plus. En revanche l'interprétation de ces symptômes est ce qui peut la rendre chronique. « C'est l'interprétation catastrophique de ces symptômes comme menaces qui mène à un cercle vicieux d'aggravation des symptômes, puisque l'anxiété secondaire sur la signification de ces symptômes s'ajoute à l'anxiété initiale » notent le Dr. Hunter et ses collègues.

Trouver la bonne médication est important parce ce que cela peut aider beaucoup pour redresser l'humeur, réintégrer les pensées et fournir un sentiment de calme dans le but de gérer les aspects psychologiques de la condition.

Les TCC débutent par une clarification ce que le TdD est, ses symptômes spécifiques, s'ils sont communs ou non, ainsi que toutes les choses terribles qui n'arriveront *pas*, en particulier perdre son contrôle ou devenir fou. Cette phase de psychoéducation apporte un soulagement énorme aux patients. Savoir que vous souffrez en réalité de quelque chose qui a un nom est un grand pas pour aller mieux. Il y a très peu de doutes sur le fait que faire face à l'inconnu à alimenter mes Neufs Cercles bien plus longtemps que nécessaires.

Les autres techniques clefs sont :

- *Journal quotidien.* Les thérapeutes suggèrent que tenir un journal quotidien aide. Cela peut permettre d'établir des schémas des symptômes existants ou des circonstances déclenchantes. Cela peut aider à identifier les facteurs qui empirent les choses. Si écrire est votre passion, vous avez déjà remarqué que s'adonner à cette pratique place déjà votre esprit dans une autre disposition. Votre flux de conscience à ce moment-là se recentrera sur ce que vous avez projeter de travailler dessus, et tout le temps passé à créer des pensées sur le papier ou sur un écran d'ordinateur est un temps qui n'est pas passé sur des inquiétudes inutiles.

- *Réduire l'évitement.* Si vous souffrez de dépersonnalisation vous savez quelles situations vous évitez – celles qui augmentent l'anxiété comme les regroupements sociaux, les places bondées, la conduite, l'avion ou n'importe quelles situations typiques des personnes qui développent des phobies. Les thérapies dans ce cas consisteront à utiliser celles fréquemment utilisées pour traiter les phobies. Faire face aux situations d'une manière graduelle est un grand pas vers leurs maîtrises. Dans des situations sociales, les « comportements de sécurité » peuvent consister à garder une expression fixe, rester très passifs, faire le minimum de contact avec les yeux, dire toujours ce que l'on attend de nous – tout cela vous laisse le sentiment que vous ne faites que traverser les interactions sociales. « La mise en situation, avec ou sans l'utilisation de comportement de protection, permettra au patient de voir par eux même si leurs comportements de protection aident ou empêchent leur performance, » suggèrent le Dr. Phillips et ses collègues.

- *Réduire l'attention sur soi-même.* L'entrainement à l'attention et à la concentration sur les tâches se sont avérés utiles pour aider les patients à stopper leurs obsessions sur le TdD et sur d'autres sujets, et sortir de leurs tendances hypocondriaques. Si vous passez trop de temps à vous focaliser sur vous-même, vous négligerez de vous focaliser sur les personnes, les lieux et les choses autour de vous. Cela vous fait sentir encore plus détaché et aliéné. « Sortir de vous-même » en s'engageant dans la vie et occuper votre esprit avec des activités autres que de s'inquiéter. L'entrainement à l'attention augmente la capacité de la personne à contrôler une attention soutenue, le changement d'attention, et l'attention partagée à travers une série d'exercices. Cela peut être aussi simple que de se focaliser sur différents sons dans votre maison ou votre arrière court, puis consciemment orienter votre attention de l'un à l'autre. Similairement, un entrainement à la concentration sur la tâche vous aide à gagner de la conscience sur la proportion de votre attention focalisée sur (1) les stimuli internes ;(2) les stimuli externes non pertinents ; ou (3) les stimuli externes reliés à la tâche. Les exercices vous aident à augmenter la proportion d'attention éternellement centrée sur la tâche, initialement dans des situations non menaçantes et ensuite dans des situations menaçantes.

- *Remettre en cause les hypothèses catastrophiques.* Les interventions cognitives comme la consignation des pensées peut être utilisé pour identifier les pensées automatiques spécifiques négatives qui surviennent dans des situations produisant de l'anxiété, ou lorsque les symptômes de TdD augmentent. Ces cognitions négatives peuvent alors être reconnues comme telles, et remplacées par des pensées logiques et équilibrés. Lorsque l'anxiété résulte d'une intense focalisation sur soi, ou sur la nature angoissante de l'existence elle-même, elle est atténuée par la connaissance que vous n'êtes pas en train de devenir fou. Alors que les moments passent, que l'existence continue, que les pensées continuent, même une chanson traversant l'esprit de la personne sera interprétée comme si rien n'allait mal lors des moments d'anxiété ou de paniques. Le flux de conscience continue quel que soit l'augmentation de la panique du moment. Une fois que vous avez réalisé ceci vous être mieux équipé pour *aller* juste *à travers* ces incidents et sortir d'eux en vous sentant plus relaxé. Vous endurez une peur intense et la pensée momentanée que vous êtes en train de perdre votre esprit, mais vous ne le perdez pas. Et vous ne le perdrez pas non plus si cela survient de nouveau. Ces mésinterprétations catastrophiques peuvent être graduellement remises en cause à travers l'éducation, l'expérimentation et la collecte de preuves. Par exemple, Hunter et al suggèrent que, « si un patient a peur qu'une augmentation de son TdD engendre en une perte de contrôle, une liste détaillée de ce que cela peut entraîner doit être construire. Le patient est alors encouragé à tester cette hypothèse en adaptant des comportements qui ont précédemment augmenté la sévérité de son TdD pour découvrir si ses prédictions se sont réalisées. » Le thérapeute et le patient peuvent examiner les pires épisodes du patient pour déterminer pourquoi les conséquences redoutées ne se sont pas réalisées. « Obtenir des évaluations des croyances pour chaque conséquence redoutée à des intervalles réguliers tout au long de la thérapie permettra de contrôler le succès de ces interventions. »

Finalement, les interventions physiologiques peuvent aussi être incorporées dans le traitement de patients ayant un TdD, comme des entrainements et de l'éducation à la relaxation appliquée prenant en compte le rôle de l'hyperventilation dans l'anxiété et la panique, avec des entrainements à la respiration diaphragmatique. Cependant, une confiance excessive dans les techniques de relaxation peut exacerber les symptômes du TdD dans certains cas, note Hunter.

Au premier abord, certaines thérapies cognitives peuvent sembler évidentes, et même simplistes. Elles peuvent imiter les techniques que les personnes ont inventé d'eux même dans leurs tentatives de gérer leur dépersonnalisation chronique. Mais elles ont montré qu'elles pouvaient être efficaces pour de nombreuses personnes, avec ou sans les conseils continuels d'un thérapeute.

Thérapies d'Acceptation et d'Engagement:

un Historique de Cas

Tout le long des années, des milliers de personnes ont visité *depersonalization.info* en recherche d'aide ou de conseil. Le nombre de visites approchent les 200000. La plupart des personnes viennent et s'en vont, et on n'en entend plus parler.

Parfois des individus montrent une détermination sans faille à améliorer leur situation. Souvent un parent ou un proche est impliqué dans le processus.

Sarah, une jeune femme Australienne, et sa mère, constituent un bon exemple. Pendant des années, elles m'ont tenu au courant des progrès de Sarah sur le chemin de la guérison, en passant par des erreurs de diagnostics, des doutes, des médicaments et plusieurs hospitalisations. Finalement, Sarah a eu enfin une avancée majeure en travaillant étroitement avec le psychologue clinicien Kristy Attwooll dans le New South Wales.

Certains types de thérapies sont conçus pour éviter ou stopper certains schémas de pensées. D'autres, spécifiquement la Thérapie par l'Acceptation et l'Engagement ('Acceptance and Commitment Therapy', ACT en anglais), sont conçues pour vous aider à aller *à travers* ces schémas de pensées, juste comme le mot « acceptation » implique.

Comme la Thérapie Cognitivo-comportementale, la Thérapie par l'Acceptation et l'Engagement (ACT), développée par Hayes, Strosahk et Wilson en 1999,[2] se base sur le fait que la détresse psychologique est souvent basée sur « l'évitement de l'expérience », c'est-à-dire les efforts fait par un individu pour s'échapper, éviter ou éliminer des pensées déplaisantes, des sentiments, des sensations physiques, des pulsions, des images ou des souvenirs. Souvent l'évitement peut fonctionner sur le court terme et apporter un certain soulagement ; dans le long terme de tels évitements échouent habituellement et par là même contribuent à la détresse psychologique. De plus, la préoccupation apportée à échapper ou supprimer des expériences intimes non désirées peut être très consommatrice de temps, et empêcher une personne d'identifier et de s'engager dans des actions cohérentes avec leurs valeurs profondes.[3]

Alors que nous examinerons plus en détail certains des aspects philosophiques de la dépersonnalisation dans le prochain chapitre, des comparaisons entre la dépersonnalisation non souhaitée et les états bouddhistes *désirés* viennent inévitablement en tête. Ce n'est donc pas une surprise si Steven C. Hayes, un des concepteurs des Thérapies par l'Acceptation et l'Engagement, a aussi écrit sur le parallèle entre ces thérapies et les enseignements bouddhistes, y compris « l'ubiquité de la souffrance humaine, le rôle de l'attachement dans la souffrance, la pleine conscience, les actions positives, et le moi ».

Cela ne veut pas dire que ces thérapies exigent que vous deveniez Bouddhistes. Cela veut plutôt dire que certains enseignements et pratiques bouddhistes semblent être plus ancrées dans la science que des dogmes d'autres philosophies basées purement sur la foi, soutient Hayes.

Dans le cas de Sarah, le Dr. Attwooll a pensé que cette thérapie valait le coup d'être essayée, étant donné que toutes les autres approches avaient échoué.

« Je fus franc sur le fait que les données empiriques sur le traitement de la dépersonnalisation avec cette approche étaient limitées. Cependant, étant donné que Sarah rapportait également une certaine anxiété, cela ne sembla pas un choix irresponsable de traitement à suivre », annonça Attwoll (Ses instincts se sont révélés corrects. Peu de temps après avoir commencé le traitement de Sarah le livre *Overcoming Depersonalization Disorder*, par Fugen Neziroglu et Katherine Donnelly,[4] traitait spécifiquement de l'utilisation des thérapies ACT sur la dépersonnalisation).

L'approche de Attwooll est similaire à ce qui est maintenant recommandé pour de nombreux patients dépersonnalisés. Dans le cas de Sarah, la thérapie utilisa des « métaphores, des paradoxes, de la pleine conscience, et des exercices expérimentaux » pour :

1. Accepter des expériences internes non désirées et arrêter de se débattre avec elles.

2. Être plus « présente », c'est-à-dire donner plus d'attention et rentrer en contact sans jugement avec ses expériences internes (c'est à dire pensées, sentiments et sensations physiques) et l'environnement externe (c'est-à-dire la vue, l'odorat et les sons).

3. Se dégager des expériences internes non désirées.

4. Reconnaître la partie observatrice de soi-même qui est toujours constante et donc peut voir le va et vient des expériences intimes.

5. Identifier ce qui est le plus important pour un individu (c'est-à-dire pourquoi il veut vivre).

S'engager à agir pour des buts qui sont reliés aux propres valeurs de la personne, et en même temps faire de la place à des expériences internes non désirées qui peuvent surgir lorsqu'une personne choisie de se comporter en accord avec ses valeurs. En conséquence, l'ACT a pour but d'aider les individus à vivre une vie plus satisfaisante et avec plus de sens.

« Les thérapies ACT sont différentes des autres interventions psychologiques basées sur la preuve comme les thérapies cognitivo-comportementales », explique Attwooll. « Dans une comparaison très simpliste, les TCC se focalisent sur comment apprendre à une personne à changer et à modifier ses cognitions pour améliorer son état émotionnel (c'est-à-dire réduire l'anxiété et la dépression). Le but est de contrôler et éliminer des pensées pour éliminer ou contrôler des sentiments. Les thérapies ACT, par contraste, ne se focalisent pas sur l'élimination ou le contrôle mais plutôt l'acceptation, sans jugement, de toutes les expériences intimes y compris les pensées et sentiments les plus douloureux. De plus, les TCC encouragent les comportements qui minimiseront les états émotionnels inconfortables ou déprimants, alors que les ACT encouragent les comportements cohérents avec les valeurs individuelles.

Les recherches évaluant l'efficacité des thérapies ACT sur une population clinique ont montré des résultats prometteurs, avec des améliorations dans le fonctionnement psychologique des personnes présentant de la dépression, de l'anxiété, des psychoses et de la dépendance à des substances, même après seulement quelques sessions de traitement, souligne Attwooll.

Dans le cas de Sarah d'une dépersonnalisation chronique et de long terme, les thérapies ACT étaient presque son dernier espoir. Il n'y avait rien à perdre à les essayer.

« Dans la perceptive des thérapies ACT, nous pouvons considérer l'état dissociatif comme un évitement d'expérience » énonce Attwooll. « Lorsqu'elle se met en place durant un trauma ou un stress sévère, la dissociation peut être hautement dysfonctionnelle lorsqu'elle persiste dans des circonstances non traumatiques ». Une approche qui décourage l'évitement de l'expérience et qui promeut l'acceptation de toutes les expériences internes non désirées en les observant de manière sécurisante semblent être bénéfique cliniquement. « De plus, la reconnaissance d'un ensemble de valeurs constantes et permanentes à l'individu peut être extrêmement rassurante et donner une direction aux individus qui (potentiellement en raison d'un état prolongé de dépersonnalisation) ne sont pas clairs sur qui ils sont et sur quelles préférences ils auraient dans une situation donnée. Le dégrée auquel les ACT ont aidé Sarah est illustré au mieux par son histoire personnelle, racontée dans ses propres mots :

« C'est l'histoire de la manière dont la DP est devenue une invitée dans ma vie – un visiteur qui peut se montrer à nouveau mais qui ne constitue pas qui je suis. Je ne peux pas déterminer le moment où la dépersonnalisation a débuté, je connaissais juste cette indescriptible silence et vacuité de ne pas avoir de pensée. Je pouvais écrire un livre en Anglais, parler face à mes camarades d'école et maintenir un large groupe d'amis – tout ce temps en pensant qu'il y avait quelque chose de très différent et d'épuisant dans la manière dont je me mettais en relation.

« Alors que mes parents s'étaient séparés et avaient divorcé, cette DP débuta une vie autonome et dévasta la mienne. Des épisodes sévères durèrent pendant des mois et m'ont visité trois ou quatre fois de plus lors de ces 10 dernières années, à chaque fois lors de crises significatives dans mes propres relations sociales. Peu étaient au courant de tout cela, cependant, alors que j'avais trouvé d'une manière ou d'une autre la résilience de continuer à travailler à l'université.

« Au bout d'un long chemin parsemé de plusieurs diagnostics incorrects et de plusieurs hospitalisations, je fus diagnostiqué d'un 'type de dissociation déclenchée par l'anxiété'. Les anti-dépresseurs réduisirent seulement la peur et allégèrent quelque peu la détresse. Les principaux psychiatres cherchèrent des explications à la question de savoir pourquoi ma dépersonnalisation était si proéminente. Ils se mirent d'accord finalement sur le fait que la dépersonnalisation était ma *principale* condition. Pendant tout ce temps, je me sentais comme un fantôme tricheur fabriquant lui-même qui il était à chaque mouvement et décision planifiés. Alors que j'étais un jour assis lisant des descriptions du Trouble de la Dépersonnalisation, le soulagement qui vient avec la connaissance que je pouvais connaître le monde différemment que ce que je le faisais me submergea magnifiquement.

« J'étais dans un cycle vicieux de DP, anxiété, évitement, anxiété sur ma DP. Un psychiatre dessina un cercle pour moi et il commença à me faire comprendre que peut-être j'utilisais la DP pour éviter l'anxiété et d'autres sentiments auxquels j'étais vulnérable. Jusqu'à ce que je puisse quelque part reconnaître la manière dont je réagissais à la DP, elle ne lâchera pas prise.

« A l'hôpital, on me présenta la Thérapie par l'Acceptation et l'Engagement ('Acceptance and Commitment Therapy', ACT en anglais). On nous montra un piège à doigt utilisé comme distraction lors de soirées. Plus vous tirez vos doigts plus le piège se referme, ce qui entraîne une augmentation de l'anxiété et de la peur. Votre réaction immédiate est de tirer encore plus fort, mais c'est inutile. Lorsque vous relâchez vos doigts et même poussez dans le piège il y a de la place pour bouger et remuer. Le piège est toujours là mais il y a de l'espace. L'idée derrière tout cela est de se relâcher et accepter, et ne pas combattre. Plus tard, je luttais contre l'idée terrifiante de laisser la dépersonnalisation être exactement où elle était, sans combattre.

« Mon psychologue à l'hôpital suggéra d'accepter cet intrus et le traiter comme un invité plutôt que de m'engager dans une bataille futile. Quelle suggestion outrageante ! Pour moi, c'était comme si vous aviez une araignée se promenant sur votre dos et que l'on vous dise de rester calme. C'est la dernière chose que vous voulez entendre, mais la panique ajoute seulement de la confusion et un supplément de détresse. J'appris que les tentatives désespérées de me débarrasser de mon expérience étaient basées sur la peur.

« J'appris à nommer les sensations et pensées internes, et lorsqu'elles venaient je me disais maintenant à moi-même 'Voici encore la pensée 'Je n'ai rien à dire' ', ou ' Voilà encore l'agitation', ou 'Voici encore la pensée 'Je dois être stupide' '. Je commençais à imaginer moi-même trouver cette place qui est l'œil du cyclone – l'endroit qui existe encore alors que la tempête tourne autour de vous. Mon 'moi' et les symptômes de dépersonnalisation étaient devenus emmêlés. Lorsque je parvenais à voir que j'étais le calme observateur de ces expériences mon « moi » n'étaient plus autant en jeu.

« Je commençais à remarquer des structures dans mes pensées. Ils y avaient des préjugés sur la manière dont les symptômes de dépersonnalisation et de panique pouvaient impacter le reste de ma vie. Je vois maintenant cette même attitude dans les supplications désespérées des divers forums sur la Dépersonnalisation en ligne. Tout ce que ces personnes veulent entendre est que quelqu'un d'autre connait leurs expériences. Ils veulent savoir qu'elles peuvent changer, qu'ils ne sont pas fous.

« La partie « Engagement » de la thérapie se focalisa sur l'identification de ce qui est important pour moi, et comment faire des choix cohérents avec mes propres rêves et valeurs. Avec un faible sens de Moi, cela fut dur de déterminer ce qui *était* important pour moi. Je m'engageais à faire de la place à des sentiment que j'avais toujours cherché à éviter, et même faire de la place à la DP. De temps en temps je me jetais dans une situation sociale épuisante et naviguait entre simplement observer mes expériences et être complètement choquée par l'anxiété qu'elles créaient. Je partis dans des voyages familiaux, je jouais au volleyball et je cousais des petits cadeaux pour des amis (même si chacune de ces actions étaient planifiées dans la douleur). Être un 'observateur' signifiait que les sensations n'étaient pas moi et je pouvais rester avec mes choix.

« Une semaine il y a un peu moins d'un an, je suis allée à un évènement familial pour Paques. En y allant je savais que je devrais faire face à ma DP telle qu'elle se présenterait. J'ai parlé avec des personnes proches, rigolé et partagé de la nourriture en famille – toutes choses qui sont si importantes pour moi. Alors pendant un instant je ressentis le soleil comme jamais auparavant et je me perdis dans le moment. J'eu un aperçu de ce qu'est être perdue dans le moment. L'analyse, les comparaisons avec les autres, la distraction de contempler le vide et le manque de sens de moi-même disparurent en arrière-plan. Toutes les longues et douloureuses minutes qui n'étaient pas connectées commencèrent à s'inscrire dans un plus large tableau. Mon esprit était plein de mes préférences, de mes joies, de la curiosité des conversations auxquelles je pris part, de la température de l'air, et des points chauds du soleil sur mon visage. Cela ne dura pas, et je dus me préparer à perdre ce sentiment encore et encore.

Mais à chaque fois, un peu moins craintive qu'il ne revienne jamais.

« Je continuais à prendre part à des activités qui avaient de la valeur pour moi, à chaque fois en écrivant ce que je voulais expérimenter pour atteindre mes buts. Lorsque je choisissais de parler avec des amis, de mettre mes vêtements favoris, ou d'étudier un sujet qui m'intéressait, la DP et la panique venaient en même temps mais ne déterminait pas la direction que je prenais. Comme un scientifique, je décrivais le contour et la couleur de mes sensations tandis qu'elles parcouraient mon corps. Cela m'a aidé à rester dans le moment présent.

« Je découvris la nouvelle manière extraordinaire de regarder le monde sans le nuage du jugement, et je ne voulais plus vivre la vie autrement. Certains comparent cela avec une conversion religieuse. Alors que je guérissais, je luttais durement contre mes doutes naturels, questions et insécurités qui me rappelaient la DP. Lutter pour essayer de me débarrasser d'eux était épuisant, et m'empêchait d'écouter, ressentir et réapprendre ce que j'aimais et ce que je n'aimais pas. Ces insécurités appartenaient au chemin. Comme j'appris que ces sentiments changeaient, prenaient de l'importance et disparaissaient et ne définissaient pas qui vous êtes, j'appris à les laisser être, juste comme ils étaient.

« Je peux dire que j'ai guéri du TdD. Je peux peut-être encore expérimenter la distraction des histoires que notre esprit nous raconte, mais c'est normal. Je suis préparée à laisser ce visiteur venir et partir s'il se présente. Maintenant, plutôt que de bloquer certains sentiments et la dépersonnalisation, j'ai appris qu'ils avaient un but. Ils nous montrent ce que nous aimons et nous n'aimons pas, ils nous avertissent du danger et ils sont ce qui nous fait sentir connecté. J'ai appris que nous essayons tous de réparer ou de changer des situations en les ressassant dans notre tête. Je le note maintenant lorsque j'envoie un sentiment à ma tête pour le changer, ou à mon intestin pour ressentir son poids. La qualité de vie que je connais maintenant est plus riche et plus claire, plus vrai et plus fine que la plupart des gens, peut-être, parce que j'ai appris que je n'étais pas mes pensées, mes sentiments ou mes sensations. Je n'ai plus à faire face à mes expériences par la peur. De l'inconfort quelquefois, oui, mais ce n'est pas un problème. »

Durant la thérapie, le Dr. Attwooll observa : « Sarah a eu un bénéfice considérable en adoptant une posture d'acceptation et la volonté d'accueillir *toutes* ses expériences psychologiques, même l'expérience psychologique de vide et de déconnection avec le monde, qui a dominé sa vie entière quelquefois ». De manière intéressante, raconte Attwooll, « Sarah nota que plus elle laissait aller sa lutte pour contrôler et éliminer la dépersonnalisation, plus elle réalisait que l'expérience en elle-même pouvait être tolérée et passerait au bout du compte (avec, bien sûr, assez de temps). Cela lui permit d'être curieuse et ouverte à l'émergence d'autres expériences, incluant des états émotionnels variés (et même des sensations et des sentiments plaisants) qui commencèrent à être vécu plus souvent alors qu'elle laissait aller sa lutte individuelle. »

Sarah bénéficia aussi de la conscience du fait qu'elle avait des valeurs qui pouvaient diriger ses actions du moment, même lorsqu'elle se sentait vide et déconnectée du monde et des autres. Cela l'aida à rétablir un sentiment du Moi qui n'était plus seulement défini par son Trouble de la Dépersonnalisation.

Alors que son traitement progressait, Sarah devint plus consciente des états émotionnels (comme l'anxiété) qui tendaient, parfois, à précipiter sa dépersonnalisation. De nouveau, sa volonté d'expérimenter, accepter, et tolérer son anxiété lui permit de supporter la visite temporaire de cette émotion et même, dans ces moments, de s'engager dans des comportements qu'elle jugeait pleins de sens et satisfaisants, note Attwooll. Ainsi, Sarah n'évitait plus des situations variées mais à la place, elle était libre d'expérimenter la vie comme elle avait toujours espéré le faire. Des expériences que, durant ses moments les plus sombres, elle ne pensait plus possible.

« Je pense que l'histoire de Sarah démontre que la thérapie ACT peut avoir une place centrale dans le traitement du Trouble de la Dépersonnalisation, sans mentionner qu'en elle-même c'est une merveilleuse histoire pour les autres personnes souffrant du TdD. Il va sans dire que dans mon opinion, la guérison de Sarah et son amélioration clinique est une preuve de l'obstination, le courage et l'engagement de Sarah elle-même, » conclu Attwooll.

Des histoires d'espoir comme celles de Sarah commencent à émerger plus régulièrement. Son compte rendu est particulièrement important parce qu'il illustre comment les instincts professionnels d'un bon thérapeute peuvent diriger un patient dans la bonne direction. Le Dr Attwooll avait peu d'informations sur l'utilisation des thérapies ACT pour traiter le Trouble de la Dépersonnalisation, même si des études étaient déjà en cours lorsqu'elle commença à traiter Sarah. Son instinct et son expérience, et non les comptes rendus d'autres médecins, la guidèrent finalement vers la meilleure thérapie pour sa patiente.

Des personnes contactent *depersonalization.info* régulièrement à la recherche du nom d'un docteur ou d'un thérapeute spécialisé dans le TdD vers chez eux. Malheureusement il n'y a pas beaucoup d'experts à recommander. Tous les psychiatres ont les outils à leur disposition pour gérer la dépersonnalisation. Ils ont aussi accès, et doivent être familier avec, les plus récentes recherches publiées dans les journaux médicaux. Cela s'applique aux psychologues également. Vous n'avez pas besoin d'un expert du trouble en soi, juste un professionnel engagé et à l'écoute prêt à essayer et apprendre de nouvelles choses. Comme dans n'importe quelles autres professions, les personnes prétendant les connaitre tous sont probablement les moins à même de *vous* aider. Les meilleurs médecins continuent à apprendre et à progresser, comme nous le faisons tous. Mauricio Sierra, qui peut être considéré comme l'expert numéro un du Trouble de la Dépersonnalisation en Europe, voulait exprimer la même chose lorsqu'il me dit : « Je dois dire que le plus j'étudie la Dépersonnalisation, moins je la comprends ». Quiconque prétend le contraire ne connait simplement pas la complexité de la condition.

D'autres histoires de succès

Des personnes différentes répondent à des thérapies différentes. Le fait que les thérapies ACT semblent parfois être autant une manière philosophique de s'accommoder de la dépersonnalisation qu'une thérapie doit être noté. Dans le prochain chapitre, nous examinerons des manières pour s'adapter à, ou modifier, l'expérience de la dépersonnalisation pour s'insérer dans une nouvelle et peut être « plus riche » manière de penser et vivre. D'autres personnes ont visité *depersonalization.info* plus fréquemment lors des récentes années, voulant laisser des messages d'espoirs pour ceux qui vivent sans actuellement.

Une de ceux-là fut Janie, qui m'a contacté pendant la période où je travaillais sur le livre *Feeling Unreal*. Elle avait souffert de ce qui ressemblait à de la dépersonnalisation, mais avait aussi des anormalités visuelles qu'elle ne pouvait expliquer. Nous nous sommes arrangés pour se rencontrer et discuter de sa situation alors que je visitais le Dr. Simeon à New York. Elle ne vint cependant pas, et je n'entendis plus parler d'elle jusqu'à ce que je commença à travailler sur ce livre. Elle refit surface, plus âgée et plus sage, et heureuse de donner maintenant aux visiteurs du site internet *dpselhelp.com* ces mots d'encouragement :

« Je prévoyais de retourner sur mes anciens forum (il y en avait beaucoup) pour offrir des vrais mots d'espoir et de supports à ceux qui étaient encore au milieu de cette 'voile abstraite'. Il y avait en réalité beaucoup de mots que j'utilisais pour décrire ma sévère Déréalisation – sous- réalité. J'étais devenue si désespérée d'obtenir des réponses et des explications que j'avais décidé une fois que j'avais été 'choisi' pour voir le monde sous un angle différent, pour voir des choses que d'autres autour de moi ne pouvaient pas. Les questionnements abstraits permanents … que sont les gens, qu'est qu'une chaise, qu'est-ce que le langage, pourquoi apparaissons-nous si 'parfait' comme être et que pourtant nous sommes coincés sur cette terre au milieu de l'espace et du néant ? Ces questions me torturaient. Il n'y avait plus aucun fun à méditer. *Tout* me terrifiait. Je trouvais du réconfort pendant le sommeil. Et j'ai plutôt beaucoup dormi pendant mes sept années de DP/DR. J'ai réussi encore à avoir un travail à temps partiel et à finir l'université (en regardant en arrière, je n'ai aucune idée de comment j'ai réussi à le faire mais mes parents étaient dans le déni de ma maladie et abandonner ne faisait pas partie des options). En parlant de mes parents, j'ai grandi dans un environnement hautement lourd, anxiogène et violent. Mon père avait un mauvais caractère et était totalement narcissique et ma mère était une facilitatrice qui était passive / agressive. Nous n'avions pas beaucoup de temps en famille, à part quand nous nous chamaillions. Je pense que ma DP/DR commença lorsque je pris des cachets d'ecstasy chaque jour pendant un mois, et peut-être après avoir fumé du joint mélangé avec quelque chose d'autre. Personne ne sait vraiment. On m'a dit que cela pouvait venir de ma famille et que la dépersonnalisation agissait comme « un mécanisme de défense ». En dépit de la souffrance, elle était conçue pour me protéger de mon environnement stressant (en conséquence le 'sentiment de vivre dans une bulle'). J'ai lu que les personnes présentant ce trouble étaient habituellement *très* introspectives, analytiques et avaient un haut QI. Pour moi, cela fut un Enfer total pendant sept ans. En tant que personne anxieuse, la DP/DR fit monter mon anxiété à son paroxysme. Marcher dehors me terrifiait. J'avais l'impression que la terre était trop ronde et que notre atmosphère était un biodôme. Tout semblait altéré.

Mais elle commença à décliner en intensité. La peur même de la maladie commença à s'atténuer tandis que je me renseignais, prenais mes ISRS et évitais les drogues illicites bien sûr. Le temps est ce qui me guérit. Je pense également que les ISRS aidèrent à alléger l'anxiété, mais le temps est une fois ce qui me sortit de ça. Cela fut un processus extrêmement lent … comme si quelqu'un avait une télécommande et appuyait sur la touche « Slow ». Et alors que je revenais lentement à moi-même, je n'étais plus la petite ado que j'étais lorsque le trouble apparut. J'étais une femme mure maintenant. En parallèle de mon lent processus de guérison, j'appris la vertu de la patience, l'opportunité précieuse que j'avais de vivre ma vie, mes talents, la gentillesse des personnes autour de moi, en étant responsable de MA santé mentale, et de quelques chouettes capacités de recherches…. Je réalisais comment j'étais acharnée et pleines de ressources, et que j'étais courageuse. Je réalisais également combien les êtres humains étaient incroyablement résilients lorsqu'ils faisaient face à l'adversité. D'une certaine manière, je suis reconnaissance de cette expérience (lorsque je ne suis pas en colère contre les tas d'années que j'ai gâché). Enfin, tout ne fut pas perdu. J'ai passé entièrement mes sept ans à comprendre ma maladie et appris également que j'avais un syndrome post-hallucinatoire persistant ('Hallucino-genic Persisting Perception Disorder', HPPD en anglais) venant de l'ecstasy et de l'herbe, qui avait causé les distorsions visuelles (cela aussi s'améliora seulement avec le temps !).

La bonne nouvelle est que, une fois que vous sentez que le voile se lève, sous êtes si joyeux que vous oubliez combien vous vous sentiez mal. La vie revient juste en place. Vous remettez les choses à leur place et continuez votre chemin. J'eu pour priorité de trouver les meilleures thérapies et médicaments pour moi. Je ne resterais jamais inactive et je ferais face. J'étais une battante. Vous devez l'être, aussi.

Me sentir moi-même et même mieux qu'avant, malheureusement, pris du temps. Pour certains, cela prend des mois, d'autres, des années. Le temps est contre tout le monde individuellement, mais nous expérimenterons tous notre épilogue d'une manière ou d'une autre. Je me suis fait beaucoup d'amis sur les forums et j'ai même reçu un cadeau de Nouvelle Zélande de la mère d'une personne. Vous n'oubliez pas le trajet, mais lorsque vous vous remettez, vous trouverez très dur de vous souvenir de ce sentiment affreux de DP/DR. C'est comme si cela n'avait été qu'un rêve. Vous surmonterez tous cela, j'en suis la preuve. »

Un autre contributeur du site depersonalization.info avait ceci à dire :

« Je suis libéré de la DP depuis des années. La dépersonnalisation s'en va. La mienne a débuté par une intense et unique expérience avec le cannabis. Pour moi, le sentiment d'irréalité dura 5 ans. Aucuns médicaments ne m'ont aidé. Qu'est-ce qui l'a fait ? Le temps, et la distraction. Le moins je me focalisais dessus en essayant de mener une vie normale, le plus la normalité revenait.

« Trois ou quatre ans après, je n'y pensais même plus. Quelqu'un me posa des questions quelques temps après sur ma DP et je lui répondais : 'Oh ça, je ne l'ai plus'. C'était aussi simple que ça. Cela fut une diminution graduelle jusqu'à ce qu'elle disparaisse simplement sans que je ne m'en aperçoive. Il n'y a pas eu de moments précis où je me suis dit 'Oh, c'est parti'.

« Lorsque le moment fut venu, cela semblait si évident de dire que je ne l'avais plus. Je sais quelle horrible expérience cela peut être.

« Certaines personnes prendront moins de temps, certaines plus. Sachez simplement que cela partira !

Je voulais juste m'arrêter sur ces forums après toutes ces années et contribuer. Gardez cela en tête, pour la plupart d'entre nous qui surmontons cela, nous ne revenons pas. C'est pourquoi vous entendrez plus d'histoires négatives que positives. Pourquoi revisiter le passé si vous êtes libres ? »

Il y a beaucoup d'histoires de guérison comme celle-là. Mais c'est compréhensible que quand l'état des personnes s'améliore, soit spontanément ou avec l'aide de professionnels, de médicaments ou de thérapies, elles veulent simplement revivre de nouveau, quelques fois sur de nouvelles bases qui peuvent être aussi incompréhensibles pour les « normaux » que le désordre qui défia toute explication. Pourquoi essayer d'expliquer le processus de guérison à quelqu'un qui n'a jamais compris ce qu'il y avait d'anormal à la base ? Surmonter, ou s'adapter à la dépersonnalisation est aussi privé que la souffrance qu'elle procure. Pourtant cet étrange état n'est pas nouveau. La littérature, la philosophie, et la religion s'en sont préoccupées depuis des siècles. Maintenant il est temps de creuser plus profondément dans ce mystérieux océan.

Références

1. Hunter, E.C. M., Phillips, M., Chalder, T., Sierra, M., David, A.S., (2003) Depersonalisation Disorder: a cognitive behavioural conceptualisation. *Behaviour Research and Therapy*. **41**, p 1451-1467.
2. Hayes, S.C., Strosahl, K.D., Wilson, K.G., (1999) Acceptance and Commitment Therapy: An Experiential Approach to Behavior Change, Guilford Press, New York.
3. Hayes, S.C., (2002) Buddhism and Acceptance and commitment therapy. *Cognitive and Behavioral Practice*. **9**, p 58-66.
4. Neziroglu, F., Donnelly, K., (2010) Overcoming Depersonalization Disorder: a mindfulness & acceptance guide to conquering feelings of numbness & unreality. Oakland, CA. New Harbinger Publications.

11 - Le voile de Maya

Qui regarde en dehors, rêve ; Qui regarde à l'intérieur, se réveille.

—Carl Gustav Jung

La collection permanente de beaux-arts du musée de Boston comprend une grande et fameuse peinture de Paul Gauguin, peut-être son plus chef d'œuvre. Typique de cet artiste, le travail hautement décoratif montre des Tahitiens dans une variété de poses et d'activités. Un regard plus attentif révèle que chaque figure représente une certaine partie du processus universel de la vie—La naissance, l'expérience, l'émerveillement, la contemplation et la mort imminente. Des animaux assortis partagent cette scène et son symbolisme au milieu de ce paradis tropical. Le titre de la peinture illumine l'imagination à travers ces questions : « *D'où venons-nous ? Qui* sommes-nous ? Où allons-nous ? »

Ce qui rendaient perplexes les Tahitiens, et un Gauguin souffrant, n'est pas plus proche d'être résolu aujourd'hui que quand ce travail fut terminé en 1897, en dépit des technologies qui semblent fournir des réponses à tout. Pour la plupart des gens, les « grands mystères de la vie » sont acceptés tel quels, et heureusement. Les gens vivent leur vie comme si la mort, ou la réalité de l'infinité dans le temps ou l'espace, n'existe pas. Mais comme nous l'avons vu, la dépersonnalisation change cette perspective. Lorsque le Moi, qui est normalement centré sur la vie quotidienne, entouré d'une continuité de pensées, de mémoires et d'agendas prédictibles, est ébranlé, l'esprit dérive inévitablement vers l'inconnu, l'abstrait. En tant que petit être respirant sur une boule tournant au milieu d'une nuit sans fin, pourquoi cela ne serait-il pas le cas ? « D'où viens-je ? Qu'est-ce que je suis ? Où je vais ? » semblent demander soudainement des réponses.

Comme Blaise Pascal avait observé au XVIIème siècle :

« Lorsque je considère la faible durée de ma vie, engloutie dans l'éternité avant et après, le petit espace que je rempli et même que je peux voir – englué dans une immensité infinie d'espaces dont je suis ignorant et qui ne me connaissent pas, je suis terrifié et éberlué d'être ici plutôt que là, parce qu'il n'y a aucune raison pour laquelle je suis ici plutôt que là. Le silence éternel de ces espaces infinis me terrifie. »[1]

Les observations de Pascal relaient l'essence de l'angoisse existentielle. Les insomniaques peuvent aussi considérer quelques fois ces idées, et, pour la plupart des personnes, un tour au frigo ou le fait d'allumer la télévision suffit pour réduire ce qui n'est pas plus déconcertant qu'un mauvais rêve. La dépersonnalisation peut amener de telles ruminations existentielles au premier plan. Elle peut aussi se manifester dans des sensations si anormales qu'elles défient entièrement toutes explications.

Jusqu'à maintenant nous avons regardé comment les chercheurs avaient tenté de percer les secrets de la chimie du cerveau derrière le Trouble de la Dépersonnalisation. Nous avons aussi examiné une variété d'explications psychologiques. Et pourtant après un centenaire d'observations, d'analyses, et de traitements, la condition reste insaisissable, intraitable et largement inconnue de la culture populaire. Pourquoi donc ?

Une réponse émergea en 1970 de la part d'un professeur de psychiatrie nommé T. E. Weckowicz :

« Les phénomènes de dépersonnalisation et de déréalisation sont de grands intérêts théoriques puisqu'ils concernent le cœur de l'expérience personnelle. Ils sont liés au sentiment de réalité ultime du monde extérieur et du Moi et, en conséquence, ils sont de grande importance pour l'épistémologie, l'ontologie et d'autres problèmes de philosophie de l'esprit. En raison du langage métaphorique dans lequel ils sont décrits, et parce qu'ils appartiennent à un champ dans lequel le monde physique et le monde symbolique s'entrecroisent, et où la pensée mystique s'interpénètre avec la pensée ancrée dans le réel (Mayer-Gross), les phénomènes de dépersonnalisation présentent de grandes difficultés pour une approche expérimentale. Pour cette raison ils ont été largement ignoré par les psychologues expérimentaux. »[2]

Que l'exploration de la dépersonnalisation implique des PET scan ou des dessins de cafards, ou s'identifie à un « vestige » d'un mécanisme de défense, il semble qu'il y a plus dans le phénomène que rêvé dans n'importe quel laboratoire de recherche médical. Même si elle est extrêmement déplaisante, la dépersonnalisation est une expérience humaine spécifique. En tant que telle, elle est apparue dans la littérature, la philosophie et les pratiques spirituelles pendant des milliers d'années, sous différents déguisements. Il suffit de savoir où regarder. Le chef d'œuvre de Gauguin provoque un moment de compréhension lorsque vous connaissez le titre. La dépersonnalisation est souvent la même, une fois que vous avez reconnu sa présence au-delà du monde de la pathologie.

Naissance d'un syndrome

Les personnes familiarisées avec la dépersonnalisation sont maintenant bien conscientes de l'origine du terme de dépersonnalisation. Ludovic Dugas a émergé de l'obscurité comme la personne qui a conçu le terme après l'avoir lu dans le *Journal Intime* du diariste français Fréderic Amiel. La confession publiée de ce dernier, qui contiennent quelques

17000 entrées écrites entre 1848 et 1881, est riche de passages faisant allusion à des sentiments de dépersonnalisation. Certains experts les voient seulement comme des considérations philosophiques, ce en quoi je suis en désaccord. M'étant assigné moi-même la tache éreintante de lire chacune de ses entrées, je reconnais non seulement qu'Amiel souffrait de dépersonnalisation mais je crois aussi qu'il montrait un schéma comportemental tout le long de sa vie qui apparait chez la plupart des personnes présentant le syndrome à long terme.

Le journal d'Amiel révèle plus qu'un penseur contemplant la nature de son Moi. Il est un rêveur qui, en raison d'un manque d'un sens clair de son identité, n'a jamais agi ni réussi ses ambitions terrestres. Comme beaucoup de personnes de nos jours attendant de commencer leur vie « une fois que le TdD s'effacera », Amiel attendit parce qu'il manquait de la confiance en soi nécessaire pour essayer. Il passa sa vie en tant que professeur provincial connu seulement pour des conférences ennuyeuses et une terne personnalité.

De manière intéressante, le journal révèle bien plus. Comme pour d'autres personnes dont nous avons discuté plus tôt, Amiel conclut que la Vrai Réalité, au-delà du monde de tous les jours, consiste en l'éternel, l'infini, Dieu. Plus le Moi disparait, plus une personne s'approchait de la vérité et de Dieu, pensait-il.

Ses perceptions font écho également fréquemment au Buddha :

« Rien n'est plus caché de nous-même que l'illusion qui vit avec nous jour après jour, et notre plus grande illusion est de croire que nous sommes ce que nous pensons être ».[3]

Les individus dépersonnalisés peuvent se retrouver pris dans les mêmes conflits internes qu'Amiel. Une vision du monde illuminée et un éveil spirituel semblent attendre juste au prochain tournant. Une certaine conscience supérieure semble se profiler. D'un autre côté, les récompenses de l'individualité, les joies de la personnalité terrestre sont également puissamment attirantes. Souvent un tel conflit ne finit ni dans l'illumination ni dans l'épanouissement personnel.

« Qu'y a-t-il toujours eu entre la vie réelle et moi ? » écrit Amiel. « Quel écran de verre s'est interposé entre moi et le plaisir, la possession, le contact des choses, me laissant seulement le rôle d'observateur ? Une fausse honte, sans doute. J'ai toujours été honteux de désirer. Le résultat fatal de la timidité, aggravé par les illusions intellectuelles ! La peur, aussi, a eu une grande part dans cela – La peur de ce que j'aime est ma fatalité … »[4].

Alors que le terme « dépersonnalisé » d'Amiel a été rapidement considéré par Dugas comme quelque chose qui ferait sens pour à la fois les patients et la communauté des psychologues, la dépersonnalisation d'Amiel a été examiné plus tard par d'autres experts en dissociation, notamment John C. Nemiah, un des quelques experts dans l'analyse clinique à franchir la ligne entre science et art, et s'est inspiré de cette dernière. Ecrivant dans *Comprehensive Textbook of Psychiatry*, Nemiah utilisa directement le journal d'Amiel pour illustrer la capacité d'introspection des patients dépersonnalisés. Amiel écrivait en 1880 :

« Depuis l'âge de 16 ans j'ai été capable de regarder les choses avec les yeux d'un homme aveugle récemment opéré – ce qui veut dire que j'ai été capable de supprimer en moi-même les résultats d'une longue éducation des sens, et d'abolir les distances ; et maintenant je regarde l'existence comme si j'étais dans la tombe, d'un autre monde ; Tout est étrange pour moi ; Je suis en dehors de mon propre corps et individualité ; Je suis dépersonnalisé, détaché. Est-ce que c'est de la folie ? Non. La folie signifie l'impossibilité de retrouver un équilibre normal après que l'esprit s'en soit allé parmi des formes étrangères d'être, et ai suivi Dante vers des mondes invisibles. La folie signifie l'incapacité d'un jugement et d'un auto-contrôle. »[5]

Selon Nemiah, Amiel a fait de nombreuses références dans son *Journal Intime* à des états d'étrangeté de telle sorte « qu'il est clair qu'il expérimentait fréquemment des attaques de dépersonnalisation. »

« Ce qui est d'un intérêt particulier dans les passages du journal citées ci-dessus est la conscience qu'a Amiel que sa capacité de raisonnement sur cette condition a été maintenu à travers toutes les altérations de ses perceptions de lui-même et du monde. Il constate aussi que quel que soit la bizarrerie de ses expériences, la préservation de son jugement le garde clairement en dehors du règne de la folie, » observa Nemiah.[6]

La psychologue Elena Bezzubova note : « La peur d'Amiel de prendre des initiatives, de s'accomplir, une peur réelle d'être lui-même est un noyau de son moi et en même temps la racine de la décomposition de celui-ci. Sans cela, vous n'êtes pas complètement humain. Avec trop de cela vous ne pouvez pas « saisir » la réalité et vous continuez à fluctuer dans des arabesques toujours changeantes. Une nature statique et partiellement vraie de la réalité est comparable à la mort. Mais chercher la réalité dans un process permanent peut aussi tuer, dissolvant le Moi dans des particules d'étrangeté. »

En ce sens, Amiel est bloqué dans une paralysie analytique classique commune à tant de personnes qui, alors qu'elles attendent que la dépersonnalisation se retire, « pratiquent ses gammes », comme il le dit, sans jamais produire une symphonie, se préparant pour une vie qui est juste à côté sous jamais vivre dans le présent.

Amiel est finalement piégé dans le Neverland habité par les personnes chroniquement dépersonnalisées, celles qui ne reconnaissent jamais vraiment leur détresse, ou leurs possibilités. S'il avait su seulement un peu de ce qui est connu aujourd'hui, cet homme triste, solitaire, perfectionniste aurait pu produire la fiction ou le travail philosophique qui ne s'est jamais matérialisé plutôt que son journal qui reste une des plus grandes curiosités de la littérature aujourd'hui.

Environ au même moment où Amiel commença son journal en 1845, un autre écrivain dont le travail s'approche périodiquement des thèmes de la dépersonnalisation commençait à rencontrer un succès durement gagné aux Etats-Unis. Son nom était Edgar Allen Poe.

Poe, qui peut être considéré comme le plus populaire des conteurs américains, grandit sous des circonstances pouvant constituer des déclencheurs de la dépersonnalisation. Sa très belle mère, une actrice bien connue, mourut alors qu'il n'avait que deux ans. Son père qui avait abandonné plus tôt sa famille était un acteur moins accompli, connu principalement pour son trac évident de la scène et sa consommation d'alcool excessive. Poe fut recueilli, mais jamais formellement adopté, par un marchand écossais de Richmond en Virginie, John Allen, connu pour être froid, parcimonieux et prétentieux. Frances, la femme d'Allen, bien que plus affective avec le jeune « Eddy », soufra d'une variété de maladies réelles et imaginaires. Ainsi, elle était plus focalisée sur son hypochondrie que sur les besoins d'un jeune orphelin.

Les Allans procurèrent à Edgar une bonne éducation, même si elle fut sous-financée, incluant cinq années passées en Angleterre. Mais des conflits entre Poe et son père d'accueil, et les morts de jeunes amis, plantèrent des graines précoces de détachement, de solitude et de dépression.

Contrairement à l'opinion populaire, l'imagination et le sens du macabre de Poe n'a pas été nourri par l'opium ou par une autre drogue. Les histoires de débauche, d'addiction aux drogues et généralement de mauvais comportements étaient en fait en partie des rumeurs posthumes lancées par Rufus

Griswald, un contemporain dont le travail a été, à une occasion, dénigré par Poe. Plein de rancune de manière obsessionnelle, la notice nécrologique calomnieuse de Grisol avait été réfuté vigoureusement par beaucoup de ceux qui connaissaient l'auteur personnellement. Mais le mal avait été fait et une grande partie des dégâts a perduré jusqu'à nos jours.

Poe ne fut jamais un dégénéré ni un drogué, mais il buvait trop et passait beaucoup de temps à essayer de ne pas le faire. Il ne gardait pas de journal à partir duquel nous pourrions entrapercevoir ses pensées intimes, mais les thèmes du rêve, de la réalité et de l'irréalité imprègnent sa poésie et sa prose. Des travaux comme *Annabelle Lee* et *The Raven* ont bénéficié d'une large audience, non en raison du macabre mais plutôt des sentiments de pertes qu'ils évoquent douloureusement. Les taux de mortalité étaient haut au début du $19^{\text{ème}}$ siècle. Les gens perdaient des épouses, des amants, et des enfants régulièrement, et les hommages poétiques de Poe à la perte elle-même touchaient une corde universelle de l'audience.

A la différence du monde de l'édition d'aujourd'hui, saturé par des mémoires et des autobiographies, dans la période de Poe les pensées personnelles étaient d'habitude limitées aux mots prononcés par des personnages de fictions, comme c'était déjà le cas lorsque Shakespeare écrivait. La fascination de Poe pour la nature transitoire et onirique de la vie, et la nature de la santé mentale elle-même, transparait souvent dans ses courtes fictions et sa poésie, dans des phrases comme :

• *Tout ce que nous voyons, ou pensons voir, n'est qu'un rêve à l'intérieur d'un rêve.*

• *Je suis devenu malade, avec de longs intervalles d'horrible santé mentale.*

• *Ce n'est en aucun cas une fantaisie irrationnelle que, dans une existence future, nous devrions regarder ce que nous pensons de notre existence présente, comme un rêve.*

- *La science ne nous a pas encore appris si la folie n'est ou n'est pas le sommet de l'intelligence.*

- *Les frontières qui séparent la Vie de la Mort sont aux mieux floues et vagues. Qui peut dire ou le premier fini, et ou l'autre commence ?*

- *Ceux qui rêvent le jour sont conscient de beaucoup de choses qui échappent à ceux qui rêvent seulement la nuit.*

- *Toutes les choses Créés sont seulement les pensées de Dieu.*

La dernière citation fait directement échos à l'hindouisme, les théosophies contemporaines de personnes tels que Alan Watts et Ken Wilbur, et le mouvement appelé New Age. Elle montre la face cachée de Poe, rarement abordée. Il y a plus de preuves que nécessaires pour suggérer que les périodes noires de Poe furent marquées par au minimum une dépersonnalisation transitoire, même si elle ne dura pas plus qu'une mauvaise gueule de bois. Cette période de dissociation et d'anxiété a été préétabli plus tôt par des pertes, une enfance sans amour, et le trauma de la mort d'un autre être cher rodant toujours.

Les névroses, l'anxiété, les fugues dissociatives apparaissent dans le histoires et poèmes de Poe. « The Tell-Tale Heart », « The Cask of Amontillado », « Berenice » et « William Wilson » en sont les principaux exemples. Cependant, de tous les travaux créés en tant qu'éditeur de magasine, critique littéraire, poète et romancier, la pièce dont il était le plus fier reste relativement obscure. C'est un long essai nommé « Eureka ».

Ecrit en 1848, tard dans la vie de Poe, Eureka est un « Essai sur l'Univers Matériel et Spirituel ». Poe préface le document en demandant aux lecteurs que la pièce soit jugée en tant que poème seulement, après sa mort, probablement en sachant que beaucoup penseraient qu'il était devenu soit sacrilège ou était soit finalement devenu fou.

Eureka était basée sur une conférence que Poe avait donné un an auparavant à une audience confuse et peu réceptive. Lorsqu'il apparut en version livre en 1848, la plupart des critiques ont pensé que sa condition mentale précaire s'était finalement dégradée. D'autres, qui comprenaient vaguement sa signification, ont pensé que c'était soit un travail transcendantal soit un travail qui moquait les transcendantalistes, nommant ce courant « mysticisme incohérent ». Le fait que Eureka était clairement plus mystique que le noyau de ce que les écrivains transcendentalistes produisait contrariait beaucoup de critiques.

Dans l'essai, sans aucune preuve scientifique solide, Poe proposait ce que nous appelons maintenant la théorie du Big Bang. Il affirmait que l'univers avait émergé d'une « particule primordiale » que la volonté de Dieu avait créé. Il postule que « l'espace et le temps ne sont qu'un », et souligne qu'avec la lumière « il y a une effusion continuelle de rayons possédant une force dont nous n'avons aucune raison de supposer qu'elle varie du tout ». Le langage est différent, mais fait écho aux théories d'Einstein presque trois décennies avant que l'auteur de la théorie de la relativité soit né.

Harry Lee Poe, le cousin lointain biographe de Poe, note également les observations de l'auteur sur la vraie nature du Moi :

« Dans la conclusion d'Eureka, Poe a esquissé une autre conclusion étonnante : qu'en créant la particule primordiale et en la divisant dans ce qui est devenu l'univers, Dieu se dispersa lui-même à travers le tout et que ce que ceux que nous appelons ses créatures sont en fait des individualisations infinies de Lui-Même. En se multipliant lui-même par la division, Dieu a maximisé son expérience de la joie, mais il s'est aussi soumis lui-même à la douleur. »

« A la fin », écrit Harry Poe, « Poe a soutenu que la force 'd'attraction' ramènera tout l'univers dans 'l'Unique'. Poe faisait une conclusion panthéiste dans laquelle tout est Dieu et toutes les identités individuelles étaient confondues dans l'Unique. »

Lors des récentes années, les experts de Poe ont examiné de plus près certains des étranges comportements que le poète a exhibé même durant les périodes où il ne touchait pas à la liqueur. Après la mort de sa jeune épouse, Virginia Clemm, Poe expérimenta des périodes de délires qui ne pouvaient pas être attribuées à la boisson ou aux drogues. Il ne fut jamais vraiment le même après sa mort ; il était connu pour avoir un cœur dégradé, mais il était probable que quelque chose qui avait affecté sa personnalité, ses perceptions et ses écrits était à l'œuvre – une tumeur au cerveau. Lorsque la tombe de l'auteur fut déplacée en 1875, une partie du cercueil tomba. Des témoins déclarèrent qu'ils avaient vu « le cerveau de Poe ». Mais les experts légistes ont noté que le cerveau lui-même se détériore rapidement ; une tumeur calcifiée serait restée, donnant l'apparence d'un reste d'un cerveau.

Si la théorie de la tumeur est vraie, les changements dans le cerveau de Poe pourraient expliquer ses accès d'incohérences. Ils pourraient également expliquer ses dernières pensées sur l'existence ; des vues qui sont partagées par beaucoup de ceux pour qui la perte du Moi et de l'Unité avec l'univers émanent de changements dans le cerveau.

L'être et le Néant

La description la plus terrifiante et précise de la dépersonnalisation pure se trouve peut-être dans le premier roman de Jean-Paul Sartre, *La Nausée*. Il est devenu un écrit important pour de nombreuses personnes de la communauté TdD. Sartre était grandement influencé par les travaux du philosophe allemand Martin Heidegger sur l'être. Cela soulève la question de savoir si *La Nausée* a un caractère autobiographique de, ou s'il est une interprétation brillante de « la peur primordiale » et du « the Nothing nothings » de Heidegger. Dans tous les cas, *La Nausée* est, à ce jour, la confrontation la plus convaincante avec le Vide dans la littérature.

Le conférencier Russel Nieli de l'Université de Princeton a écrit de manière incontestable sur la corrélation entre les œuvres de William James, de Heidegger, et de Sartre et du Trouble clinique de Dépersonnalisation. Dans son livre de 1987 sur le philosophe Ludwig Wittgenstein, il explore la manière dont Heidegger, dans une conférence fameuse intitulée « Was ist Metaphysik ?, » exprime l'expérience de déréalisation-dépersonnalisation dans les termes de « dread » et de « the Nothing ». La terreur (« dread » en anglais) est le commencement du processus d'aliénation, le désengagement attentionnel à la fois du moi et du monde (l'égo et l'environnement), et l'éloignement graduel à la fois du moi et du monde vers une humeur totalement envahissante d'indifférence anxieuse. Heidegger la décrit comme « peu accueillante et étrange » (*unheimlich*).

La description de Heidegger du « The Nothing » devient un peu plus obscure pour le profane, particulièrement lorsqu'elle est traduite littéralement de l'allemand. L'explication de Nieli est plus simple, mais encore difficile à saisir complètement :

« L'expérience d'aliénation radicale (déréalisation-dépersonnalisation) comporte « un dessin, un naufrage, et une éclipse du monde (déréalisation) par rapport à la psyché (*Dasein*), qui, dans ses efforts désespérés pour réengager la réalité, peut ne rien trouver auquel s'agripper … Puisque l'égo a été annihilé, cela ne fait pas sens de parler d'un 'tu' ou d'un 'je' pour lesquels tout est devenu étranger, car cela présupposerait le moi et la conscience du moi, qui n'existent plus. Comme nous même nous disparaissons et que le monde entier devient inhospitalier et étrange (déréalisé, alien, éloigné), nous tentons, dans notre tristesse et notre peur, de maintenir le contact avec un certain type de réalité grâce à des discussions compulsives et involontaires. »

Une partie du problème pour complètement comprendre les idées de Heidegger, note Nieli, réside dans la traduction. Un autre problème vient de la tendance d'Heidegger à regrouper les formes bégnines d'expérience de dépersonnalisation, comme « l'indifférence » (émoussement émotionnel) avec « la peur primordiale » (la destruction de l'Ego). « Mais pour ce qu'il évoque dans les liens qu'il fait entre le Nothing et l'expérience du type déréalisation-dépersonnalisation, il semble n'y avoir que peu de place au doute, » conclut Nieli. Le sujet lui-même, si ce n'est la manière d'Heidegger de le relayer, a tellement impressionné Jean Paul Sartre que cela lui a servi comme inspiration pour son *Être et le Néant*, et son premier et plus grand roman, *La Nausée*.

A la différence du *Journal Intime* de Amiel, le roman de 1935 de Sartre n'est pas un journal quotidien de sentiments et de pensées, mais des pensées telles qu'elles viennent. Ce n'est pas un récit clinique, mais la voix de la dépersonnalisation se déployant seconde après seconde dans une conscience de l'individu.

Pour le narrateur de *La Nausée*, Antoine Roquetin, la vie quotidienne mondaine dans la ville provinciale de Bouville (Mudville) semble irréelle, ou *trop* réelle, et en conséquence, nauséeuse. Sans terminologie médicale à disposition, Roquentin décrit ses sensations déplaisantes de nausée, ou « la crasse ».

« Les choses sont mauvaise » écrit-il à moment donné. « Les choses vont très mal : je l'ai, la crasse, la Nausée. Et cette fois c'est nouveau : cela m'a pris dans un café. Jusqu'à maintenant, les cafés étaient mon seul refuge parce qu'ils étaient plein de personnes et bien éclairés : maintenant ils ne seront même plus cela ».[7]

Il est surprenant qu'en dehors des études de cas cliniques décrivant des récits à la première personne de dépersonnalisation et de déréalisation, l'articulation du personnage de Sartre, Roquentin, reste inaperçue. Peut-être que La Nausée a été largement ignoré dans la littérature médicale parce que c'est une œuvre de fiction. Ou peut-être que Sartre est perçu comme purement philosophique, et en conséquence pas scientifique. Pourtant certains écrivains philosophiques ont reconnu « la crasse » comme exactement ce qu'elle est.

En commentant La Nausée, Nieli écrit encore : « Alors qu'une humeur d'étrangeté - de solitude dans le propre monde intime du personnage, du fait d'être coupé du monde physique et social environnant – imprègne le roman en entier, ce qui est désigné par le terme de Nausée (et qui est aisément reconnaissable comme des attaques aigues d'expériences de déréalisation-dépersonnalisation) survient à des moments précis et paroxystiques. Une augmentation graduelle du sentiment d'étrangeté précède chaque attaque:[8]

Le détachement et la dépersonnalisation de Roquentin montent en intensité tandis que le livre atteint un maximum. Après avoir souffert d'anxiété aigue dans un tramway, il se trouve lui-même dans un parc où ses perceptions changent finalement complètement, à la vue d'un ancien châtaignier avec des racines énormes et noueuses :

Je tombe sur un banc entre des grands troncs d'arbres, entre les mains noires et épineuses qui prennent de la hauteur. Un arbre racle la terre sous mes pieds avec un ongle noir. Je voudrais tellement me laisser aller, m'oublier, dormir. Mais je ne peux pas, je suis en train de suffoquer : l'existence me pénètre partout, à travers les yeux, le nez, la bouche ...

Et soudainement, soudainement, la vue se déchire, j'ai compris, j'ai vu.

Analysant ce qui est arrivé, il écrit :

Je ne peux pas dire que je me sens soulagé ou satisfait ; juste le contraire, je suis brisé. Seul mon but est atteint : Je sais ce que je voulais connaître ; J'ai compris tout ce qui m'est arrivé depuis janvier. La Nausée ne m'a pas quitté et je ne crois pas qu'elle me laissera bientôt ; mais je n'ai plus à la supporter, ce n'est plus une maladie ou une crise passagère : c'est je ...

... dans le parc juste maintenant. Les racines des châtaigniers plongèrent dans le sol juste sous mon banc. Je ne pouvais pas me rappeler que c'était une racine. Les mots ont disparu, et avec eux la signification des choses ... Je suis assis, ..., tête baissée, seul face à cette masse noire et épineuse, entièrement mauvaise, qui m'a menacée. Alors j'ai eu cette vision.

Cela me laissa sans voix. Jamais, jusqu'à ces derniers jours, je n'avais compris la signification de « l'existence ... »

La prise de conscience ultime que l'existence se limite à l'instant présent, que tout le reste, passé ou présent, n'est qu'illusion. Les choses et les noms sont « de la manière ».

A la fois pour Amiel et Roquentin, se sentir irréel est devenu comme avoir un aperçu d'une différente, et dans leurs yeux, une *vraie* réalité – intemporelle et libre de notre subjectivité – vue sans le filtre de notre ego. La perception d'Amiel, et la dernière de Poe dans sa vie, inclue un sentiment d'Unicité, de renaissance spirituelle, celle de Roquentin non. Mais à la différence d'Amiel, Roquentin refuse de laisser cet aperçu derrière la façade de la vie l'enfermer dans les limbes, coincé entre deux mondes. A la place, il y voit une totale liberté et un appel à l'action. A la fin de *La Nausée*, sa manière de faire devient claire. Il décide de dévouer sa vie à l'écriture. Clairement, Sartre lui-même a suivi cette voix, non en créant un journal introspectif, mais plutôt en donnant voix à une philosophie.

Sartre établi que c'est un choix conscient de vivre sa vie « authentiquement » et d'une manière unifiée, ou non – que c'est la liberté fondamentale de nos vies. De manière hautement suggestive des Thérapies de l'Accepîon et de l'Engagement ('Acceptance and Commitment Therapy' en anglais) d'aujourd'hui, Roquentin décide de vivre *à travers* la crasse, ayant maintenant vu tout ce qu'elle pouvait lui montrer. Il aurait pu l'interpréter comme un éveil spirituel, mais il a choisi de ne pas le faire. C'est quelque chose qui EST simplement, c'est tout. Et écrire devient la seule chose qu'il connaisse dont il peut réellement se charger – ses actions conscientes.

Théâtre de la dissociation

Que les réflexions d'Amiel, Poe et autres d'ordre mystique, symptomatiques d'une maladie ou essentiellement philosophiques, rares sont ceux qui ont documenté leurs propres troubles mentaux, notamment la dépersonnalisation totale, avec l'éloquence du poète, dramaturge et innovateur du théâtre d'avant-garde français, Antonin Artaud. Artaud demeure inégalé dans ses récits autobiographiques de ce qui a été interprété comme une schizophrénie, et de sensations de détachement complet de la vie mentale humaine normale. Il a incarné « l'artiste tourmenté » avant même que l'expression ne devienne un cliché éculé.

Excentrique par excellence, Artaud était préoccupé par ses expériences corporelles et les activités déconcertantes de sa vie intérieure.

« Je m'étudie au microscope », écrivait-il. « J'éprouve une sensation de distance physique avec moi-même, comme si je n'étais plus sur le point de contrôler mes membres, mes

réflexes, ni mes réactions mécaniques les plus spontanées. »
(note de bas de page).

Répugné par les fonctions corporelles, notamment
sexuelles, peu de gens purent accéder à une intimité
émotionnelle ou physique avec Artaud. Pourtant, ses prestations
dans des films muets, notamment dans le rôle de Marat dans le
classique d'Abel Gance, *Napoléon* (1926), et celui d'un moine
mélancolique dans *La Passion de Jeanne d'Arc*de Carl Dreyer
(1928), lui valurent de nombreux admirateurs et flagorneurs.

À propos de cette dernière performance, Anaïs Nin nota
qu'Artaud était « magnifique… Les yeux profonds du mystique,
comme des cavernes scintillantes. Profonds, ombragés,
mystérieux.» (note de bas de page)

Bien qu'Artaud ait souffert toute sa vie d'un profond
détachement envers lui-même, il était parfaitement capable
d'empathie pour certains des personnages qu'il incarnait, vivants
uniquement par l'intermédiaire du film muet.

Parmi eux, Roderick Usher, protagoniste de l'adaptation
par Jean Epstein de La Chute de la maison Usher d'Edgar Allan
Poe.

« Il y a une forme de souffrance nerveuse que même le
plus grand acteur du monde ne peut retranscrire à l'écran s'il ne
l'a pas vécue », écrivait-il. « Et je l'ai vécue. Je pense comme
Usher. » (note de bas de page).

Le jeu d'acteur d'Artaud n'était que le tremplin vers
d'autres projets créatifs. En 1938, il publia l'ouvrage qui le rendit
célèbre, « Le Théâtre et son double », un recueil d'essais sur le
théâtre, dont son manifeste pour sa création dramatique, Le
Théâtre de la cruauté. Loin de dégoûter le public par ce que son
nom pourrait suggérer, cette mise en scène le submergeait de
sons, de fureur et de mouvements, plutôt que de dialogues écrits,
dans le but d'éveiller sa conscience collective à une expérience
théâtrale inédite, choquante et révélatrice.

Comme la plupart des visionnaires, Artaud était en avance sur son temps. À l'instar de Van Gogh, il mena une vie marquée par un génie créatif et une profonde souffrance psychologique. Son œuvre prosaïque, impressionnante, comprend d'ailleurs une biographie de l'artiste tourmenté, intitulée « Van Gogh, l'homme que la société a suicidé ».

En 1936, dans sa quête de vérité et de définition de soi, Artaud se rendit au Mexique et expérimenta le peyotl à plusieurs reprises. Un an plus tard, lors d'un voyage en Irlande, il menaça de se faire du mal, et peut-être aussi à d'autres, ce qui entraîna son retour en France en camisole de force et neuf années d'internements dans différents établissements psychiatriques.

Artaud parvint à exprimer l'intangible d'une manière qui dépassait le cadre des récits personnels ayant conduit au diagnostic de dépersonnalisation. Son analyse de son état englobait bien plus que la simple cognition. « Ce n'est pas seulement la pensée, mais la personnalité, la vie qui est affligée », dit-il, décrivant « la dépossession de ma substance vitale… une absence fondamentale de feu mental, un manque de circulation de la vie », et un sentiment d'être « abandonné par mon corps… abandonné par tous les sentiments humains possibles ». L'apathie s'est emparée de son esprit, dit-il, le privant de sa capacité à ressentir, ou à être en harmonie avec ses émotions :

« Je n'ai plus de vie, je n'ai plus de vie ! » écrivait-il. « Mon enthousiasme intérieur est mort. » Tout est dépourvu de « parfum émotionnel ».

Dans cet état mental perpétuellement confus, Artaud oscillait entre un catholicisme fervent et un athéisme virulent. Connaissant le Livre des Morts égyptien, il percevait des parallèles entre l'existence des momies et la sienne : elles existent, mais ne sont pas vivantes. Parfois, il se comparait à un robot doté de conscience et imputait son état à Dieu :

« Ce Dieu m'a transformé en absurdité ; il m'a maintenu en vie dans un vide de négations et de reniements obstinés. Il a tout détruit en moi, jusqu'à la moindre trace de vie consciente et sensible. Il m'a réduit à un robot ambulant, mais un robot capable de ressentir la rupture de son inconscient. » (note de bas de page) La biographe Naomi Greene suggère que « la perte de la pensée et de l'être, ainsi que le sentiment d'aliénation, affectent inévitablement le rapport d'Artaud au monde. Son absence de sentiment d'être et l'absence d'un noyau central en lui qu'il pourrait appeler son "moi" engendrent un sentiment de vulnérabilité face aux objets et aux forces extérieures. » Le psychologue Louis Sass, qui a beaucoup écrit sur la schizophrénie, considère les écrits d'Artaud comme étant peut-être le plus précieux de tous les récits autobiographiques sur cette maladie.

Bien qu'il ait passé une dizaine d'années en institution psychiatrique, la prose introspective d'Artaud témoigne clairement d'une confrontation avec la réalité. « On peut dire que la quasi-totalité des écrits d'Artaud des années 1920 et du début des années 1930 constituent une tentative de surmonter ses difficultés par une forme d'introspection. Il parle de « cette quête… ce besoin de cerner une fois pour toutes l'état de mon étouffement » et écrit dans une lettre vouloir « éclairer une fois pour toutes » ce qu'il appelle « la notion de ce vide intellectuel privé [qui] me semble la caractéristique dominante de ma condition ». Selon Naomi Greene, « l'être d'Artaud ne peut se développer de la manière harmonieuse nécessaire pour atteindre la plénitude d'existence désirée… Le sentiment qu'il lui manque un véritable noyau d'être est à la base de sa crainte de ne pas avoir de « soi ». Artaud utilise le mot « soi » pour décrire le centre dur et fixe de l'homme d'où convergent toutes les forces intérieures. Sans ce noyau d'être — autour duquel convergent toutes nos forces intérieures — la création d'une œuvre organique et cohérente est impossible... Pour Artaud, il est évident que... » « La nature décousue de ses écrits reflète son être fragmenté. »

Malgré ses succès littéraires et dramatiques, il lutta pour préserver sa santé mentale jusqu'à sa mort, à 51 ans, des suites d'un cancer colorectal. Il n'était plus que l'ombre de l'acteur d'une beauté saisissante des années 1920, un être amaigri et décharné. Quel que soit le diagnostic qu'il aurait pu recevoir aujourd'hui, Artaud a marqué durablement le théâtre d'avant-garde. Ses écrits, tantôt erratiques et scatologiques, tantôt éloquents et profonds, continuent de résonner chez ceux qui souffrent de la perte de toute identité véritable.

Le Samurai perdu

Un autre écrivain du 20th siècle représente une curieuse anomalie par rapport à ce qu'il se passe habituellement pour les personnes pour qui la dépersonnalisation représentent soit un point de départ soit un changement de vie majeur.

Le 25 novembre, 1970, Yukio Mishima, le plus fameux écrivain du Japon d'après-guerre, envahit le bureau d'un général d'Armée avec une petite bande de suiveurs. Après que son groupe eu attaché le général à une chaise, Mishima sortit dehors à un balcon pour présenter ses demandes. Les soldats ne furent pas réceptifs à sa diatribe glorifiant l'empereur et les appelant à retourner aux traditions des anciens Samurais. Ils répondirent par des obscénités et des insultes, riant de ce fameux petit soldat qui est finalement devenu malade.

Mishima interrompit son discours, et retourna à l'intérieur. Dans le style classique du samurai, il retira sa toge, s'assis sur le sol et commença le rituel du seppuku. Utilisant une petite épée ancienne, il s'apprêta à s'ouvrir le bas de son estomac. Il avait prévu d'écrire le traditionnel poème de la mort, mais le chagrin était trop grand. Il traversa ses boyaux, attendant le moment où son *kaishakunin* (son second) couperait sa tête. Le jeune homme assigné à cette tâche n'arriva pas à exécuter sa tâche proprement. Un autre adepte prit l'épée et décapita Mishima en un coup. Cela, ont analysé les psychologues, fut son dernier acte narcissique. Il avait vécu sa vie entière pour ce moment final. Il avait 45 ans.

Mishima était un maître conteur énigmatique, dont les romans existentiels ont capturé l'attention de l'ouest, et encouragé l'adulation dans sa terre native, à travers de ce qui sera connu comme le Culte de Mishima. Il est remarquable ici car sa petite enfance peut bien avoir semé les graines de la dépersonnalisation, à la manière de ce qui a été décrit par Jean Paul Sartre. La différence est que Sartre, ou son personnage Roquentin, ont transcendé « la Crasse » en avançant dans une vie d'écriture et en créant une vaste librairie philosophique initiée par son sentiment précoce de non-existence. Cela fut certainement le premier objectif de Mishima, réalisé rapidement grâce à sa fiction et au théâtre nô. Mais pour cette personnalité complexe, écrire s'est avéré être insuffisant pour satisfaire un besoin plus grand de réalisation de soi. L'évolution du *Moi* de Mishima s'est avéré être ancré dans l'aveuglement et le fantasme.

Né en 1925 avec des liens avec une ancienne famille Samurai, Mishima était un enfant maladif qui passa ses jeunes années gardées en une isolation virtuelle par une grand-mère dominatrice malade souvent de névralgie. Son contrôle surprotecteur et complet de sa vie, souvent contre l'avis de ses parents, contraria contre son développement physique et contribua à la création d'une vie mentale imaginative et fantaisiste. Elle était, en essence, une femme chroniquement malade qui considérait l'enfant comme son animal de famille personnel.

Dès son jeune âge Mishima a exhibé une intelligence exceptionnelle et un talent d'écrivain. Mais lorsqu'il retourna finalement chez ses parents, son père le défendit d'écrire et il le fit donc en secret. Il était un étranger dans sa propre famille, et son homosexualité naissante l'éloignait des normes de la société traditionnelle japonaise.

Alors que Mishima s'épanouit en tant qu'écrivain populaire et acclamé à l'Est et à l'Ouest après la deuxième guerre mondiale, il vécu une vie traditionnelle en apparence en se mariant et vivant dans une jolie maison de style occidentale à Tokyo. Comme André Gide, à qui il fut quelquefois comparé, Mishima vivait une double vie – une conventionnelle de succès et de propriété, l'autre satisfaisant un narcissisme grandissant et des inclinaisons sadomasochistes.

Comme Poe et d'autres écrivains, Mishima idéalisa la beauté sous toutes ses formes. Il fut dégouté par la maladie de sa grand-mère, aussi bien que par le pale stéréotype aux épaules affaissés traditionnellement accordé aux intellectuels et aux écrivains. Il chercha donc à créer de la beauté à sa manière, non seulement en écrivant mais aussi à travers un programme rigoureux de body-building et de maîtrise du Kendo, l'ancien art martial japonais.

Alors que ses muscles se développaient, Mishima devint plus un homme de la Renaissance, écrivant des pièces, jouant dans des films de gangsters, et posant dans des revues de photos à moitié dénudés comme *Torture by Roses*. Dans une photo il recréa l'image fameuse de Saint Sébastian, attaché à un arbre et percé par des flèches. (Comme Mishima le raconte dans *Confessions of a Mask*, c'était une image de la peinture originale de Guido Reni qui inspira sa première éjaculation.)

L'exhibitionnisme de Mishima surprit beaucoup de de ses disciples japonais, mais ne diminua pas sa popularité. A travers tout cela, il maintint une obsession constante de la pureté et de la beauté de l'ancien code samurai. Le suicide rituel était une partie de ce code et fascina tant Mishima qu'il tint même la vedette dans un film dans lequel son rôle préfigura sa propre douloureuse disparition dans des détails effrayants.

Ultimement, la dualité de la vie de Mishima reste intrigante. Il écrivit chaque jour et produisit des romans pleins de sensibilité et de perspicacité qui même distinctivement japonais, s'avèrent convaincants et populaires à une audience planétaire. Il s'habilla comme un banquier, donna des conférences dans le monde entier et vécut avec sa femme dans une élégante maison de style occidental. Dans le même temps, il devint un narcissique bien que discipliné bodybuilder bien connu dans le milieu homosexuel underground. Il exhibait fièrement son physique, qu'il voyait comme une anomalie pour un intellectuel, dans des mises en pages de photos suggestives et des films.

Ayant prédéterminé son ultime destin à l'intérieur de son monde fantaisiste intime, Mishima a formé une armée privée avec ses propres uniformes, ses exercices de terrain, et ses plans mal conçus pour faire retourner le japon à ses vielles et typiquement japonaise manières de vivre. Profondément à l'intérieur, il savait certainement que ça ne marcherait jamais. Mais il était le parfait outil pour accomplir ce qu'il était destiné à accomplir, la chose qu'il ressentait comme la plus belle de toute – une mort de Samourai.

Le critique Hisaaki Yamanouchi de l'Université de Cambridge a spéculé sur les raisons réelles du suicide rituel de Mishima, et pourquoi une telle intelligence logique et douée avait suivi un chemin de vie qui ne semblait rien de moins que de la folie. Dans un examen de la biographie de 1974 de John Nathan, Yamanouchi écrit :

« Il est évident à partir de l'analyse détaillée de Nathan que Mishima souffrait invariablement d'une aliénation du monde extérieur. Partiellement, le monde extérieur semblait irréel et partiellement, il avait l'impression que sa propre existence était irréelle. La forte personnalité de Mishima lui permit d'accrocher à la vie alors qu'il déniait sa signification. Un tel mode de vie impliquait l'ultime paradoxe qu'une personne puisse atteindre le sens le plus haut d'être en vie en remplaçant la vie par la mort. Dans des termes psychologiques modernes, l'état dont Mishima souffrait était un de sentiment 'd'irréalité', consistant en soit une 'déréalisation' ou soit en une 'dépersonnalisation'. » [10]

Je trouve intéressant qu'un critique littéraire et un universitaire comme Yamanouchi puisse clairement identifier la dépersonnalisation et ses possibles ramifications alors que tant de médecins ont à peine même reconnu son existence. Mishima a supporté ses sentiments d'irréalité par l'échappement dans ses écrits, ses vies privées doubles, et de manière ultime dans le Vide lui-même. Et pourtant, sa fiction peut bien avoir été le seul endroit dans sa vie dans lequel « le test de réalité » soit resté intact.

Les pages finales de son travail le plus long, une tétralogie en quatre volumes intitulées *The Sea of Fertility*, ont été livré à l'éditeur le jour de sa mort. Considéré comme son chef d'œuvre, l'histoire suit la vie de Shihekuni Honda de 1912 à 1975. Honda commence comme un étudiant en droit dans son premier livre, *Spring Snow*, et finit comme un riche juge à la retraite, *The decay of the Angel*. Chacun des livres, qui illustrent ce que Honda est venu à croire, sont des réincarnations successives de son ami d'école Kiyoaki, introduit dans le premier livre. A la fin de l'œuvre, tout cela s'avère avoir été une illusion infondée. Honda questionne non seulement la réincarnation, mais aussi le fait de savoir si oui ou non son ami d'enfance n'a jamais existé, et finalement, si *lui* existe.

Selon le biographe Henry Scott-Stokes : « Honda, semble-t-il, est entré dans le Nirvana, ou l'extinction, dans les termes Bouddhistes – un endroit frais et sans confort « qui n'a pas de mémoires », un endroit comparable à la surface de la lune. » C'est la fin ironique du livre ironiquement intitulé *Sea of Fertility* … »

Ce n'était pas la dépersonnalisation précoce qui tua Mishima. Elle lui demanda principalement qu'il se recrée lui-même. Lorsqu'il le fit, sa personnalité prit deux chemins, les deux étant guidés par la fantaisie. Dans la fiction, la quête de la beauté conduisit à des œuvres d'art durables ; dans la vie cela mena au narcissisme et à l'autodestruction en raison de la mythologie créée dans son propre esprit.

La Perspective Spirituelle

Chacun rencontrera probablement la dépersonnalisation à certains moments de sa vie. Dans sa forme chronique, cependant, le TdD fait surface comme le talon d'Achilles de votre existence en tant qu'être humain, annulant tous les contextes précédents dans lesquels vous pouvez vous ancrez dans l'ordre des choses. Les mystères éternels ont toujours été là ; comment vous les percevez, et la manière dont vous vous inquiétez à leur sujet est ce qui fait la différence. Ce n'est pas que votre insignifiance dans l'univers est quelque chose de nouveau, c'est le fait qu'elle est si apparente et si menaçante qu'elle vous coupe de ceux qui sont autour de vous. Lorsque la peur suscitée par des prises de conscience comme celles là devient intense ou chronique, la médecine offre un diagnostique d'anxiété, ou de trouble panique. Des philosophes parlent de crises existentielles. Les traditions du Yoga parlent de cela comme quelque chose d'autre – Kundalini. Selon le Yogi Sanat Kumar :

« Le symptôme principal du syndrome de Kundalini est la déconstruction progressive de l'esprit dans lequel la personnalité devient dépouillée d'une manière extrêmement douloureuse sur une période de plusieurs mois, ou années dans certains cas. Quelquefois les signes peuvent être révélés aux sujets d'une manière extrêmement forte dans laquelle l'individu peut souffrir d'une très forte perturbation des fondations de son être. Ici, l'égo peut être douloureusement annihilé, amenant à une expérience instantanée d'illumination qui finira dans une pure et continue béatitude qui vient après le cataclysme. »[11]

Les occidentaux dépersonnalisés peuvent correspondre à la plus grande part de la description, *ci-dessus*, mais ils se demandent, où est le bonheur ? La tradition orientale suggère que sans un guide ou un guru menant une personne à travers cette expérience, le résultat peut être tout sauf bienheureux.

Un exemple souvent cité est celui du philosophe Friedrich Nietzsche. Lorsqu'il avait 45 ans, après des années d'écriture prolifique sur la mort de Dieu, le « Ubermensch », « Will to Power » et d'autres théories pour lesquelles il est reconnu, Nietzsche devint sérieusement malade mentalement. Les médecins d'alors, et la plupart d'aujourd'hui, ont attribué son déclin à la syphilise tertiaire. D'autres ont plus récemment suggéré une démence temporale frontale.

D'un autre côté, les philosophes du 20ème siècle René Girard et Georges Bataille ont cru tout les deux que la fondation de la dépression de Nietzsche avait ses racines dans la dépersonnalisation, exhibée par sa « manière moderne de pensée » et des périodes profondément contemplatives dans lesquelles il semblait absent mentalement.

Yohi Kumar, qui a étudié le Yoga et la méditation dans le monde entier pendant plus de 20 ans, dit cela à propos de Nietzsche : « Ce que je crois en étudiant ses symptômes et la manière dont ses écrits ont évolué est qu'il a eu une expérience explosive de l'évolution du Kundalini dans son corps qui a causé un déclenchement d'énergie abrupte trop tôt pour que son système nerveux et son cerveau non préparés puissent la gérer. Cela contribua au développement de la condition d'un effondrement de son égo et de son psychisme, déclenché par une expérience de dépersonnalisation majeure. »

« Si vous regardez assez longtemps dans les abysses, les abysses vous regardent en retour. » a dit Nietzsche. Finalement, les abysses l'avalèrent en entier. Mais en se basant sur ce qui est connu aujourd'hui, Il est sûr de dire qu'alors qu'il expérimenta presque certainement la dépersonnalisation, il était plus que probable que sa syphilis avancée le prit dans des réalités infernales au-delà de son emprise.

Les différentes religions à travers le temps ont encouragé différentes attitudes vis-à-vis du moi individuel. Les philosophies orientales comme le Bouddhisme n'ont pas, contrairement à l'opinion populaire, insistées sur le fait qu'il n'y avait pas de moi, mais plutôt que les éléments qui viennent ensemble pour former ce que nous percevons comme un moi sont en fait des illusions transitoires. La chose même que la dépersonnalisation engendre, le sentiment que le moi est une illusion, concours à valider ce que le Bouddhisme essaye de communiquer à ceux qui, à travers leurs égos, se voient eux-mêmes comme réels et impénétrables.

La tradition Judéo-Chrétienne est aujourd'hui largement basée sur le moi normal et attendu qui prend des décisions suivant sa libre volonté. En dépit de nombreuses histoires d'expériences mystiques dans l'église initiale, l'interprétation de la Bible est prêchée de la chaire à une congrégation saine et normale. Dans ce sens, des expériences mystiques et intenses d'absence du moi sont vues habituellement comme des maladies mentales. En dépit de l'avènement de méga-églises et de chemins d'une certaine manière préétablis vers la salvation éternelle à la fois pour les Catholiques et pour les Protestants, les mystiques Chrétiens ont écrit sur la dépersonnalisation et la perte du moi depuis les premiers jours de l'église. Dans les années 1860, les écritures d'un obscur prêtre jésuite, Jean-Pierre de Caussade ont été publié, plus d'un siècle après qu'elles aient été écrite (Il aurait certainement été jugé pour hérésie durant sa vie.) Commentant sur l'expérience d'absence de moi, il écrivit en 1731 : « Souvent en effet Dieu place certaines âmes dans cet état, qui est appelé vide de l'esprit ou de l'intelligence ; il est aussi appelé : être dans le rien. Cette annihilation de notre propre esprit dispose merveilleusement bien à recevoir celui de Jésus Christ. Cette mort mystique des opérations de notre propre activité rend notre esprit apte à la réception des opérations divines. »[12]

Plus récemment, *The Experience of No-Self* de Bernadette Roberts reflète ce type d'être, et prête l'oreille au désir d'Amiel d'être un « vaisseau vide » rempli de la présence de Dieu. L'écriture de Roberts décrit sa lutte personnelle avec les moments mystérieux de profonds, silencieux calmes d'une petite enfance qu'elle interpréta comme la présence de Dieu. Pour explorer la source de ce silence, elle entra dans un couvent. Mais à chaque fois qu'elle médita dans une tentative pour revivre ça, elle se sentit elle-même perdre son identité, et souffrit d'une peur intense à cause de cela. Finalement son « moi » disparut complètement.

Les expériences décrites par Roberts et d'autres « Chrétiens contemplatifs » sont comparables à celles racontées dans de nombreuses cultures à travers l'histoire. Le problème est que la tradition Chrétienne ne procure pas de méthodes systématisées pour atteindre l'état illuminé. Souvent, il semble apparaître spontanément, et peut être certainement interprété comme de la dépersonnalisation et rien de plus. Aussi, lorsqu'une certaine Unité avec Dieu ou le Cosmos a été atteint, le langage avec lequel décrire cela est complètement inaccessible. Alors que beaucoup des phrases les plus cryptiques du Christ, comme « Avant qu'Abraham n'était, *J'étais*, » semblent pointer vers les aspects les plus mystiques de la Chrétienté, l'Eglise elle-même a évolué via des dogmes destinés à la pensée individuelle, le cœur de la prise de décision.

Le Bouddhisme, cependant, procure une feuille de route organisée vers « l'illumination », avec la dépersonnalisation servant comme une des premières marches du voyage. La première étape, appelée Sotāpanna, implique la libération de certaines des « entraves » de l'esprit, nommément la vision par la personne de son identité, de son scepticisme et de son attachement aux rites et rituels. De ceux-là, le premier implique la prise de conscience que le moi existe seulement à travers les cinq agrégats ou *skandas* – forme, sentiments, perceptions, pensées et conscience. Leur interaction crée *l'illusion* du Moi. Ils ne composent pas réellement le moi, enseigne le Bouddhisme. Dans la deuxième étape, la personne a éliminé les trois entraves du Sotapanna et œuvre vers l'élimination du désir sensuel insatiable et de la mauvaise volonté. Le processus continue à travers les étapes additionnelles dans le but d'atteindre le Nirvana, où la liberté face à la souffrance (dukkha). Dans la philosophie Hindu, c'est une union avec l'Etre Suprême à travers le *Moksha* – la libération de la souffrance inhérente au cycle de la naissance, de la vie et de la mort.

Il y a d'autres points de vue, cependant, en termes de dépersonnalisation et de réincarnation. Certains visiteurs des sites webs sur la dépersonnalisation ont référencé un « dictionnaire karmic » et un site web *healpastlives.com* qui font échos aux croyances du conseiller holistique Ellen Mogensen :

« Dans le Trouble de la Dépersonnalisation, un esprit avancé s'incarne dans le corps physique où la composante mentale des corps énergétiques internes est 'détachée' de tous les autres corps. Cela permet à l'esprit avancé de transformer des schémas de pensées déresponsabilisant 'hérités' de nombreuses vies passées.

Ceux qui contractent le Trouble de la Dépersonnalisation sont de vieux esprits ayant des fortes énergies mentales, écrit Mogensen. Ces énergies sont résistantes aux processus évolutionnaires normaux du karma et de la réincarnation. En conséquence, ces esprits se réincarneront encore et encore seulement pour rencontrer par hasard les mêmes obstacles à leur progrès spirituel produit par leurs esprits puissants. Contracter le trouble devient un ultime dernier effort par les vieux esprits pour surmonter leurs blocages mentaux. Et donc ils acceptent d'être largement détachés de leur corps mental pour la durée de la dépersonnalisation pour accomplir des réels changements et développements spirituels. Le principal problème spirituel de la plupart de ceux qui sont affectés par le Trouble de la Dépersonnalisation est le manque de patience vis-à-vis du processus et du flux de vie. Cette impatience vient de nombreuses incarnations passées où ils furent extrêmement efficaces pour manipuler l'univers avec la puissance de leurs esprits.

« Le Trouble de la Dépersonnalisation est habituellement une sentence à vie », ajoute Mogensen. « Plus vieux est l'esprit, plus fort est l'esprit, le plus ils s'accrochent à leur 'identité' de 'l'esprit comme un Moi', le plus longtemps il faudra pour surmonter le déséquilibre mental / corps que ce trouble est censé corriger. Souvent il faudra plusieurs durées de vie pour obtenir de l'esprit qu'il accepte son propre rôle dans le développement spirituel de l'individu. Une fois que l'esprit est réaligné avec le reste du corps dans une réincarnation future, l'individualité émergera plus forte de l'expérience – leur cœur et leur intuition auront finalement 'rattrapés' l'endroit où leur esprit a déjà évolué.

« Comme il est dit dans le Kabala : 'J'ai un corps et je suis plus que mon corps. J'ai des émotions et je suis plus que mes émotions. J'ai un esprit et je suis plus que mon esprit. Je suis un centre de pure conscience et d'énergie.' Jusqu'à ce que ceux ayant le Trouble de la Dépersonnalisation apprennent à passer outre leurs esprits, ils ne seront jamais libres de ce trouble. Il est extrêmement difficile pour l'individu dépersonnalisé de le faire car leur sens personnel de leur identité est si profondément enraciné avec leur esprit que leur propre résistance interne à ce processus est énorme et accablante, » dit Mogensen. Mais les vieux esprits sont habituellement exceptionnellement forts pour développer des solutions à leurs problèmes. Ils doivent 'avoir l'intuition' du chemin à prendre à travers le processus de guérison en comptant plus sur des sentiments centrés sur le cœur, la connaissance interne, et l'orientation spirituelle. « L'individu dépersonnalisé doit avoir confiance dans le fait qu'il puisse trouver ce dont ils ont besoin sans se reposer sur leur esprit fort. »

Une perceptive occidentale

Les personnes ayant le Trouble de la Dépersonnalisation connaissent habituellement peu de chose sur les religions orientales et auront probablement peu d'intérêt pour les théories de réincarnation des « vieux esprits ». Pourtant, lorsque leurs investigations privées les amènent au-delà de la psychologie et de la chimie du cerveau, ils essayent souvent d'apprendre ce qu'ils peuvent du Bouddhisme et de l'Hindouisme. Cela amène quelquefois à davantage de confusion et l'augmentation du désir de revenir à une des croyances occidentales auxquelles ils s'étaient intéressés auparavant. Quelquefois, cependant, même une personne connaissant bien la philosophie orientale peut se retrouver lui-même dépersonnalisée d'une manière qui semble être tout sauf une partie de la route vers l'illumination. Un tel cas a été bien documenté par Suzanne Segal dans son livre *Collision with the Infinite*, publié en 1996.

En tant que jeune fille, Segal répétait quelquefois son propre nom dans sa tête encore et encore. Finalement, « un seuil a été franchi et l'identité, comme le nom, s'est brisé comme un bateau relâché soudainement de son ancre pour librement flotter sur les vagues de l'océan, » écrit-elle. « L'immensité est apparue … il n'y a eu personnes à qui ce nom se référait, aucune identité derrière ce nom. Personne. » Alors vient la peur, finalement suivi par un retour à la normalité. Mais la compulsion de faire la même chose une fois de plus revenait toujours.

De nombreuses personnes ayant le TdD ont cité des incidents précoces de vie similaire. Cela peut être des mots répétés jusqu'à ce qu'ils perdent leur signification, ou regarder intentionnellement dans le miroir jusqu'à ce qu'un sentiment envahissant d'étrangeté émerge. Habituellement ces épisodes passent, sont oubliés, et restent dans le cadre des jeux d'esprit d'enfance.

Peut-être à cause du fait qu'elle fut un produit de son temps (les années 1960 et 1970), la jeune Suzanne Segal, en même temps que plusieurs de ses plus proches amis, a développé un intérêt pour la Méditation Transcendantale (MT). Après plusieurs mois de méditation régulière dans un refuge elle se trouva être elle-même émerveillée par des expériences « profondes » :

« *L'expérience de la transcendance m'a été expliqué de manière variée comme un espace dans les pensées où le temps semble être suspendu ; un temps de quiétude où le mantra disparait ; ainsi que la « source de pensées, » quel que soit ce que cela peut signifier. Nulle part ai-je entendu une description qui concordait avec ce qu'il se passait dans mon esprit enchanté alors que je fus agrippée par une puissance énorme, comme un immense aimant, qui m'attrapa dans un tunnel de lumière à une vitesse infinie. En même temps, le tunnel lui-même s'expandait à l'extérieur à une vitesse infinie avec un rugissement tumultueux qui montait dans un crescendo étourdissant alors que l'infini explosait en lumière. Le moment de l'explosion marqua le passage d'un seuil. Dans un intervalle de temps trop petit pour être mesuré, les flammes de quelques brasiers invisibles engloutirent tout, renversant tous les phénomènes, exposant l'envers de toute création – le vide.*

« *Presque trois heures après avoir commencée à méditer le premier matin de la retraite, j'ai ouvert mes yeux et je me suis levée de ma couche comme si j'étais soule, marchant sans la sensation de posséder un corps. Le monde ne semblait plus le même ; la matière solide avait été transformé dans une transparence lumineuse de silence.* »[13]

Clairement des parallèles peuvent être fait entre l'expérience qu'a eu Segal au cours d'une méditation profonde et les auras de Dostoyevsky, qui précédèrent son attaque. Une différence majeure est que celle de Segal fut suivie par un épuisement et de la peur, alors que celle de Dostoyevsky amena à une attaque anticipée.

Se demandant si tout cela était normal dans la méditation, Segal approcha un des meneurs du refuge qui lui dit de simplement « Apprécier l'extase ».

Le guru de Segal lui dit que la véritable illumination viendrait après six à huit ans de méditation. Ses plans pour suivre ce chemin furent cependant contrecarrés lorsque, tout en continuant ses études sur la MT en Europe, elle fut déçue par les règles et l'inflexibilité autocratiques de l'organisation. Les bienheureux meneurs ne se dirigeaient pas vers une entreprise libre de conflits et de politiques, semblait-il.

Elle déménagea vers la Californie du Nord, ce qui d'une certaine manière semble approprié, et étudia à l'Université de California-Berkeley. Après deux années elle obtint un diplôme en littérature anglaise. Alors elle déménagea à Paris où elle se maria et donna naissance à une fille. Venant semble-t-il de nulle part, l'évènement qui changera pour toujours sa vie advint.

Alors qu'elle attendait dans la file pour monter dans un bus, elle sentit soudainement ses oreilles éclatées et fut d'un coup « emprisonnée dans une sorte de bulle » qui la coupa du reste de la scène et la laissa agir et se déplacer de la manière la plus mécanique. Dans *Collision*, elle décrit ce moment en détail :

« J'ai levé mon pied droit pour monter dans le bus et je me suis cognée la tête avec une force invisible qui entra dans ma conscience comme un bâton de dynamique explosant, soufflant la porte de mon habituelle conscience ouverte et en dehors de ses gonds, me fendant en deux. Dans l'espace qui apparut, ce que j'avais précédemment appelé « moi » fut énergiquement sorti de son endroit habituel à l'intérieur de moi-même vers un nouvel endroit qui était approximativement un pied derrière et vers la gauche de ma tête. 'Je' était maintenant derrière mon corps regardant vers le monde sans utiliser les yeux du corps. »

En marchant vers la maison après ce trajet en bus, elle sentit comme un « nuage de conscience » qui suivait son corps. Le nuage était un « observateur » situé derrière elle et complètement séparé du corps, de l'esprit et des émotions. L'observateur était constant et donc aussi la peur, la peur d'une dissolution physique complète. Le matin suivant, alors que rien n'avait changé, elle se demanda si elle devenait folle, et si elle serait un jour de nouveau elle-même.

Ce que Segal nomme « l'observateur » continua pendant des mois, et son seul soulagement venait dans le sommeil dans lequel elle « plongeait aussi longtemps et aussi souvent que possible », explique-t-elle, « Dans le sommeil, l'esprit finalement stoppa de vidanger sa litanie incessante de terreur, et l'observateur était réduit à contempler un esprit inconscient. »

Il arriva à elle ce qui peut être une sorte de « conscience cosmique », quelque chose que son guru lui avait décrit comme la première étape vers « une conscience éveillée ». Mais il lui sembla impossible que cette réalité infernale puisse avoir quelque chose à voir avec l'illumination qu'elle avait recherché.

Après des mois de présence de ce témoin mystifiant, il disparut, écrit Segal, la laissant dans un nouvel état qui était bien plus déconcertant, et en conséquence plus terrifiant, que l'expérience des mois précédents. « La disparition du témoin signifiait la disparition des derniers vestiges de l'expérience d'une identité personnelle. Le témoin avait au moins tenu un endroit pour un 'moi', bien qu'un moi distant. Dans la dissolution du témoin, il n'y avait littéralement plus aucune expérience d'un 'moi' du tout. L'expérience d'une identité personnelle s'éteignit et ne reviendrait jamais. »

Bien que Segal sût à l'intérieur qu'elle avait changé radicalement, personne ne le remarqua. Elle fonctionnait aussi efficacement que jamais, « comme s'il y avait un invisible acteur qui jouait parfaitement. » Elle réussit même à obtenir un doctorat en psychologie dans les années qui suivirent. Et pourtant, écrit-elle, « les moments les plus étranges survenaient lorsqu'une référence était faite à mon nom. Si j'avais à l'écrire sur un chèque ou le signer sur une lettre, je fixais les lettres sur le papier et l'esprit sombrait dans la perplexité. Le nom ne référait à personne. Il n'y avait plus de Suzanne Segal, peut-être qu'il n'y en avait jamais eu. »

Elle consulta des psychiatres dans une tentative de comprendre ce qui lui était arrivé. Certains lui diagnostiquèrent un Trouble de la Dépersonnalisation. D'autres n'avaient pas d'explication claire. Alors qu'elle vivait dans cet état mystérieux jour après jour, elle devint de plus en plus remplie de peur. « Tout semblait se dissoudre juste devant mes yeux, constamment. Le vide était partout, suintant à travers les pores de chaque visage que je regardais, s'écoulant à travers les interstices d'objets qui semblaient solides. Le corps, l'esprit, les pensées et les émotions étaient tous vides ; ils n'avaient pas d'appartenance, personne derrière eux. Je fus complètement dépourvue de toutes mes notions précédentes de la réalité. »

Au fil du temps, Segal se rappelle d'épisodes de déréalisation. « Tout semblait plus fluide » écrit-elle. « Les montagnes, les arbres, les rochers, les oiseaux, le ciel, perdaient tous leurs différences. Alors que je les regardais, ce que je vis en premier était combien ils ne formaient qu'un ; alors, après un second temps de perception, je perçus les distinctions. Depuis ce jour j'ai eu l'expérience constante d'en même temps me déplacer à travers et être fait de la 'substance' de toute chose. »

Après que la *Collision with the Infinite* de Segal fut publiée, elle reçut de nombreuses félicitations de leaders spirituels tout autour du monde. La communauté médicale ne donna que peu d'attention au livre ou au phénomène qu'elle décrivit de manière si éloquente.

C'était, pendant un temps, l'unique récit occidental de ce qui pouvait être interprété soit comme une dépersonnalisation se terminant par un happy end, ou une de ces rares fois ou une personne avec une prédisposition à la dépersonnalisation ou à l'illumination atteignait effectivement cette dernière. Mais l'histoire de Suzanne Segal ne finit pas avec son livre, et ce qui suivit est rarement commenté.

Comme noté, durant ses premières investigations dans ses étranges sensations, Segal avait été diagnostiqué du Trouble de la Dépersonnalisation. Mais il n'y avait aucuns traitements clairs, et peu de réponses.

L'état illuminé de l'esprit ne dura pas. La peur et l'anxiété qu'elle pensait avoir laissée derrière elle réapparurent avec une intensité renouvelée. Elle continua ses rencontres avec des camarades thérapeutes et, à moment donné, révéla qu'elle avait souffert d'une longue histoire de maux de tête migraineux. Elle commença aussi à retrouver les souvenirs d'abus durant son enfance. En tant que psychologue, elle était bien renseignée sur une possible ramification de l'abus pendant l'enfance – la dissociation. Une fois encore, Segal commença à percevoir les choses différemment, cette fois d'un point de vue psychologique plutôt que d'un point de vue de la spiritualité transcendantale. A la fin, Il n'y eut plus de temps laissé pour débattre de la chose. Alors que ses capacités mentales et physiques commencèrent à décliner plutôt mystérieusement et rapidement, les médecins se rendirent compte qu'elle souffrait d'une tumeur au cerveau maligne. Elle expérimentait aussi des répétitions de son « choc dans le bus » initial comme elle l'appelait, la dépersonnalisation chronique, et la peur.

Dans une introduction presque prophétique à son livre, connaissant la manière dont les psychologues pensaient, elle s'interrogea sur un avertissement qui semble valider la nature spirituelle de son expérience, en dépit des choses qui furent découvertes presque à la fin :

« Ne faites pas l'erreur de lire l'histoire de Suzanne Segal en cherchant les événements de son enfance qui « causèrent » la disparition du moi. Il n'y aucunes causalités linéaires là-dedans. Les influences puissantes de la psychologie occidentale dans notre culture ont amené de nombreuses personnes à croire que les racines de toutes les expériences humaines résident dans la petite enfance et que les théories psychologiques peuvent rendre compte de chaque point du continuum. Les évènements de notre passé nous renseignent sur le personnel, et non l'impersonnel ; à propos du Moi individuel, non du Moi Universel. Il est essentiel que cette histoire soit lue avec une conscience étendue qui rejette la catégorisation réductionniste ou la tendance psychologique à pathologiser. »[14]

Elle mourut au printemps 1998 d'une tumeur.

Dieu dans le Cerveau

Des recherches récentes sur le cerveau ont jeté une certaine lumière sur les mécanismes impliqués dans la dépersonnalisation. En même temps, un groupe dédié de scientifique a exploré la mécanique interne de la spiritualité et de « l'illumination ». De manière intéressante, les zones du cerveau impliquées sont assez souvent les mêmes.

Durant des siècles les personnes autour du monde ont ingéré de la peyote, des champignons, ou d'autres substances dans le but d'atteindre l'illumination spirituelle, même seulement pendant un certain temps. Les substances font souvent parties de rites religieux qui requièrent un « nettoyage des portes de la perception, » dans les mots de William Blake. En faisant cela, « toutes les choses apparaissent comme elles sont, infinies. »

Cela donne du crédit à l'idée que nos cerveaux sont, d'une certaine manière, conçus pour rester en dehors des mystères spirituels, et requièrent une sorte d'agent de nettoyage pour ouvrir les voies à une plus haute conscience. L'écrivain Aldous Huxley, dont *Brave New World* et *Island* ont exploité de tels thèmes, explora le concept d'un esprit réducteur dans ses travaux sur les psychédéliques : *The Doors of Perception* (1954), *Heaven and Hell* (1956), et *Moksha* (1962). Huxley ravive une théorie selon laquelle les fonctions du cerveau, le système nerveux, et les organes des sens sont primairement réducteurs, plutôt que productifs. En d'autres termes, plutôt que d'absorber toute l'information comme une éponge, ils sont conçus pour garder l'information qui n'est pas d'une utilisation pratique *dehors*, dans le but de la survie.

Dans un sens, cela est simplement une forme de porte sensorielle – l'information vient des sens et est comparée à un modèle d'informations enregistré. Lorsque cette porte est perturbée ou ralentie, les choses familières peuvent sembler étrangères ou bizarres. Mais Huxley va plus loin, contestant que chaque personne est à chaque moment capable de se remémorer tout ce qui ne lui est jamais arrivé et de percevoir tout ce qui arrive partout dans l'univers. La fonction du cerveau et du système nerveux est de nous protéger contre le fait d'être submergé et troublé par cette masse de connaissances largement inutiles et non pertinentes. Selon une telle théorie, chacun d'entre nous est potentiellement ce qu'Huxley appelle un « Esprit au Large » ('Mind at Large' en anglais).

Cependant, pour rendre la survie biologique possible, « l'esprit au large » doit être canalisé à travers la valve réductrice du cerveau et du système nerveux. « Ce qui sort à l'autre bout est un insignifiant filet du type de conscience qui nous aidera à rester en vie sur la surface de cette planète particulière. » Les moyens d'Huxley pour ouvrir les portes de la perception furent en premier la mescaline, puis le LSD. Pour lui, ces substances mènent à la dissolution du moi, à l'Unité, et à une sorte d'illumination réservée à ceux qui se consacrent des décennies à des pratiques méditatives.

« Je suis en train de voir ce qu'Adam avait vu le matin de sa création – le miracle, moment après moment de l'existence nue, » écrit-il. « La réalité avait été expérimenté moment après moment par un bénie 'pas-Moi.' » ('not-I' en anglais).[15]

Ces expériences, hautement spirituelles par nature, sont corrélées avec des changements chimiques dans le cerveau de Huxley provoquées par la mescaline. La mort de Huxley, le 22 novembre 1963, a été éclipsé par l'assassinat de John F. Kennedy. Sur son lit de mort il demanda à sa femme Laura de lui donner du LSD, ce qu'elle fit. Apparemment Huxley voulait favoriser sa transition vers l'infini en utilisant une substance dont il croyait sûrement qu'elle lui avait donné déjà des visions fugitives de cela.

L'intérêt d'Huxley dans les psychédéliques soulève la question des zones du cerveau qui peuvent servir de récepteurs pour les expériences spirituelles. Au cours des récentes années, un certain nombre de scientifiques ont été capable de démontrer quelques faits convaincants.

En cherchant les centres du cerveau de l'activité spirituelle, les scientifiques ont été amené à empiéter sur certains territoires que leurs prédécesseurs avaient couvert en investiguant la dépersonnalisation, l'épilepsie ou les fonctions de la mémoire des décennies plus tôt. Wilder Penfield, par exemple, a écrit sur les patients épileptiques expérimentant de forts sentiments de dépersonnalisation. La relation entre l'Epilepsie du Lobe Temporal et le TdD a depuis longtemps été établi, et les auras épileptiques et les sensations « spirituelles » ont été bien documenté.

Michael Persinger, un neuroscientifique à l'Université Laurentienne ('Laurentian University' en anglais) à Sudbury dans l'Ontario, a créé un casque modifié de motocycle qu'il appelle « Le casque de Dieu ». Il est conçu pour stimuler le lobe temporal droit avec des champs magnétiques faibles, et créer l'illusion de Dieu, ou au moins une présence perçue – un sentiment qu'un autre être est dans la pièce. Quelquefois cela fonctionne, quelquefois non.

Un récit plus impressionnant vient de Andrew Newburg, un neuroscientifique de l'Université de Pennsylvanie et auteur de plusieurs livres, y compris *How God Changes Your Brain*. Newburg a scanné les cerveaux de personnes ouvertes à la spiritualité pendant plus d'une décennie avec des résultats fascinants.

Newberg a fait passer des scans à un sujet qui est docteur en médecine et à un Bouddhiste Tibétain qui a médité au moins une heure par jour pendant les 40 dernières années.

Durant l'apogée d'une expérience méditative marquée par des sentiments d'Unité avec l'univers et l'élimination du temps, les lobes frontaux du sujet s'allumèrent sur l'écran. Cela est censé se produire durant une intense concentration, qui, après tout, est une partie de ce qui constitue la méditation. Ce qui fascinait Newberg était que les lobes pariétaux du sujet devenaient noirs.

« C'est une zone qui normalement prend notre information sensorielle, essaie de créer pour nous un sens de nous même et oriente ce moi dans le monde, » explique-t-il. » Lorsque les personnes perdent leur sens du moi, ressentent un sens d'Unité, un brouillage de la frontière entre le moi et les autres, nous avant constaté des diminutions dans l'activité dans cette zone. »

Les résultats furent les même lorsque Newberg a scanné les cerveaux de moines Bouddhistes, de nones Franciscaines priant, et de Sikhs chantants. Ils ressentaient tous la même unité avec l'univers.

Lorsqu'il est question du cerveau, dit Newberg, l'expérience spirituelle est une expérience spirituelle. « Il n'y a pas de Chrétien, il n'y a pas de Juif, il n'y a pas de Musulman, tout le monde est pareil. »[16]

Les Expériences de Mort Imminente (EMIs, 'Near Death Experiences', NDEs en anglais), qui ont fait leur chemin dans la conscience populaire considérablement plus que le Trouble de la Dépersonnalisation, ont aussi été le sujet d'expérimentations de laboratoire et de scepticismes. De telles expériences peuvent être répliquées lorsque des pilotes d'essai sont soumis à des forces centrifuges extrêmes dans des protocoles expérimentaux. Les sujets du test expérimentent mentalement les lumières vives à la fin du tunnel et de nombreux autres phénomènes racontés par des personnes qui affirment avoir été cliniquement mort pendant de courtes périodes. Certains psychologues ont cité ces expériences comme preuves que les EMIs sont strictement un phénomène psychologique déclenché par un flux diminué d'oxygène dans le cerveau. Mais le fait qu'une expérience puisse être répliquée, ou que certains changements physiologiques sont corrélés avec de telles expériences, ne diminuent pas leur validité, dans mon opinion.

Disons, par exemple, qu'une mère nourrisse son nouveau-né pour la première fois. Elle tombe amoureuse d'une manière qu'elle n'avait jamais expérimentée. Rien sur terre ne peut la séparer de son enfant, physiquement et émotionnellement. Ces sentiments intenses sont corrélés à une activité spécifique dans le cerveau. Il est possible grâce à des sondes, des fils et des produits chimiques de répliquer des sentiments similaires. Mais essayez de dire cela à cette mère. Dites-lui que ses sentiments ne veulent rien dire car ils peuvent être dupliqués chez quelqu'un sans un enfant, ou effacés de son cerveau complètement via la bonne manipulation. Si vous êtes capables de quitter sa chambre d'hôpital sans avoir vos yeux arrachés, vous avez appris qu'il y a considérablement plus sur le fait d'être humain, plus sur le fait d'aimer, et plus sur la spiritualité que ce qui peut être découvert dans le laboratoire.

Finalement, le Diagnostic and Statistical Manual of Mental Disorders (DSM-IV) a sagement, pour ressortir une expression familière, « couvert ses arrières, » en traçant clairement la ligne entre le Trouble de la Dépersonnalisation et « certains états méditatifs : »

Des expériences volontairement induites de dépersonnalisation et de déréalisation font partie de pratiques méditatives ou de trances qui sont courantes dans de nombreuses religions et cultures et ne doivent pas être confondues avec le Trouble de la Dépersonnalisation.[17]

Mais est-ce que cela est correct ? Est-ce que la dépersonnalisation est un trouble qui est purement occidental dans ses origines ? Certains argumenteront qu'une rose sauvage poussant entre les craquelures d'un trottoir est quelque peu différente qu'une rose qui est traitée, taillée et cultivée dans la cour d'un horticulteur. Elles sont toutes les deux des roses. Et l'expérience d'un moi disparu est certainement analogue à cela. Quelque soit sa source – des heures de méditation, la prise d'un joint, ou s'assoir à côté d'un foyer – la terreur, le vide, le Souffle du Vide est essentiellement la même expérience.

Un visiteur de depersonalization.info a expliqué la différence dans des termes les plus simples :

Dépersonnalisation : Absence du moi, mais point de vue du moi.

Buddha : Pas de point de vue du moi.

La culture et la dépersonnalisation

Aussi tôt que dans les années 1970, les psychologues James et Jane Cattell commencèrent à examiner exhaustivement les effets de la société moderne sur la personnalité individuelle. Comparé à aujourd'hui, et à nos technologies évoluant constamment, les années 1970 semblent relativement tranquille. Mais certaines observations restent vraies.

« Les personnes travaillant sous des bureaucraties centralisées sont routinisées, humiliées, et en conséquence, désharmonisées. Le système économique empêche l'implication et favorise le détachement. Cela génère de la compétition, crée des sentiments d'inadéquation et de la peur d'obsolescence humaine. Cela crée de l'hostilité et de la suspicion. »[18]

Citant l'écrivaine française Simone de Beauvoir, les Cattells adhèrent à l'idée que la caractéristique basique de l'orientation de la valeur Américaine est que la source de la valeur et de la vérité d'une personne est perçue dans les choses et non dans soi-même. En conséquence, le confort matériel tient une haute place dans la hiérarchie des valeurs. Le succès met son emphase sur les récompenses. « Le système à succès, que

William James a décrit de manière haute en couleur comme 'the bitch Goddess success' ('le succès du putain de Dieu' littéralement) est composé d'argent, de prestige, de pouvoir et de sécurité. »[19]

En dépit de la vérité relative de ces déclarations, la déshumanisation par la société et les corporations, ou vendre l'âme d'une personne en liant l'identité à seulement une carrière, ne mène pas nécessairement à la dépersonnalisation. Mais ce qui est noté dans ces observations nous a mené à où nous sommes aujourd'hui. Et où nous sommes peut s'avérer être un terrain fertile pour augmenter le nombre de personnes qui se *sentent* dépersonnalisées, si ce n'est affectées par le trouble clinique.

Disons qu'un visiteur d'une civilisation avancée sur Mars s'invitait pour observer la culture Américaine pendant un temps, se basant en premier lieu sur nos médias et nos moyens de communications d'informations de masse. Il ne lui faudrait pas longtemps pour supposer que notre civilisation est composée de deux classes – ceux qui sont célèbres et ceux qui ne le sont pas. Une classe vit dans la richesse, le privilège et l'auto-indulgence ; l'autre fait le travail de la société alors qu'elle vit indirectement à travers la classe de personnes célèbres – une classe composée, jusqu'à un certain dégrée, d'humains qui jouent à être des personnes qu'ils ne sont pas.

Je ferais remarquer aux Martiens, cependant, que c'est la caractéristique de l'humanité à travers son histoire. Les anciens Romains étaient tenus en respect avec du pain et du cirque ; les gladiateurs étaient souvent les superstars du moment, les familles royales ont régné durant des siècles, inspirant à la fois de l'admiration et du mépris pour les hommes plus communs. La célébrité basée sur l'accomplissement, ou sur rien du tout, n'est pas nouvelle pour notre espèce, et n'est pas nouvelle non plus pour notre temps. Et pour notre crédit, nos divertissements peuvent être superficiels, mais ils ne sont pas cruels, comme ils l'ont souvent été dans l'antiquité. Ce qui est caractéristique du 21ème siècle, cependant, est l'univers en progression exponentielle de la technologie et de la communication. Les images, les conversations, les divertissements, les informations pratiques et inutiles nous bombardent sans interruption venant de petites machines auxquelles nous nous accrochons pour aimer des annexes de programme nouvellement développés. En temps voulu, les puces d'ordinateur entreront dans nos têtes pour télécharger des langues, des livres, des directions et même d'une certaine manière pour traiter des troubles mentaux. Nos spéculations même sur le futur de la technologie seront dépassées par de nouvelles technologies plus avancées que celles que nous avions imaginées. Et il y a la possibilité que à un certain moment nous oublierons que nous sommes nés sur cette terre, et que nous y retournerons. Quelque part, un de ces jours nous pourrons oublier ce que c'était d'être simplement humain.

Curieusement, un message envoyé à *depersonalization.info* de la part d'une jeune personne « entièrement câblée » exprima une inquiétude sur ces problématiques précises :

« J'ai juste l'impression d'avoir perdu mon ego, ou mon idée du 'moi'. Il est difficile pour moi de me focaliser sur des tâches parce que rien ne me semble plus réel. Je n'ai pas un terrain solide sur lequel baser ma vie. »

« Je pense que cette vie moderne est à blâmer. Je me sens détachée à la fois du passé, qui semble distant et préhistorique en comparaison de la vie quotidienne moderne, et d'un futur qui est si tumultueux et imprévisible. L'explosion de technologie et la dépersonnalisation que la vie moderne amène me fait sentir comme un spectre flottant sur ce monde et qui ne participe pas activement à celui-ci. A ce moment présent, je suis en train de taper sur un ordinateur et interagir avec des millions de personnes sans visages et désincarnées. Il n'y a pas de précédents à cela dans l'histoire humaine. Nous existons à la fois dans un monde physique et dans un monde électronique et cette juxtaposition crée une réelle déconnexion avec celui que nous sommes en tant que personne. »

« Nous agissons différemment avec des groupes différents de personne, en ligne, et sur le téléphone. Tout ces moyens de communication et les personnalités que nous adoptons durant notre utilisation de chacun d'entre eux, provoquent des divisions de la nature de notre ego. Cela, selon moi, est en train d'avoir de profondes implications pour la race humain. Je pense que la plupart de nos troubles psychologiques se déclenche à cause de notre technologie. La télévision, internet, la musique : ils mènent tous à la réinvention et la division de l'ego. Cela se passe continuellement, encore et encore et encore. Cela prendra seulement plus d'ampleur lorsque de nouvelles technologies seront introduites et nous serons de plus en plus dépersonnalisées, ou devrais-je dire déshumanisées ? »

L'intuition de cette jeune femme me remplit d'espoir pour le futur. Mais combien de personnes il y a-t-il comme elle ? Dans le futur, de telles observations viendront-elles seulement des aliénés, des dépersonnalisés, alors que leurs semblables se gorgeront eux même de technologie et de socialisation électronique ?

Variations dans la prévalence

La dépersonnalisation, particulièrement lorsqu'elle est reliée au trouble panique, est largement un trouble de la culture occidentale dans les sociétés où « l'individualisme » prend la priorité culturelle sur le « collectivisme », selon Mauricio Sierra. Les données soutenant cette déclaration ont été recueilli à travers une revue systématique de plus de 350 études publiées sur le trouble panique dans lesquelles la fréquence de dépersonnalisation-déréalisation durant les attaques de paniques a été rapporté. [20]

L'étude a montré que la prévalence de « dépersonnalisation » était significativement plus basse dans les pays d'Asie et d'Amérique du Sud comparé à l'Amérique du Nords, l'Europe occidentale, l'Australie et la Nouvelle Zélande. La fréquence de « la peur de perdre le contrôle » était aussi significativement plus basse dans les pays non occidentaux.

Selon Sierra, les personnes des sociétés individualistes sont plus 'centrées sur elles' et plus sensibles à la peur, aux sentiments d'aliénation, et au fait de perdre le contrôle. « Par contraste, il semblerait qu'un sens d'appartenance et de valeurs partagées dans les relations à un groupe culturel procurent aux individus des sociétés collectivistes un sentiment de 'support social implicite' dont les effets protecteurs contre la menace ont bien été montré sous la forme de réponses psychologiques et biologiques diminuées (pression sanguine, rythme cardiaque, niveau de cortisol) à des conditions stressantes expérimentales.

Au premier abord, cette étude semble faire sens. La culture occidentale est remplie de personnes qui sont désenchantées, aliénées, et insatisfaites parce que personne n'a noté leur valeur individuelle ou récompensé leurs réussites. Mais la question de l'interprétation entre en ligne de compte aussi. Je suspecte que les personnes interviewées dans les pays non occidentaux ont expérimenté aussi la dépersonnalisation et la panique mais l'ont simplement interprété différemment. Dans certain cas, sans doute, elles ne le voient pas comme pathologique, mais plutôt comme juste quelque chose inhérent à leurs religions et leurs traditions culturelles. Le temps nous dira si une homogénéisation des cultures du monde contribuera à une interprétation universelle d'expériences similaires.

Toutefois, tout les amis *Facebook* de la terre ne vont pas alimenter le 'support social implicite' d'une communauté de chair et d'os. Dans la culture occidentale, des études ont trouvé que l'incidence de la panique et de la dépersonnalisation est plus faible parmi les croyants. De manière peut être surprenante, les chiffres indiquent que cette vulnérabilité réduite à la panique et au TdD ne vient pas des croyances religieuses actuelles de l'église, mais plutôt du sens de la communauté et du support qu'elle procure pour chaque individu en son sein.

En dernière analyse, aucune femme et aucun homme n'est une île. Nous sommes les produits de nos cultures respectives et nous sommes des êtres humains.

Quelques temps auparavant, un jeune étudiant diplômé de l'Université de California à Riverside m'a envoyé un papier qu'il avait écrit sur la Dépersonnalisation dans la Culture Contemporaine. Il a systématiquement revu les pensées des psychologues et des philosophes qui avaient donné des noms aux âges variés au travers desquels la société moderne a évolué. Cela incluait « l'Age de Freud », « l'Age de l'Anxiété », » l'Age du Narcissisme » et d'autres noms menant jusqu'à nos jours. Nous vivons dans « l'âge de la Dépersonnalisation » suggère-t-il, en se basant largement sur les facteurs discutés ci-dessus. Il a peut-être raison. D'autres m'ont suggéré que la dépersonnalisation est la prochaine et dernière étape de l'évolution humaine. L'esprit humain a nulle part d'autre où aller dans le processus évolutionnaire.

Tout et Rien

La meilleure façon de conclure ce sujet est peut-être d'évoquer l'une des figures les plus grandes et les plus mystérieuses des arts : William Shakespeare. Qu'est-ce qui a bien pu traverser l'esprit de celui qui a écrit « Être ou ne pas être » ? Pourquoi Richard III affirme-t-il qu'il joue intérieurement plusieurs rôles, et qu'est-ce qui pousse Iago à prononcer cette étrange phrase : « Je ne suis pas ce que je suis » ? L'écrivain argentin Jorge Luis

Borges, dont la poésie et la prose regorgent de significations ésotériques et de perspectives intuitives sur la nature de l'existence et de la non-existence, sur le soi réel face à l'absence de soi, propose sa propre interprétation du mystère shakespearien, une réflexion d'une pertinence troublante pour le sujet qui nous occupe.

Dans la nouvelle « Tout et Rien », dont nous lisons un extrait ici, Borges raconte l'histoire d'un homme qui, tel un acteur, interprète de nombreux rôles et endosse une multitude de personnalités, principalement parce qu'il est incapable de se reconnaître.

Il n'y avait personne en lui... derrière son visage... et ses mots... il n'y avait rien de plus qu'un léger frisson, un rêve qu'on n'avait pas réussi à réaliser. ... Au début, il pensait que tout le monde lui ressemblait, mais la surprise et la perplexité d'une connaissance à qui il commença à décrire ce vide intérieur lui révélèrent son erreur et lui firent comprendre, pour toujours, qu'un individu ne devait pas différer de son espèce. ...

À une vingtaine d'années, il partit pour Londres. Instinctivement, il s'était déjà habitué à feindre d'être quelqu'un, afin que son « anonymat » ne soit pas découvert. À Londres, il trouva la vocation à laquelle il était prédestiné : il devint acteur, cet homme qui se tient sur scène et joue le rôle d'un autre, devant un public qui fait semblant de le prendre pour cet autre.

Borges explique comment cet homme trouva un temps le bonheur à jouer d'autres personnages sur scène, mais qu'inévitablement, « lorsque la dernière réplique fut prononcée et que le dernier mort quitta la scène sous les applaudissements, le goût amer de l'irréalité l'assaillait. Il cessait d'être Ferrex ou Tamerlan et redevenait un inconnu. » Pendant vingt ans, ajoute Borges, l'acteur a créé des personnages pour la scène, et, de temps à autre, laissait entrevoir son propre altruisme à travers les mots de l'une de ses créations. Mais avec le temps, l'acteur se sent submergé par le fait d'incarner tant de personnes différentes sur scène, sans jamais être vraiment lui-même. Il cesse d'écrire et adopte la vie d'un bourgeois anglais, uniquement préoccupé par l'argent et le maintien de son train de vie aisé. Même son dernier écrit, son testament, est banal, ne révélant aucune trace du génie littéraire qui s'était jadis épanoui sous sa plume. Finalement, Borges apporte une réponse à cette existence où l'on n'est personne, d'une manière qui reflète l'énigmatique merveille de la dépersonnalisation elle-même :

« L'histoire ajoute qu'avant ou après sa mort, il se trouva face à Dieu et lui dit : Moi qui ai été tant d'hommes en vain, je veux n'en être qu'un, être moi-même.

La voix de Dieu lui répondit du haut d'un tourbillon : Moi aussi, je ne suis pas moi ; j'ai rêvé le monde comme toi, Shakespeare, tu as rêvé ton œuvre, et parmi les formes de mes rêves se trouve toi, qui comme moi es multiple, et pourtant personne. »

Références

1. Pascal, Blaise, (1995) *Pensees*, N.Y., Penguin Books, p 19 2.
2. Weckowicz, T., (1970) John Wiley & Sons, Inc. N.Y., *Depersonalization, in Symptoms of Psycopathology, A Handbook.* p 151-1633.
3. Amiel, Frederic, (1906) *The Journal Intime of Henri-Frederic Amiel*, Macmillan Co., New York, p 84 4. Ibid. p 304
4. Ibid. p.304
5. Ibid.
6. Nemiah, J.C., (1984) Dissociative disorders (hysterical neurosis, dissociative type). In *Comprehensive Textbook of Psychiatry*, ed 4, Kaplan, H.,I., Sadock, B., J., editors, Williams & Wilkins, Baltimore. **20**, p 1042.
7. Sartre, J.P., *Nausea.* (1964) New Directions Publishing Corp. N.Y. p 18

8. Nieli, Russell (1987) Wittgenstein: from mysticism to ordinary language. SUNY Press, Albany, N.Y. p 30
9. no.7. p 126
10. Yamanouchi, Hisaaki (1976) Cambridge University Press. *Modern Asian Studies*, 10, 5, p 632-637
11. website: yoganirvana.com
12. de Caussade, J.P. (1751) Excerpt from a letter to Sister Mary-Antoinnette de Mauhet.
13. Segal, S. (1996) *Collision With the Infinite*, San Diego, CA. Blue Dove Press, p. 12. 14.
14. Ibid, p. xv
15. Huxley, Aldous, (1954) *The Doors of Perception*. N.Y. Harper and Row. P 23
16. Hagerty, Barbara Bradley (2019) Fingerprints of God. N.Y. Riverhead Books Div of Penguin Group (USA)
17. Simeon, D., Abugel, J. (2006) Feeling Unreal: Depersonalization Disorder and the Loss of the Self, Oxford U Press, N.Y. p 63-64
18. Ibid.
19. Ibid.
20. Sierra, M. (2009) Cambridge: Cambridge University Press. *Depersonalization: A New Look at a Neglected Syndrome*, p 108

Epilogue

Les choses invisibles sont les seules réalités.

—Edgar Allan Poe

Lorsque j'avais dix ou onze ans, je me trouvais sur le siège arrière de la voiture de mes parents un dimanche soir. Alors que nous roulions sur le Whitestone Bridge à New York, je m'étendais sur la housse de siège glissante en vinyle et regardais l'arrière de la tête de mes parents. Les lampadaires défilaient en ligne, chacun éclairant pendant un moment l'intérieur bleu de la voiture jusqu'à ce que le suivant prenne le relais. Au milieu du pont, quelque chose arriva.

Tout ce que je n'avais jamais connu, ou pensé, ou ressenti, ou que je savais exister, disparut complètement en une unique et pure prise de conscience :

« Il n'y a pas de Dieu. »

Je fus immédiatement vidé et puis rempli par quelque chose qui était une peur *au-delà* de la peur. Il n'y avait pas de Dieu. Et il n'y avait pas de « Je ».

J'essayais de prier pour me faire pardonner d'avoir même imaginé une telle pensée, mais la prière n'était pas plus une prière qu'une pensée était une pensée. Je devins un rien *à l'intérieur* du Rien. Un rien qui ne pourrait jamais être exprimé ou expliqué.

Cela dura seulement quelques minutes. Et alors que je retrouvais un peu d'un certain sentiment d'exister, j'ai voulu être à l'école pour passer un test, j'ai voulu me confronter à quelque situation qui précédemment me provoquait de la peur, un test, ou une brute, parce que la peur était une partie de la vie que je connaissais. Et cela n'était rien comparé à ce que je venais juste d'expérimenter.

Le temps passa, la vie recommença, et l'incident fut effacé de mon jeune esprit. Je ne savais pas ce qu'il était arrivé, je savais seulement que je ne voulais jamais plus que cela n'arrive à nouveau. Et ce n'arriva plus.

Puis, un jeudi soir alors que j'avais douze ans, mon père revint à la maison à notre appartement du second étage avec des tickets pour un match des New York Mets. J'étais un fan avide des Mets. Comme beaucoup de newyorkais, je respectais l'histoire des Yankees, mais je préférais aller au Shea Stadium. Le centre des Mets était nouveau, moderne et coloré, et il était adjacent à la foire internationale de New York. Cela n'arriva pas souvent, mais toutes les fois que mon père rentrait à la maison avec ces tickets jaunes ou oranges sortant de la poche de sa chemise cela ressemblait vraiment beaucoup à Noel. Rien de me faisait plus plaisir que d'aller voir un match des Mets. Et il ne pouvait pas y avoir de plus grand rêve, plus grande émotion dans toute une vie qu'un jour attraper réellement une fausse balle.

Cette nuit je m'allongeais pour dormir dans ma petite chambre. Dans la pénombre je débâtais pour savoir si oui ou non je devais faire quelque chose. C'était une chose égoïste, une chose stupide, comme demander à quelqu'un d'autre de vous donner son diner simplement parce qu'il semblait plus appétissant que le vôtre.

Décidant que cela n'était peut-être pas une chose stupide ou égoïste, je commençais à prier dans mon esprit. Si ce n'était pas trop stupide ou égoïste, je demandais silencieusement si je pourrais attraper une fausse balle au match le jour prochain. C'était puéril de demander une telle chose dans un monde tel que le nôtre, rongé par la souffrance, la perte, le chagrin et la faim. Mais il y avait plus. Avec une sincérité qui est naturelle pour un enfant mais rarement accessible aux adultes j'ajoutais que cette requête pouvait être retirée s'il y avait quelqu'un de plus pauvre autour de moi, quelqu'un de plus triste, quelqu'un qui avait réellement besoin de la balle plus que moi. Laissez cette personne avoir la balle, pensais-je.

Au fil des années j'ai tenté de recapturer l'essence de cette prière, sans grand succès. Nos rituels et répétitions et anthropomorphisations de l'infini ont déprécié le mot *prière*, le rendant sans signification, comme tous les mots, et la plupart des prières :

> *Mes mots s'envolent, mes pensées restent en bas : les mots sans pensées ne vont jamais au paradis.*

Mais lors de cette nuit d'été particulière, l'innocence et l'authenticité de l'enfance se reconnectaient avec quelque chose dont nous faisons tous partis, quelque chose de *bien*.

Le jour suivant était parfait pour le baseball – ensoleillé et chaud, et mon *ancien lobe olfactif* se réjouissait des arômes de hot dog et de popcorn du stadium, suscitant de la joie pure.

A 2 heures 15 minutes de l'après-midi, dans le troisième manche, Roy McMillan, le shortstop des Mets, frappa une fausse balle dans les airs. Elle monta rapidement au-dessus de mon père et moi, et commença à descendre dans notre direction. Comme toujours, j'avais apporté mes gants. Je me faisais aussi grand que possible étirant mes mains gantées dans les airs aussi loin que je pouvais atteindre. Lorsque je les ramenais à mon niveau, la balle était dedans.

Je regardais dans mes gants et tapais ma tête d'émerveillement. Le visage beau et bronzé de mon père s'éclaira d'un large sourire d'excitation tandis qu'il décoiffait mes cheveux, tapait mes épaules et exaltait une joie animée d'une manière que je n'avais jamais vu. Un mois ne passe pas sans que je ne pense à ce jour ensoleillé.

Était-ce une pure coïncidence ? Peut-être. Était ce le pouvoir du désir et de la volonté ? Une visualisation réussie ? Ou, comme les psychologues suggéreraient probablement, était-ce principalement un exemple de pensée magique ? Je ne sais vraiment pas. Pas plus que je ne me soucis de ce que les autres pourraient penser de cela.

La dépersonnalisation a été appelé un disfonctionnement de l'égo. En effet, beaucoup d'entre nous ont vécu, souvent pendant des années, avec un disfonctionnement de quelque chose qui n'existe pas en réalité. Cette prise de conscience est ce qui le rend douloureux, et même insupportable. C'est un éveil à une autre manière d'être, un vrai Moi.

Les écrits de Luis Borges relaient souvent le message simple que Tout et Rien sont une seule et même chose. J'ai tendance à être d'accord. La vraie réalité se révèle elle-même à nous sous de multiples formes, souvent lorsqu'elle est le moins attendue. Quelque fois cela est terrifiant. Quelquefois la *droiture* éternelle de tout cela est claire comme de l'eau de roche. Tout ce que quelqu'un a besoin de faire est de le reconnaitre lorsqu'elle vient, comme un châtaigner, une marche d'un bus parisien, ou, dans mon cas, du ciel, non comme une balle de feu, mais une balle de liège et de peau de vache.